—a—
HISTÓRIA PERDIDA *do*
LIBERALISMO

a
HISTÓRIA PERDIDA do
LIBERALISMO

DA ROMA ANTIGA
ao SÉCULO XXI

HELENA ROSENBLATT
Historiadora Ph.D pela
Columbia University

ALTA/CULT
EDITORA
Rio de Janeiro, 2022

A História Perdida do Liberalismo

Copyright © 2022 da Starlin Alta Editora e Consultoria Eireli.
ISBN: 978-65-5520-622-7

Translated from original The Lost History Liberalism. Copyright © 2018 by Princeton University Press. ISBN 978-0-691-17070-1. This translation is published and sold by Princeton University Press, the owner of all rights to publish and sell the same. PORTUGUESE language edition published by Starlin Alta Editora e Consultoria Eireli, Copyright © 2022 by Starlin Alta Editora e Consultoria Eireli.

Impresso no Brasil – 1ª Edição, 2022 – Edição revisada conforme o Acordo Ortográfico da Língua Portuguesa de 2009.

```
Dados Internacionais de Catalogação na Publicação (CIP) de acordo com ISBD

R813h    Rosenblatt, Helena
           A história perdida do liberalismo: da Roma antiga ao século XXI /
         Helena Rosenblatt ; traduzido por Isis Rezende. – Rio de Janeiro : Alta
         Books, 2022.
           368 p. ; 16cm x 23cm.

           Tradução de: The Lost History of Liberalism
           Inclui bibliografia e índice.
           ISBN: 978-65-5520-622-7

           1. Liberalismo. 2. História. 3. Roma antiga. 4.Século XXI. I.
         Rezende, Isis. II. Título.

                                                    CDD 320.51
      2022-1311                                     CDU 329.12

             Elaborado por Vagner Rodolfo da Silva - CRB-8/9410

             Índice para catálogo sistemático:
                 1. Liberalismo 320.51
                 2. Liberalismo 329.12
```

Todos os direitos estão reservados e protegidos por Lei. Nenhuma parte deste livro, sem autorização prévia por escrito da editora, poderá ser reproduzida ou transmitida. A violação dos Direitos Autorais é crime estabelecido na Lei nº 9.610/98 e com punição de acordo com o artigo 184 do Código Penal.

A editora não se responsabiliza pelo conteúdo da obra, formulada exclusivamente pelo(s) autor(es).

Marcas Registradas: Todos os termos mencionados e reconhecidos como Marca Registrada e/ou Comercial são de responsabilidade de seus proprietários. A editora informa não estar associada a nenhum produto e/ou fornecedor apresentado no livro.

Erratas e arquivos de apoio: No site da editora relatamos, com a devida correção, qualquer erro encontrado em nossos livros, bem como disponibilizamos arquivos de apoio se aplicáveis à obra em questão.

Acesse o site www.altabooks.com.br e procure pelo título do livro desejado para ter acesso às erratas, aos arquivos de apoio e/ou a outros conteúdos aplicáveis à obra.

Suporte Técnico: A obra é comercializada na forma em que está, sem direito a suporte técnico ou orientação pessoal/exclusiva ao leitor.

A editora não se responsabiliza pela manutenção, atualização e idioma dos sites referidos pelos autores nesta obra.

Produção Editorial
Editora Alta Books

Diretor Editorial
Anderson Vieira
anderson.vieira@altabooks.com.br

Editor
José Ruggeri
j.ruggeri@altabooks.com.br

Gerência Comercial
Claudio Lima
claudio@altabooks.com.br

Gerência Marketing
Andrea Guatiello
andrea@altabooks.com.br

Coordenação Comercial
Thiago Biaggi

Coordenação de Eventos
Viviane Paiva
comercial@altabooks.com.br

Coordenação ADM/Finc.
Solange Souza

Direitos Autorais
Raquel Porto
rights@altabooks.com.br

Produtor Editorial
Thiê Alves

Produtores Editoriais
Illysabelle Trajano
Maria de Lourdes Borges
Paulo Gomes
Thales Silva

Equipe Comercial
Adriana Baricelli
Daiana Costa
Fillipe Amorim
Heber Garcia
Kaique Luiz
Maira Conceição

Equipe Editorial
Beatriz de Assis
Betânia Santos
Brenda Rodrigues
Caroline David
Kelry Oliveira
Henrique Waldez
Marcelli Ferreira
Mariana Portugal
Matheus Mello

Marketing Editorial
Jessica Nogueira
Livia Carvalho
Marcelo Santos
Pedro Guimarães
Thiago Brito

Atuaram na edição desta obra:

Tradução
Isis Rezende

Copidesque
Edite Siegert

Revisão Gramatical
Aline Vieira
Camila Paduan

Diagramação
Joyce Matos

Capa
Marcelli Ferreira

Editora afiliada à:

ALTA BOOKS EDITORA

Rua Viúva Cláudio, 291 — Bairro Industrial do Jacaré
CEP: 20.970-031 — Rio de Janeiro (RJ)
Tels.: (21) 3278-8069 / 3278-8419
www.altabooks.com.br — altabooks@altabooks.com.br
Ouvidoria: ouvidoria@altabooks.com.br

Para Marvin

Sumário

Agradecimentos · XIII

Introdução   1

Capítulo um   O que Significava Ser Liberal de Cícero a Lafayette   9

Princípios Republicanos: Um Ideal Moral e Cívico   10

Rearticulações Medievais: Liberalidade Cristianizada   12

Artes Liberais da Renascença   13

A Política de Doar   16

Transformações Protestantes   17

O Excepcionalismo Americano e a Tradição Liberal   19

Thomas Hobbes e John Locke Sobre Liberalidade   20

A Liberalidade do Iluminismo   24

Transformações do Iluminismo   27

Teologia Liberal e Cristianismo Liberal   30

Liberalidade Politizada   32

Das Cartas Liberais às Constituições Liberais   33

*Estados Unidos da América,
o País Mais Liberal do Mundo*   36

Capítulo dois	A Revolução Francesa e as Origens do Liberalismo, 1789–1830	41
	Os Princípios Liberais de Benjamin Constant e Madame de Staël	49
	Entra Napoleão	55
	Partidos Liberais e o Nascimento do Liberalismo	61
	Liberalismo Teorizado	64
	O Liberalismo Enfrenta a Reação	66
	Insurreição Liberal	71
	Princípios Econômicos Liberais	79
	Exclusões Liberais	83
Capítulo três	Liberalismo, Democracia e a Emergência da Questão Social, 1830–48	89
	O Governo Liberal se Torna Conservador	90
	Liberais na Democracia	93
	Liberais e Insurreição, De Novo	97
	Liberais Enfrentam a "Questão Social"	101
	Laissez-Faire e Liberalismo	106
	As Muitas Funções Necessárias do Governo	109
	Liberais nas Colônias	116
	A Batalha Liberal Contra a Religião	119
	A Crítica Socialista da Religião Liberal	127
Capítulo quatro	A Questão do Caráter	131
	O Desastre de 1848	132
	Liberais Lutam Contra o Socialismo	134
	Recuo e Reação	138
	Pio IX	141
	O Problema do Egoísmo	144

	A Ascensão do Partido Liberal Britânico	145
	Laissez-Faire versus Bildung	147
	O Papel da Família	150
	A Religião da Humanidade	154
Capítulo cinco	Cesarismo e Democracia Liberal	159
	Napoleão III e Cesarismo	160
	Abraham Lincoln e Seus Amigos Liberais em Todo o Mundo	171
	O Partido Republicano Liberal	178
	Gladstone, Ícone Liberal	180
	Bismarck, Coveiro do Liberalismo	184
Capítulo seis	A Batalha para Secularizar a Educação	197
	O que Há de Errado com os Franceses?	198
	Um Sistema Escolar Público Liberal	202
	A Liga Liberal Nacional, o Pensamento Livre e o Amor Livre	210
	O Papa Contra-ataca	216
Capítulo sete	Dois Liberalismos	223
	O Papel do Estado Reimaginado	224
	Socialismo Liberal	233
	Um Modo de Vida Moral	236
	Eugenia Liberal	238
	Feminismo e Liberalismo no Final do Século XIX	241
Capítulo oito	O Liberalismo Torna-se o Credo Norte-americano	249
	Um Império Liberal	251
	Racialização do Mito Anglo-saxão	257

*De um Império Anglo-Saxão a um Império
Liberal Anglo-Norte-Americano*   259
A Questão da Intervenção Governamental   264

Epílogo   269

Liberalismo e a Ameaça Totalitária   272
O Foco nos Direitos   275
O (Suposto) Antiliberalismo da França e da Alemanha   278

Notas · 283

Bibliografia Selecionada · 319

Índice · 345

— *a* —
HISTÓRIA PERDIDA *do*
LIBERALISMO

Agradecimentos

TENHO LIDO E pensado sobre liberalismo há tanto tempo que seria impossível listar e agradecer todos os estudiosos cujo trabalho embasou e moldou o meu. No entanto, quero agradecer a alguns indivíduos em particular. Melvin Richter me apresentou à história conceitual muitos anos atrás e compartilhou seu conhecimento enciclopédico comigo em muitos almoços agradáveis próximos ao Hunter College. Meus sinceros agradecimentos também a Michael Freeden, Jörn Leonhard e Javier Fernández Sebastián, todos pioneiros da história conceitual, cujo trabalho tem sido uma fonte inestimável de inspiração.

Devo muito àqueles que leram meu manuscrito parcial ou totalmente e ofereceram críticas e incentivos: David Bell, Aurelian Craiutu, Michael Freeden, Alan Kahan, James Mill, Samuel Moyn, Javier Fernandez Sebastián, Jerrold Seigel, Daniel Steinmetz-Jenkins, Jesse Prinz e K. Steven Vincent. Sou grata aos convites para compartilhar os primeiros rascunhos do meu trabalho com os participantes do seminário de Philip Pettit e Melissa Lane na Universidade de Princeton, o 7º Seminário de Treinamento em Pesquisa do Concepta na Universidade de Málaga e o Grupo de História da França de Nova York, liderado por Jeff Horn e David Troyansky. Cada uma dessas ocasiões me ajudou a esclarecer e aprimorar minhas ideias.

Nos últimos nove anos, enquanto escrevia este livro, tive o privilégio de dirigir o Programa de Doutorado em História do Centro de Pós-Graduação. Nunca teria conseguido fazer as duas coisas ao mesmo tempo sem a ajuda e colaboração de Marilyn Weber. Palavras não podem expressar minha gratidão a ela. Agradeço também aos ex e atuais presidentes do Centro de Pós-Graduação, William Kelly e Chase Robinson, e a Donald Robotham, diretor da Pesquisa Avançada Colaborativa, por seu generoso apoio. Aprecio profundamente a amizade de meus colegas do Programa de História, especialmente Joshua Freeman, Dagmar Herzog, Thomas Kessner e David Nasaw. Vários talentosos alunos de pós-graduação me ajudaram com as traduções: Davide Colasanto, Nicole Farman e Nicholas Levis, do Centro de Pós-Graduação, e Mathieu Narindal, da Universidade de Lausanne. Stefano DeLuca gentilmente me conduziu a várias fontes italianas pertinentes. Por fim, agradeço ao extraordinário pessoal da biblioteca do Centro de Pós-Graduação, cujo profissionalismo e eficiência têm sido exemplares.

Tive muita sorte por Brigitta van Rheinberg, da *Princeton University Press*, ter se interessado por meu projeto desde o início. Não posso agradecê-la o suficiente pela maneira brilhante como me guiou durante todo o projeto, gentil, mas firmemente, me pressionando para encontrar minha voz e expressá-la com mais força. Sou profundamente grata por sua sensibilidade, paciência e perseverança. Agradeço também a sua assistente, Amanda Peery e à Jenny Wolkowicki, por sua cortesia e profissionalismo. Agradeço ao Joseph Dahm por sua edição.

Por fim, gostaria de expressar minha profunda gratidão a Jim Miller por sua ajuda, apoio e amizade. Em um momento crítico, Jim ofereceu conselhos cruciais e apoio moral. Sem a orientação dele e de Brigitta, eu certamente teria produzido um livro menos envolvente.

Em uma nota mais pessoal, gostaria de agradecer ao meu marido por suas diversas ideias inspiradoras e por acreditar neste projeto, e aos meus filhos por seu amoroso apoio. Enquanto eu trabalhava neste livro, nasceram minhas duas lindas netas, Natalie e Caroline. Elas são uma fonte infinita de alegria.

Introdução

Estudar a história de uma palavra nunca é uma perda de tempo.

— LUCIEN FEBVRE, 1930

"LIBERALISMO" É UMA palavra básica e onipresente em nosso vocabulário.[1] Mas o liberalismo também é um conceito altamente controverso, que desencadeia um acalorado debate. Alguns o veem como um presente da civilização ocidental para a humanidade, outros como a razão de seu declínio. Um fluxo interminável de livros o ataca ou defende, e quase ninguém consegue permanecer neutro. Os críticos o acusam de uma longa lista de pecados. Dizem que ele destrói a religião, a família e a comunidade. É moralmente frouxo e hedonista, se não racista, sexista e imperialista. Os defensores são igualmente enfáticos. Eles dizem que o liberalismo é responsável por tudo o que há de melhor em nós — nossas ideias de equidade, justiça social, liberdade e igualdade.

Porém, a verdade é que estamos confusos sobre o que entendemos por liberalismo. As pessoas usam o termo de várias maneiras diferentes, muitas vezes inconscientemente, às vezes intencionalmente. Elas ignoram a opinião das outras, impedindo qualquer possibilidade de debate razoável. Seria bom saber sobre o que estamos falando quando se trata de liberalismo.

Nesse ponto, as histórias de liberalismo disponíveis raramente são úteis. Primeiro, elas costumam ser contraditórias. De acordo com um relato recente, por exemplo, o liberalismo se originou *no* Cristianismo.[2] No entanto, de acordo com outro, o liberalismo se originou em uma batalha *contra* o Cristianismo.[3] Em segundo lugar, as genealogias do liberalismo atribuem suas origens e desenvolvimento a um cânone de grandes pensadores, mas o elenco costuma flutuar. John Locke é frequentemente considerado como o seu fundador.[4] Já alguns falam de Hobbes ou Maquiavel; ainda outros de Platão ou mesmo Jesus Cristo. Alguns incluem Adam Smith e uma lista de economistas; outros não. Devemos lembrar que nenhum desses pensadores do passado se considerava liberal ou defendia qualquer ideia chamada liberalismo, uma vez que nem essa palavra nem esse conceito estavam disponíveis. E não é preciso dizer que nossas noções de liberalismo variam de acordo com a escolha de pensadores-chave e como os interpretamos. Alguém que começa com Maquiavel ou Hobbes provavelmente será um crítico do liberalismo, alguém que começa com Jesus Cristo, um defensor.

Neste livro, não pretendo atacar ou defender o liberalismo, mas averiguar seu significado e rastrear sua transformação ao longo do tempo. Esclareço o que os termos "liberal" e "liberalismo" significaram para as pessoas que os usaram. Esclareço como os liberais se definiam e o que queriam dizer quando falaram sobre liberalismo. Esta é uma história que nunca foi contada.

A maioria dos estudiosos admite que há um problema em definir o liberalismo. Eles começam seu trabalho reconhecendo que é um termo escorregadio ou evasivo. No entanto, é estranho notar que então quase todos criam uma definição pessoal e constroem uma história que a apoia. Isso, eu afirmo, é argumentar em sentido contrário, e neste livro desemaranhei nossos pensamentos e esclareci a história. Salvo indicação em contrário, todas as traduções são minhas.

Existem quebra-cabeças e curiosidades adicionais. Na linguagem coloquial na França e em outras partes do mundo hoje, ser liberal significa favorecer o "governo pequeno", enquanto na América significa favorecer o "governo grande". Os libertários americanos hoje afirmam que são os verdadeiros liberais. Teoricamente, essas pessoas deveriam fazer parte da mesma tradição liberal. Como e por que isso aconteceu? Eu ofereço uma explicação.

O que proponho, então, é, fundamentalmente, uma *história da palavra* liberalismo.[5] Tenho certeza de que, se não prestarmos atenção ao uso real da palavra, as histórias que contamos serão inevitavelmente diferentes e até conflitantes. Elas também serão construídas com pouco embasamento em fatos históricos e marcadas pelo anacronismo histórico.

Minha abordagem leva a algumas descobertas surpreendentes. Uma é a centralidade da França na história do liberalismo. Não podemos falar da história do conceito sem considerar a França e suas sucessivas revoluções. Tampouco podemos ignorar o fato de que alguns dos pensadores mais profundos e influentes na história do liberalismo foram franceses. Outra descoberta é a importância da Alemanha, cujas contribuições para a história do liberalismo são geralmente subestimadas, se não completamente ignoradas. A verdade é que a França inventou o liberalismo nos primeiros anos do século XIX e a Alemanha o reconfigurou meio século depois. Os Estados Unidos se apossaram do liberalismo apenas no início do século XX, e só então ele se tornou uma tradição política americana.

Veremos que muitos indivíduos que hoje são relativamente desconhecidos contribuíram significativamente com o liberalismo. O teólogo alemão Johann Salomo Semler inventou o liberalismo religioso. O nobre francês Charles de Montalembert pode ter inventado o termo "democracia liberal". Além disso, outras figuras importantes contribuíram para o jornal americano *New Republic* e, assim, importaram e disseminaram o conceito na América.

Liberais que geralmente são considerados canônicos, como John Locke e John Stuart Mill, desempenham papéis importantes em minha história, mas, como veremos, estavam profundamente imersos nos debates de sua época. Eles discutiram com pensadores franceses e alemães, e foram inspirados por eles. Falaram diretamente com seus contemporâneos, não conosco; trataram dos problemas de seu tempo, não dos nossos. Além disso, destaco figuras que contribuíram *involuntariamente* para a história do liberalismo, como os dois Napoleões, o chanceler austríaco Clemens von Metternich e muitas figuras contrarrevolucionárias que forçaram os liberais a aprimorar e desenvolver suas crenças.

Finalmente, elucido o que considero um fato crucial que se perdeu na história. No fundo, a maioria dos liberais era moralista. Seu liberalismo nada tinha a ver com o individualismo atomístico de que ouvimos hoje. Eles nunca falavam de direitos sem enfatizar deveres. A maioria dos liberais acreditava que as pessoas tinham direitos *porque* tinham deveres, e a maioria estava profundamente interessada em questões de justiça social. Eles sempre rejeitaram a ideia de que uma comunidade viável poderia ser construída com base apenas no interesse próprio. *Ad infinitum*, alertaram sobre os perigos do egoísmo. Os liberais defendiam incessantemente a generosidade, a probidade moral e os valores cívicos. Isso, é claro, não significa que eles sempre praticaram o que pregaram ou viveram de acordo com seus valores.

Como também me esforço para mostrar, a ideia do liberalismo como uma tradição anglo-americana preocupada principalmente com a proteção dos direitos e interesses individuais é um desenvolvimento muito recente na história do liberalismo. É o produto das guerras do século XX e principalmente do medo do totalitarismo na época da Guerra Fria. Durante séculos antes disso, ser liberal significava algo muito diferente. Significava ser um cidadão generoso e cívico; significava compreender a nossa conexão com outros cidadãos e agir de forma condizente com o bem comum.

Desde o início, os liberais eram praticamente obcecados com a necessidade de uma reforma moral. Eles viam seu projeto como ético. Essa preocupação com a reforma moral ajuda a explicar a preocupação constante com a religião, e outro objetivo deste livro é recalibrar nossas discussões para abrir espaço para esse fato importante. Mostro que as ideias e controvérsias religiosas geraram debates sobre o liberalismo desde o início e que polarizaram as pessoas em campos hostis. Um dos primeiros ataques ao liberalismo chamou-o de "heresia político-religiosa", estabelecendo o tom para os séculos que seguiram. Até hoje, o liberalismo é obrigado a se defender contra acusações implacáveis de irreligião e imoralidade.

O fato de que os liberais se consideravam reformadores morais não significa que não cometiam transgressões. Muitos trabalhos recentes revelaram um lado negro do liberalismo. Os estudiosos expuseram o elitismo, sexismo, racismo e imperialismo de muitos liberais. Eles se perguntam como poderia uma ideologia dedicada à igualdade de direitos ter apoiado práticas tão hediondas? Certamente não nego os lados mais feios do liberalismo, mas ao colocar as ideias liberais no contexto de seu tempo, conto uma história mais complexa com mais nuances.

Meu tratamento não pode fingir ser exaustivo. Embora faça referência ao liberalismo em outras partes do mundo, concentro-me na França, na Alemanha, na Grã-Bretanha e nos Estados Unidos. Essa escolha pode parecer arbitrária ou excessivamente restritiva para alguns. Claro, outros países contribuíram para a história do liberalismo. Mas acredito que o liberalismo nasceu na Europa e se espalhou a partir daí. Mais especificamente, o liberalismo deve suas origens à Revolução Francesa e, para onde quer que tenha migrado desde então, permaneceu intimamente ligado e afetado pelos desenvolvimentos políticos na França.

Inicio com um capítulo sobre a pré-história do liberalismo. Começando com o estadista romano Cícero e terminando com o nobre francês Marquês de Lafayette no Capítulo 1, explico o que significava ser liberal quando seu substantivo correspondente era "liberalidade" e a palavra "liberalismo" ainda não existia. É bom conhecer essa história profunda da palavra "liberal", porque os autodenominados liberais ao longo dos séculos seguintes continuaram a se identificar com esse ideal antigo *e moral*, e os dicionários continuaram a definir "liberal" dessa forma tradicional. Em meados do século XX, o filósofo americano John Dewey ainda insistia que o liberalismo representava "liberalidade e generosidade, especialmente de mente e caráter". Ele dizia que não tinha nada a ver com o "evangelho do individualismo". O primeiro capítulo conta a história de como uma palavra inicialmente usada para designar as qualidades ideais de um cidadão romano foi cristianizada, democratizada, socializada e politizada, de modo que, no final do século XVIII, ela poderia ser empregada para descrever a Constituição americana.

A parte principal do livro concentra-se em quatro eventos-chave nas histórias entrelaçadas da França e do liberalismo, isto é, as revoluções de 1789, 1830, 1848 e 1870 e os debates transatlânticos que essas revoluções geraram. A história do liberalismo começa efetivamente no Capítulo 2, que narra a origem da palavra e as controvérsias que a cercaram. Alguns dos tópicos discutidos nesse capítulo são a relação do liberalismo com o republicanismo, colonialismo, laissez-faire e feminismo, todos temas que são desenvolvidos posteriormente no livro. Talvez a questão mais importante de todas seja a tensa relação do liberalismo com a religião, cujas origens na política radical da Revolução Francesa também são discutidas aqui. O Capítulo 3 conta a história da evolução do liberalismo de 1830 até as vésperas das Revoluções de 1848, prestando muita atenção ao surgimento de novas ideologias políticas como o socialismo, por um lado, e o conservadorismo, por outro, e como eles influenciaram o liberalismo, enquanto a França avançava para mais uma revolução. O Capítulo 4 trata do fracasso do liberalismo, percebido nas revoltas de 1848, e como os liberais procuraram lidar com esse fracasso. Eles se concentraram esmagadoramente em instituições como a família, a religião e a Maçonaria, no que viam como um projeto essencialmente moralizante e educacional. O Capítulo 5 se volta ao tópico da governança liberal e, com foco em Napoleão III, Abraham Lincoln, William Gladstone e Otto von Bismarck, relata como sua liderança gerou novas ideias sobre a relação entre moral, liberalismo e democracia. Assim nasceu a ideia de uma "democracia liberal". O Capítulo 6 considera a quarta revolução da França em 1870 e suas repercussões. Ele descreve as batalhas da Terceira República Francesa contra a Igreja Católica no esforço de criar o que os republicanos chamam de o sistema educacional mais liberal do mundo. O Capítulo 7 relata como um novo liberalismo, favorável às ideias socialistas, foi concebido no final do século XIX, e como um liberalismo "clássico" ou "ortodoxo" foi idealizado como uma resposta. Uma grande batalha travou-se sobre qual desses — o novo ou o velho — era o "verdadeiro" liberalismo. Finalmente, o Capítulo 8 relata como o liberalismo entrou no vocabulário político americano no início do século XX e passou a ser visto como uma tradição intelectual exclusivamente americana, envolvido também na noção de hegemonia mundial americana. Os formuladores de políticas agora debatiam o que exatamente o liberalismo americano significava em termos de assuntos externos e internos. No epílogo, ofereço algumas sugestões sobre por que passamos a acreditar que o liberalismo é tão fundamentalmente centrado nos direitos privados e nas escolhas individuais. Discuto como a americanização do liberalismo, em meados do século XX, eclipsou a história recontada neste livro a tal ponto que muitos de nós hoje nem nos lembramos dela.

CAPÍTULO UM

O que Significava Ser Liberal de Cícero a Lafayette

Liberal: 1. Não ser insignificante, nem de origem humilde, 2. Tornar-se um cavalheiro, 3. Munificente, generoso, caridoso.

— UM DICIONÁRIO DA LÍNGUA INGLESA, 1768

PERGUNTE A QUALQUER pessoa hoje o que significa liberalismo e você obterá várias respostas. É uma tradição de pensamento, uma forma de governo, um sistema de valores, uma atitude ou um estado de espírito. Invariavelmente, porém, as pessoas concordarão em que a preocupação básica do liberalismo é proteger os direitos e interesses individuais, e que os governos devem exercer essa função. Os indivíduos devem ter o máximo de liberdade para fazer suas próprias escolhas e fazer o que quiserem.

A verdade, no entanto, é que esse foco no indivíduo e em seus interesses pessoais é muito recente. A palavra "liberalismo" nem existia até o início do século XIX e, por centenas de anos antes de seu nascimento, ser liberal significava algo muito diferente. Durante quase dois mil anos, significou demonstrar as virtudes de um cidadão, mostrar devoção ao bem comum e respeitar a importância da conexão mútua.

Princípios Republicanos:
Um Ideal Moral e Cívico

Poderíamos começar com o estadista e autor romano Marco Túlio Cícero (106–43 a.C). Um dos autores mais lidos e citados na história do pensamento ocidental, Cícero escreveu com eloquência sobre a importância de ser liberal. A palavra deriva dos termos latinos *liber*, que significa tanto "livre" quanto "generoso", e *liberalis*, "condizente com uma pessoa nascida livre". A forma substantiva correspondente a essas duas palavras era *liberalitas*, ou "liberalidade".

Em primeiro lugar, ser livre na Roma antiga significava ser cidadão e não escravo. Significava estar livre da vontade arbitrária de um mestre ou do domínio de qualquer homem. Os romanos pensavam que tal estado de liberdade só era possível sob o estado de direito e uma constituição republicana. Arranjos jurídicos e políticos eram necessários para garantir que o governo se concentrasse no bem comum, a *res publica*. Somente sob tais condições um indivíduo poderia esperar ser livre.

Mas, para os antigos romanos, ser livre exigia mais do que uma constituição republicana; também exigia cidadãos que praticassem a *liberalitas*, que se referia a uma maneira nobre e generosa de pensar e agir em relação aos concidadãos. Seu oposto era o egoísmo, ou o que os romanos chamavam de "mesquinhez" — uma forma de pensar ou agir que considerava apenas a si mesmo, seus lucros e seus prazeres. Em seu sentido mais amplo, *liberalitas* significava a atitude moral e magnânima que os antigos acreditavam ser essencial para a coesão e o bom funcionamento de uma sociedade livre. A tradução em português da palavra é "liberalidade".

Em *Dos Deveres* (44 a.C.), Cícero descreveu *liberalitas* de uma forma que foi aceita por séculos. *Liberalitas* era o próprio "vínculo da sociedade humana", escreveu Cícero. O egoísmo não era apenas moralmente repugnante, mas socialmente destrutivo. "Ajuda mútua" era a chave para a civilização. Era dever moral dos homens livres se comportar de maneira liberal uns com os outros. E ser liberal significava "dar e receber" de uma forma que contribuísse para o bem comum.

Os homens não nascem apenas para si próprios, afirmou Cícero; eles são trazidos à existência para o bem de outros:

> Como não nascemos apenas para nós; como... os homens foram criados para o bem dos homens, para fazer o bem uns aos outros, devemos contribuir com nossa parte para o bem comum e através da troca de ofícios bondosos, tanto em dar como receber igualmente, por habilidade, por trabalho e com os recursos de que dispomos, fortalecer a união social dos homens entre os homens.[1]

Um século depois de Cícero, outro filósofo romano famoso e influente, Lúcio Aneus Sêneca (ca. 4 a.C.–65 d.C.), aprofundou-se no princípio *liberalitas*, em seu longo tratado, *Sobre os Benefícios* (63 d.C.). Sêneca se esforçou para explicar como doar, receber e devolver presentes, favores e serviços de uma forma moral e, portanto, essencial ao vínculo social. Como Cícero, ele acreditava que para que um sistema baseado na troca funcionasse adequadamente, uma atitude liberal era necessária tanto nos doadores quanto nos recebedores, ou seja, uma disposição altruísta, generosa e grata. Emprestada do estoico grego Crisipo (ca. 280–207 a.C.), Sêneca ofereceu uma alegoria para a virtude da liberalidade: a dança circular das Três Graças, simbolizando a ação de dar, receber e retribuir. Para pensadores antigos como Cícero e Sêneca, a liberalidade literalmente fazia o mundo girar — e o mantinha unido.

Ser liberal não era fácil. Cícero e Sêneca explicaram extensamente os princípios que devem informar o dar e o receber. Como a própria liberdade, a liberalidade exigia raciocínio correto e força moral, autodisciplina e comando. Também tinha caráter aristocrático. Foi projetada por e para os homens livres, ricos e bem relacionados que estavam em posição de dar e receber benefícios na Roma Antiga. Era considerada uma qualidade particularmente louvável na classe patrícia e entre os governantes, como é mostrado por muitas inscrições, dedicatórias oficiais e textos antigos.

Se *liberalitas* era uma virtude apropriada para aristocratas e governantes, o mesmo se aplicava à educação em artes liberais, que os treinava para isso e exigia considerável riqueza e tempo ocioso para estudar. Seu objetivo principal não era ensinar os alunos a adquirir riqueza ou prepará-los para uma vocação, mas prepará-los para uma participação ativa e virtuosa na sociedade. O objetivo era ensinar aos futuros líderes da sociedade como pensar corretamente e falar com clareza em público, permitindo-lhes participar efetivamente da vida cívica. Os cidadãos não nasciam, eram criados. Cícero frequentemente afirmava que as artes liberais deveriam ensinar *humanitas*, uma atitude humana em relação aos concidadãos. O historiador grego e cidadão romano Plutarco (46–120 d.C) escreveu que uma educação liberal dava sustentação a uma mente nobre e levava ao aperfeiçoamento moral, à imparcialidade e ao espírito público nos governantes.[2] Em outras palavras, era essencial para implantar a liberalidade.

Rearticulações Medievais: Liberalidade Cristianizada

À medida que a antiguidade dava lugar à Idade Média, essa visão antiga de liberalidade não foi totalmente perdida, mas cristianizada e posteriormente disseminada pelos primeiros padres da Igreja, como Santo Ambrósio.[3] Santo Ambrósio, que escreveu um tratado inspirado expressamente em *Dos Deveres* de Cícero, e rearticulou as suas ideias e princípios básicos. Qualquer comunidade verdadeira se apoiava na justiça e na boa vontade, e a liberalidade e a bondade eram o que mantinha a sociedade unida, escreveu Ambrósio.[4]

Assim, a liberalidade durante a Idade Média foi revestida de valores cristãos como o amor, a compaixão e, especialmente, a caridade; valores considerados necessários não apenas nas repúblicas, mas também nas monarquias. Disseram aos cristãos que Deus era liberal em sua misericórdia, assim como Jesus era com seu amor. Os cristãos deviam imitar a Deus amando e retribuindo. Dicionários da Idade Média em diante, fossem franceses, alemães ou ingleses, definiam "liberal" como a qualidade de alguém "que gosta de doar" e "liberalidade" como "a qualidade de doar ou gastar livremente". Grandes teólogos medievais, como Tomás de Aquino, disseminaram essas noções em seus escritos.[5]

A Igreja medieval continuou a considerar as artes liberais como o programa educacional ideal para os líderes da sociedade. Frequentemente contrastadas com as "artes servis" ou "mecânicas" que atendiam às necessidades básicas da humanidade, como, por exemplo, alfaiataria, tecelagem e ferraria, as artes liberais eram vistas como desenvolvendo excelência intelectual e moral. Elas preparavam os homens jovens para funções ativas no setor público e para o serviço do Estado. Como no mundo antigo, a educação em artes liberais também era um marcador de status, diferenciando a elite dos demais. Todo cristão, rico ou pobre, era instado a ser liberal, mas a liberalidade continuou a ser considerada especialmente importante em pessoas "de posição social superior".

Artes Liberais da Renascença

A liberalidade durante a Renascença continuou a ser uma virtude aristocrática ou "principesca". Como explicou um dos muitos textos da Renascença, a avareza era o "sinal seguro de um espírito ignóbil e perverso", enquanto a liberalidade era a virtude adequada ao aristocrata.[6] Nesse momento, o escopo da educação em artes liberais foi ampliado e seu prestígio cresceu. O humanista italiano Pier Paolo Vergerio (1370–1445), um admirador de Cícero, rearticulou muitas ideias clássicas sobre educação no tratado "Sobre os nobres costumes e os estudos liberais da juventude". Publicado pela primeira vez em 1402, teve quarenta edições antes de 1600, tornando-se o tratado pedagógico renascentista mais copiado e reimpresso. Uma educação em artes liberais, explicou Vergerio, elevava aqueles que a recebiam acima da "multidão não pensante".[7] Preparava-os para posições de liderança e legitimava sua reivindicação a tais posições. Na companhia de livros, não havia ganância; os meninos aprendiam a virtude e a sabedoria, os deveres da cidadania.

O foco nos *homens* no ensaio de Vergerio certamente não foi acidental, visto que uma educação liberal foi concebida desde o início tendo homens jovens e não mulheres em mente. Sua associação com independência, falar em público e liderança tornava muito difícil imaginar sua relevância e valor para as mulheres. De acordo com o humanista espanhol Juan Luis Vives (1493-1540), que escreveu a principal obra do Renascimento sobre a educação feminina, *The Education of a Christian Woman* [*A Educação de uma Mulher Cristã*, em tradução livre] (1524), um livro que foi traduzido para o inglês, holandês, francês, alemão, espanhol e italiano, a aprendizagem das mulheres deve centrar-se nas funções domésticas e, o mais importante, em mantê-las castas. Embora fosse razoável para um homem "estar equipado com o conhecimento de muitos e variados assuntos que serão úteis para ele e para o Estado", uma mulher era suficientemente instruída quando lhe ensinavam "castidade, silêncio e obediência".[8] Para este propósito, os textos religiosos eram considerados especialmente eficazes.

Entretanto, isso não significa que nenhuma mulher da Renascença tenha recebido educação em artes liberais. As evidências mostram que algumas mulheres aristocráticas tornaram-se altamente instruídas.[9] Várias até escreveram tratados defendendo as artes liberais. Mas o preconceito contra as mulheres liberais ajuda a explicar por que, nos raros casos em que foi concedida, a educação de uma mulher normalmente refletia a liberalidade de *seu pai* e não a dela. Isso conferia honra e prestígio a um *paterfamilias* da Renascença porque mostrava que ele podia se dar a tal luxo e não precisava se preocupar em casar uma filha muito instruída. A própria mulher culta, entretanto, era muitas vezes ridicularizada e difamada. Que uma educação avançada masculinizava a mulher era um bordão comum. Que a tornava uma predadora sexual era outro. Até a palavra "liberal" era problemática quando usada para descrever uma mulher, porque muitas vezes assumia uma conotação sexual. Uma mulher liberal tornava-se sexualmente promíscua. Refletindo preconceitos antigos sobre a suposta perversidade, pecaminosidade e lascívia das mulheres, uma balada de cerca de 1500 adverte que as mulheres costumam ser "liberais... em segredo".[10]

Entretanto, com relação aos meninos da Renascença, e especialmente àqueles destinados a posições de poder e influência, tanto a liberalidade quanto a educação em artes liberais que os preparava para isso eram consideradas essenciais. O humanista, padre e teólogo holandês Erasmo de Roterdã (1466–1536) referiu-se a esses meninos instruídos como "o canteiro onde nascerão senadores, magistrados, médicos, abades, bispos, papas e imperadores".[11] Seus dois tratados sobre educação, *A Educação de um Príncipe Cristão* (1516) e *The Education of Children* [*A Educação das Crianças*, em tradução livre] (1529),[12] recomendavam as artes liberais como segunda em importância, logo após a piedade cristã, na formação de indivíduos (ricos e homens). "Liberalidade", ele fez questão de esclarecer, significava mais do que apenas "distribuir presentes"; significava "usar seu poder para o bem".[13] Entre os artistas da Renascença, a liberalidade continuou a ser simbolizada pela antiga alegoria das Três Graças. O polímata humanista Leon Battista Alberti (1404–72) referiu-se a Sêneca quando explicou que "uma das irmãs dá, outra recebe e a terceira retribui o favor, sendo que todos os graus devem estar presentes em cada ato de liberalidade perfeita".[14] Para Alberti, como para tantos outros pensadores da Renascença, a virtude da liberalidade era essencial para qualquer sociedade livre e generosa.[15]

A Política de Doar

Os textos da Renascença frequentemente aconselhavam as elites a refletir cuidadosamente sobre como adquirir e distribuir sua riqueza. Os livros de conduta explicavam que a liberalidade era uma virtude moral que moderava "o desejo e a ganância por dinheiro" dos homens. A liberalidade também dizia respeito a gastar dinheiro "de forma útil e não excessiva".[16] Um homem liberal usava sua riqueza para sustentar sua casa, amigos e parentes; ele também ajudava aqueles que, sem ter culpa, caíam na pobreza. Ele não gastava dinheiro para se exibir.[17] Na verdade, saber como gastar era a prova do valor de uma pessoa.[18]

Tal consideração pelos gastos apropriados era considerada uma qualidade especialmente importante nos governantes. *O Livro do Cortesão*, de Baldassare Castiglione (1528), o principal manual de valores aristocráticos do período, afirmava que "o príncipe bom e sábio... deve ser cheio de liberalidade", e que Deus o recompensaria por isso.[19] Mas os governantes também eram aconselhados a não serem pródigos. Erasmo aconselhou aos príncipes a gastar com moderação e discernimento e, especialmente, nunca tirar do merecedor para dar ao indigno.[20] Com a combinação especial de realismo e idealismo pela qual se tornou famoso, Niccolò Machiavelli (1469–1527) advertiu que um príncipe liberal não deveria gastar além de suas posses porque isso apenas drenaria seus recursos e o obrigaria a aumentar os impostos, o que oprimiria seu povo e provocaria seu ódio.[21] Da mesma forma, o escritor francês Michel Montaigne (1533–1592), muitas vezes considerado o fundador do ceticismo moderno, advertiu os governantes de que deveriam usar a liberalidade com justiça e ponderação para não "derramar o grão do saco".[22]

Já nos séculos XVII e XVIII, as elites e governantes foram exortados a serem liberais, mas seletivos em suas doações. O estadista e escritor francês Nicolas Faret (1596–1646) fez questão de diferenciar liberalidade de doação promíscua. A generosidade de um príncipe deve sempre ser guiada pela razão, prudência e moderação, estendida de forma ordenada a "pessoas decentes" e com a devida consideração à posição, nascimento, idade, meios e reputação. Ainda mais importante, um príncipe nunca deve ser "perniciosamente liberal"; isto é, ele nunca deve doar de uma forma que possa exaurir seus próprios recursos.[23] Outros manuais mostram preocupação semelhante em diferenciar os gastos extravagantes dos novos ricos da virtude há muito reconhecida da liberalidade. A primeira edição do *Dictionnaire de l'Académie Française* [Dicionário da Academia Francesa, em tradução livre] (1694) definiu "liberal" como "aquele que gosta de doar... para pessoas de mérito"; em sua quarta edição, acrescentou "há uma grande diferença entre um homem pródigo e um homem liberal".

Transformações Protestantes

A Reforma Protestante alterou sutilmente o significado católico de liberalidade, pelo menos no início. As Bíblias protestantes ajudaram a espalhar a noção de que a liberalidade não era só um valor principesco ou aristocrático, mas um imperativo cristão universal. Enquanto as traduções anteriores da Bíblia traduziam a palavra "generoso" como "nobre" ou "digno de um príncipe", as novas versões inglesas e puritanas abandonaram a associação com status elevado e substituíram a palavra "liberal". Na versão King James (1604–11), a palavra aparece várias vezes referindo-se a doações generosas, especialmente aos pobres.[24] Além disso, Provérbios 11:25 sugere que Deus recompensa o comportamento liberal: "O generoso sempre prosperará; quem oferece ajuda ao necessitado, conforto receberá".

Um sermão proferido perante o rei inglês Carlos I, em Whitehall, em 15 de abril de 1628, sugere uma mudança sutil de ênfase. John Donne (1572–1631), poeta, advogado e clérigo, começou reiterando o conhecido princípio de que a liberalidade era essencial para reis, príncipes e "grandes pessoas". Mas, então, ele acrescentou que mesmo a população em geral, isto é, o povo, deve ser liberal. Lembrando à sua congregação que "Cristo é um Deus liberal", Donne declarou que era importante que *todos* os cristãos doassem livremente. Donne acrescenta que ser liberal não significa apenas compartilhar a própria riqueza. Era importante achar sempre "novas maneiras de ser liberal". Seguindo Isaías 32, "Mas o liberal projeta coisas liberais, e pela liberalidade está em pé", eles deveriam "acreditar em propósitos liberais", "aceitar proposições liberais" e "aplicá-las liberalmente". Donne sugeria que a congregação mostrasse sua liberalidade, despindo-se de todos os sentimentos negativos para com os outros. Ser liberal significava compartilhar não apenas o ouro, mas também o conhecimento e a sabedoria. Donne insistia em que isso fosse comunicado a outras pessoas, até mesmo ao público em geral. No entanto, Donne fez uma advertência importante: era essencial ser liberal apenas com os cristãos, ou o indivíduo seria culpado de "prodigalidade espiritual", uma transgressão.[25]

O propósito por trás da liberalidade tão celebrada, eternamente encorajada em tratados e sermões morais, não era redistribuir a propriedade de qualquer forma significativa ou perturbar a ordem político-religiosa. A maioria dos pregadores cristãos, católicos ou protestantes, ensinava que se deveria doar de acordo com sua posição na sociedade sem colocá-la em perigo. Mateus 26:11 afirma que "Pois os pobres vocês sempre terão consigo", e isso geralmente era interpretado como significando que a pobreza era uma parte inevitável da ordem social e política. Como um livro inglês típico de cortesia explicou, "Deus, em sua sabedoria, compreendendo que a igualdade de condições geraria confusão no mundo, ordenou vários estados, destinando alguns para a pobreza, outros para a riqueza". Mas a liberalidade espalhou um senso de boa vontade, benevolência e fraternidade cristã; sustentou a sociedade e a manteve unida.[26]

De algumas formas importantes, a liberalidade no início da Europa moderna preservava a ordem sociopolítica e religiosa existente. Como

Cícero, Sêneca e seus muitos discípulos sabiam, dar presentes era uma espécie de aglutinador social. Segundo Sêneca, a sociedade funcionava e era coesa dando e recebendo "benefícios", ou seja, favores, honras, privilégios e serviços de vários tipos. A caridade cristã e a esmola também criavam um senso de comunidade e boa vontade. Por fim, a exibição de liberalidade realça a dignidade e a posição das pessoas na sociedade.

O Excepcionalismo Americano e a Tradição Liberal

E, no entanto, a liberalidade cristã, especialmente em suas manifestações puritanas, levou a posições potencialmente perturbadoras. Isso pode ser visto no famoso sermão "*City upon a Hill*" [*Cidade sobre a Colina*, em tradução livre] proferido pelo pregador puritano John Winthrop (1587–1649) após sua chegada à Colônia da Baía de Massachusetts, em 1630. Ainda a bordo do navio *Arabella*, Winthrop declarou que os tempos inusitados em que vivia sua comunidade puritana exigiam dela "extraordinária liberalidade". Nas circunstâncias muito difíceis que enfrentavam, ele fez questão de dizer, não existia algo como ser "*excessivamente* liberal". A liberalidade *extraordinária* era sua única receita de sobrevivência, e o momento exigia que todos *na comunidade* fossem liberais uns com os outros. Eles devem pensar no bem público antes do próprio. Nos anos seguintes, esse sermão seria frequentemente invocado para apoiar a ideia do excepcionalismo americano, cujos princípios de fundação liberais foram um farol para o mundo. Os colonos devem "carregar os fardos uns dos outros" e se ver como uma "companhia de Cristo, unidos pelo amor".[27]

A defesa da liberalidade extraordinária de Winthrop era incomum no século XVII. Mais comuns eram as exortações a uma liberalidade moderada, discriminatória e aristocrática, menos ameaçadora para o status quo da aristocracia e monarquia. Os humanos eram, nas palavras do teórico holandês do direito natural Hugo Grotius (1583–1645), criaturas sociáveis e razoáveis por natureza. Todos capazes e moralmente obrigados a agir de maneira liberal um com o outro. *Sobre os Deveres,* de Cícero, foi publicado em quatorze edições em inglês e em muitas outras em latim entre 1534 e 1699. Era um texto básico em escolas como Westminster e Eton, e em várias faculdades de Cambridge e Oxford. Entre 1678 e 1700, uma versão abreviada de *Sobre os Benefícios,* de Sêneca, também foi editada.[28] Os meninos em instituições de elite em toda a Europa aprendiam que a sociedade dependia de sua liberalidade — isto é, de sua generosidade, probidade moral e valores cívicos.

Assim, em meados do século XVII, os europeus vinham chamando a liberalidade de uma virtude necessária por mais de dois mil anos. Se alguma vez houve uma tradição liberal, foi essa.

Thomas Hobbes e John Locke Sobre Liberalidade

Hoje, Thomas Hobbes (1588–1679) e John Locke (1632–1704) são frequentemente considerados os pais fundadores do liberalismo. No entanto, isso é curioso, porque eles nunca usaram esta palavra e tinham opiniões radicalmente diferentes sobre liberalidade.

Hobbes rejeitou totalmente a tradição liberal descrita acima. Ele declarou que os homens eram naturalmente violentos e egoístas. "Pobres", "desagradáveis" e "brutais", eram movidos pelo medo mútuo. A guerra era sua condição natural. Hobbes afirmou que os seres humanos eram incapazes de se governar ou viver pacificamente juntos sem um líder poderoso "para mantê-los todos maravilhados e direcionar suas ações para o benefício comum". Uma "guerra perpétua, de cada homem contra seu vizinho" só poderia ser evitada por um governo forte e indiviso nas mãos de um monarca absoluto.[29] A liberalidade não desempenhou nenhum papel discernível na narrativa de Hobbes.

Filósofos do direito natural, moralistas e pensadores religiosos em toda a Europa reagiram com horror às proposições de Hobbes, acusando-o de ateísmo e imoralidade. Vários folhetos apresentavam uma visão mais otimista do homem e reafirmavam a realidade e a importância da liberalidade para a sociedade, às vezes apelando à autoridade de Cícero para fazê-lo. Os homens eram capazes e obrigados a praticar a liberalidade. Os seres humanos foram dotados por Deus para expressar bondade para com os outros. Apesar das críticas de Hobbes, a crença no poder da liberalidade sobreviveu e até prosperou.

Entretanto, na França, um grupo influente de moralistas católicos fortemente influenciados pelo jansenismo desenvolveu pontos de vista muito semelhantes aos de Hobbes.[30] Blaise Pascal, François de la Rochefoucauld, Pierre Nicole e Jacques Esprit adotavam uma visão muito pessimista da natureza humana. Nas palavras de Pascal, o homem era uma criatura vil e baixa, cujo impulso predominante sempre foi o amor próprio.[31] Pierre Nicole, outro eminente moralista francês na tradição jansenista, afirmou que o homem amava a si mesmo "sem limites ou moderação", e que isso o tornava violento, injusto e cruel. Sem uma monarquia absoluta para contê-los, os homens estariam em um estado perpétuo de guerra entre si mesmos. O medo e a ganância eram o que mantinha a sociedade unida.[32] Para os jansenistas franceses, assim como para Hobbes, os homens trocavam serviços e civilidades uns com os outros não pela capacidade inata de praticar a liberalidade, mas sempre por interesse próprio.

Porém, curiosamente, os jansenistas não negaram a importância da liberalidade. Em vez disso, eles a descreveram como uma virtude falsa, mas necessária. Em suas mentes, era algo semelhante à polidez, um modo de os homens esconderem sua pecaminosidade natural. Em *La Fausseté des Vertus Humaines* [*A Falsidade das Virtudes Humanas*, em tradução livre] de 1678, Jacques Esprit resumiu o pensamento dos jansenistas quando disse que o máximo que os seres humanos poderiam fazer era *"se passarem por* liberais".³³ É digno de nota, entretanto, que vários desses pensadores jansenistas, e Nicole em particular, chegaram à conclusão de que mesmo tal hipocrisia era necessária para o funcionamento da sociedade humana. A liberalidade não precisa ser sincera para que a sociedade seja coerente.

Outros filósofos, teólogos e escritores ignoraram ou rejeitaram esse pessimismo sobre a natureza humana e sua obsessão por motivos pecaminosos e pela hipocrisia. Um desses filósofos foi John Locke. Ele traduziu alguns dos ensaios de Nicole e, no processo, destacou o positivo: "amor e respeito são os laços da sociedade", escreveu ele, "e necessários para sua preservação". A sociedade dependia do "tráfico de gentileza". Sem isso, a sociedade "dificilmente poderia se manter unida".³⁴

A ideia de que os seres humanos são naturalmente capazes e têm o dever de se comportar liberalmente uns com os outros foi reiterada em quase tudo que Locke escreveu. Em seu texto mais influente, *Ensaio Acerca do Entendimento Humano* (1689), ele argumentou contra as noções ortodoxas do pecado original e as teorias epistemológicas reinantes, afirmando que as ideias morais eram aprendidas, não inatas; portanto, todos os seres humanos podem e devem aprender os princípios morais pelos quais conduzir suas vidas. Em *The Reasonableness of Christianity* [*A Razoabilidade do Cristianismo*, em tradução livre] (1695), Locke enfatizou a importância de os cristãos se engajarem em boas obras. Jesus ordenou: "Amai a vossos inimigos, fazei bem aos que vos odeiam, bendizei os que vos maldizem, e orai pelos que vos maltratam; paciência e mansidão sob injúrias, perdão, liberalidade, compaixão".³⁵

Tais ideias sobre a capacidade e o dever dos seres humanos de serem liberais também formam o substrato para *Dois Tratados Sobre o Governo* de Locke (1690), nos quais ele novamente reconheceu que os homens tinham obrigações para com seus semelhantes, incluindo, em particular, o dever de contribuir para a preservação da humanidade. Em clara oposição a Hobbes, Locke argumentou que os homens não precisavam de um monarca absoluto para governá-los, em grande parte porque eram capazes de se comportar eticamente. Os homens em estado natural eram capazes de conhecer e seguir uma lei moral. Em outras palavras, precisamente por serem capazes de liberalidade, podiam viver sob uma monarquia constitucional limitada, caracterizada por uma quantidade significativa de autogoverno.

Locke contribuiu de outras maneiras para a tradição liberal que relatamos aqui. Ele escreveu, por exemplo, sobre a importância de ensinar liberalidade às crianças. Em *Alguns Pensamentos Sobre a Educação* (1693), ele enumerou alguns dos princípios morais fundamentais que as crianças deviam aprender. Elas devem ser ensinadas a serem "gentis, liberais e corteses" com os outros. O egoísmo deve ser "eliminado e a Qualidade contrária... implantada." As crianças devem aprender a "abrir mão do que têm com facilidade e espontaneidade para os amigos".[36] O Terceiro Conde de Shaftesbury (1671–1731), discípulo e amigo de Locke, disse que tal educação formou "Temperamentos e Disposições generosos, Apetites bem regulamentados e Inclinações dignas".[37]

O teólogo escocês George Turnbull (1698–1748) explicou melhor esses princípios em sua conhecida obra *Observations on Liberal Education in All Its Branches* [*Observações sobre a educação liberal em todos os seus ramos*, em tradução livre] (1742). O objetivo de uma educação liberal, explicou ele, era treinar meninos para se tornarem membros dignos da sociedade..Para isso, era necessário ensinar-lhes "autodomínio" e o que Turnbull chamou de "liberdade interior", referindo-se à superação do egoísmo e do vício. Os jovens homens tinham que ser treinados para amar as coisas certas: justiça, verdade e o bem maior da humanidade. É isso que significa "humanizar a mente" e "despertar os afetos generosos".[38]

A Liberalidade do Iluminismo

Hoje, alguns dizem que o liberalismo deve suas origens ao Iluminismo, mas é importante relembrar que ninguém falava em liberalismo durante o século XVIII. A palavra e o conceito ainda não haviam sido concebidos. No entanto, a liberalidade continuou a ser defendida e, graças às novas formas de comunicação, disseminada como nunca.

A liberalidade iluminista permaneceu uma virtude associada principalmente aos nobres e às elites aristocráticas. O *Dicionário de Língua Inglesa* do Dr. Johnson definiu a palavra "liberal" como "Não ser insignificante, nem de origem humilde", e "tornar-se um cavalheiro". Como antes, acreditava-se que apenas alguns poucos escolhidos teriam acesso à educação que formaria o "temperamento generoso e gentil"[39] de tal homem liberal. John Locke escreveu seu tratado educacional com os filhos dos cavalheiros em mente e o éthos moral que promoveu era aristocrático. Palestrou sobre moralidade para filhos de cavalheiros, organizou um clube social para cavalheiros e assinou suas obras "John Locke, Cav".[40] Segundo Shaftesbury, uma educação apropriada para cavalheiros deve formar um "Caráter gentil e liberal", adequado aos líderes naturais da sociedade, mas não ao "vulgar".[41] Turnbull dirigiu sua conhecida obra, *Observations* [*Observações*] aos jovens filhos da "nobreza e pequena nobreza". O objetivo de uma educação liberal era incutir nas mentes dos meninos de "boa educação" "um temperamento verdadeiramente liberal e viril".[42]

Referências a cavalheiros e masculinidade são comuns em textos do século XVIII sobre as virtudes de uma educação liberal. Quase ninguém na época achou uma boa ideia ampliar a mente das meninas. On the Education of Girls [*Da Educação das Meninas*, em tradução livre] (1687), de François Fénelon, resumiu o consenso reinante. Escrito a convite do duque e da duquesa de Beauvilliers, que tinham nove filhas, foi rapidamente traduzido para o inglês e o alemão, e foi frequentemente reeditado durante os séculos XVIII e XIX, tornando-se um dos manuais de educação mais populares da época. O aprendizado das meninas, escreveu Fénelon, deve ser mantido dentro de limites restritos. Era importante "conter suas mentes o máximo possível", mantendo-as concentradas nos deveres domésticos, ou seja, "administrar uma casa, fazer o marido feliz e criar os filhos". O estudo humanístico deveria ser explicitamente negado às mulheres porque poderia "virar suas cabeças".[43]

Cem anos depois, um reformador esclarecido como Adam Smith (1723–1790) ainda achava louvável que as meninas de sua época aprendessem apenas o que era *útil* para elas e "nada mais". Todos os elementos de sua educação deveriam prepará-las para seus papéis domésticos predestinados: "seja melhorar seus atrativos naturais, moldar a mente para a discrição, a modéstia, a castidade e a economia; torná-las donas de casa e se comportarem adequadamente quando isso ocorrer".[44] Na época de Smith, as teorias biomédicas sobre a "natureza" das mulheres reforçavam as noções tradicionais sobre o que constituía uma educação adequada para elas, sugerindo que o trabalho intelectual sustentado era prejudicial à saúde.[45]

Entretanto, enquanto isso, a formação de mentes masculinas liberais foi cada vez mais valorizada durante o Iluminismo. O próprio Smith se beneficiou de uma educação em artes liberais, que o preparou para os estudos universitários e, por fim, para o cargo de professor de filosofia moral na Universidade de Glasgow. Lá, Smith estudou filosofia moral com Francis Hutcheson (1694–1746), cujos ensinamentos enfatizavam a importância da liberalidade, isto é, de se envolver em "atos de bondade para com os outros".[46] A palestra inaugural de Hutcheson, em Glasgow, foi sobre "A Fraternidade Natural da Humanidade". Refutando explicitamente a filosofia egoísta de Hobbes, Hutcheson afirmou que os seres humanos eram dotados de um senso moral que os tornava capazes de ver a virtude das afeições compassivas, generosas e benevolentes, e os encorajava a se comportar de acordo. Ele ensinava que a "cultura de nossas mentes consiste principalmente em formar opiniões justas sobre o nosso dever", e que um dos deveres mais importantes era sempre ter em mente o interesse comum.[47] Para aprender sobre essas obrigações, Hutcheson recomendava que os alunos lessem Cícero, Locke e Shaftesbury.

Uma disposição liberal costumava ser acompanhada de condescendência, se não de desdém absoluto, pelos pobres. Certamente esse era o caso na França, onde a liberalidade até o século XVIII permaneceu intimamente ligada ao status de nobreza. Como o bispo e pregador católico Jean-Baptiste Massillon (1663–1742) explicou em um de seus famosos sermões, as classes mais baixas eram menos capazes de liberalidade, enquanto a generosidade, sentimentos elevados e sensibilidade para com os infelizes eram marcas de nobreza.[48] John Locke fez observações similares. Ele disse que a educação em artes liberais não se destinava "à maior parte da humanidade, que está entregue ao trabalho e escravizada pela necessidade de sua condição mesquinha". Ele escreveu que crianças pobres podem trabalhar a partir dos três anos.[49] Como um agente do colonialismo inglês, Locke também ajudou a escrever textos que apoiavam a escravidão.[50] Revistas, tratados e dicionários publicados ao longo do século XIX disseminaram essas ideias. Eles descreveram a educação em artes liberais como "adequada para Cavalheiros e Estudiosos", enquanto uma educação em "Ofícios e Artesanato" era apropriada para "pessoas insignificantes", destinadas a ocupações "servis".[51]

Na América, também, a classe superior estabelecida tendia a considerar as pessoas comuns como naturalmente mesquinhas e preconceituosas. Para Nathanael Greene (1742–86), um dos generais de George Washington, "o grande corpo do Povo" sempre foi "contraído, egoísta e não liberal". Eles nunca deveriam ser confundidos com cavalheiros, que tinham naturezas mais nobres.[52] O próprio Washington é conhecido por ter falado sobre "a multidão que pasta" e John Adams sobre "o rebanho comum da humanidade". "Pessoas Comuns", escreveu ele, "não têm Ideia de Aprendizado,

Eloquência e Talento". Suas "Imaginações vulgares e rústicas" eram facilmente desencaminhadas.

Transformações do Iluminismo

Embora o Iluminismo continuasse a dar importância à liberalidade, também introduziu novos usos do termo. Seu escopo foi ampliado e, em alguns sentidos, democratizado. Agora era possível falar não apenas de indivíduos liberais, mas também de *sentimentos, ideias* e *modos de pensar*. Esses sentimentos, ideias e modos de pensar se manifestaram em círculos maiores de pessoas: escritores e acadêmicos, pregadores e oficiais, o público instruído e até mesmo uma geração inteira.

Embora a educação em artes liberais ainda fosse considerada uma forma importante de inculcar a liberalidade nos meninos da elite, os filósofos do Iluminismo começaram a pensar que também era possível aprender a ser liberal em outros ambientes. Uma pessoa pode adquirir liberalidade em vários locais sociais, como clubes de cavalheiros, lojas maçônicas, salões e exposições de arte, todos os quais proliferavam na época.[53] Assim, um clube de cavalheiros do século XVIII em Londres descreveu seu objetivo como sendo o "aprimoramento mútuo por meio de conversas liberais e investigação racional". O clube se via disseminando uma "liberalidade de espírito" por todo o país, que seus sócios acreditavam ser favorável ao progresso.[54] Aparentemente, alguém podia então se tornar liberal pensando e falando livremente com os outros. E essa liberalidade levaria ao aperfeiçoamento de toda a sociedade.

O historiador escocês William Robertson (1721–93) relatava com satisfação a difusão da liberalidade. Ao longo da história, escreveu ele, os sentimentos liberais foram crescendo e se disseminando por toda a Europa. Eles fizeram com que os europeus adquirissem modos mais gentis, refinados e civilizados.[55] Os princípios liberais, segundo um pensador alemão do século XVIII, estavam em sincronia com as forças sensatas, morais e progressistas da história.[56] Muitos concordaram. George Washington celebrou a "crescente liberalidade de sentimento" de sua época, certo de que estava tendo uma "influência melhoradora sobre a humanidade".[57]

A promoção da tolerância religiosa foi um meio importante para a liberalidade melhorar a humanidade. Isso era algo novo. Argumentos cristãos que remontam a Santo Agostinho (354–430) sustentavam que a punição dos hereges era um ato de caridade, pois ajudava a salvá-los aos olhos de Deus e evitava que a sociedade caísse no caos. Embora o pregador da corte francesa Jacques Bénigne Bossuet (1627–1704) encorajasse o rei a ser liberal e "ter pensamentos profundos" para o "bem da humanidade",[58] ele não via contradição em também elogiá-lo por sua crescente perseguição aos protestantes franceses, que incluiu a conversão forçada, a prisão e o exílio de centenas de milhares de franceses. Não há evidências de que ele — nem ninguém na época — tenha feito uma conexão entre a virtude da liberalidade e a ideia de tolerância religiosa.

John Locke parece ter sido o primeiro a fazer essa conexão. Alarmado com a crescente perseguição de Luís XIV aos protestantes na França, e também preocupado com as contínuas dissensões entre os protestantes em casa, Locke reuniu os conceitos de liberalidade e tolerância em sua *Letter Concerning Toleration* [*Carta sobre a tolerância*, em tradução livre] (1685). Locke sugeriu que a tolerância não era apenas "compatível com o Evangelho de Jesus Cristo", mas a "principal marca de identificação da verdadeira Igreja". Dessa forma, Locke fez da tolerância religiosa um dever cristão. Mas apenas tolerar uns aos outros não era suficiente, disse ele. Os cristãos foram instruídos a serem *liberais* uns com os outros. "Não devemos nos contentar com os simples critérios da justiça, é preciso juntar-lhes a benevolência e a caridade. Isso prescreve o evangelho, ordena a razão, e exige de nós a amizade natural e o senso geral de humanidade", disse Locke.[59] Ele estendeu a injunção para ser liberal de forma abrangente, pelo menos para a época. Ela se aplicava a todas as seitas protestantes e até mesmo aos pagãos, muçulmanos e judeus. Mas a liberalidade para Locke ainda tinha limites; ele não incluiu a maioria dos católicos ou ateus.[60] Outros depois dele a ampliariam.

Na verdade, ao longo do século XVIII, a tolerância religiosa tornou-se um valor liberal fundamental. Dissidentes protestantes — que não pertenciam à Igreja da Inglaterra — foram especialmente importantes em sua disseminação. Sujeitos a uma série de deficiências legais, eles fizeram campanha pela revogação dessas leis restritivas sob a bandeira da liberalidade. Por exemplo, em um sermão sobre "coisas liberais", o ministro dissidente Samuel Wright (1683-1746) declarou que ser liberal significava enfrentar os intolerantes. A liberalidade impôs a todos os cristãos o apoio aos "Princípios da Liberdade, tanto em questões civis quanto religiosas".[61] Dessa forma, a liberalidade passou a ser vinculada não apenas à tolerância religiosa, mas também à demanda por reformas políticas e jurídicas.

Richard Price (1723-91) foi um líder da comunidade dissidente e amigo de Benjamin Franklin e Thomas Jefferson. Price afirmou o seguinte sobre "sentimentos liberais": "Eles extirpam os preconceitos deploráveis que nos tornam tímidos uns com os outros; e nos permitem considerar, com igual satisfação e prazer, nossos vizinhos, amigos e conhecidos, sejam seus modos de adoração ou seus sistemas de fé quais forem".[62] O *Dicionário de Inglês Oxford* registra que, em 1772, a palavra "liberal" passou a significar "livre de parcialidade, preconceito ou intolerância; de mente aberta, tolerante". E, no final do século, um número crescente de cavalheiros de mentalidade liberal defendia noções cada vez mais amplas de tolerância religiosa, chamando-as de a política mais "justa e liberal" a ser adotada pelos governos.[63]

Um desses cavalheiros foi George Washington, que, como presidente dos Estados Unidos, defendeu o que chamou de política religiosa liberal. Com isso, se referia a uma política generosa e tolerante, que concedia liberdade de culto não apenas às várias seitas protestantes, mas também a católicos e judeus. Em uma agora famosa "Carta aos Católicos Romanos nos Estados Unidos da América", Washington escreveu, em 15 de março de 1790: "À medida que a humanidade se torna mais liberal, ela estará mais apta a permitir que todos aqueles que se comportam como membros dignos da comunidade tenham direitos iguais à proteção do governo civil. Espero sempre ver a América entre as nações mais importantes no exemplo de justiça e liberalidade".[64] À Congregação Hebraica em Newport (1790) ele escreveu, alguns meses depois: "Os cidadãos dos EUA têm o direito de se enaltecer por terem dado exemplos de humanidade de uma política liberal ampla, digna de ser imitada. Todos possuem a mesma liberdade de consciência e imunidades de cidadania".[65] Em breve, a América se tornaria famosa por suas leis liberais a respeito da religião e da separação entre Igreja e Estado, vista como um princípio essencialmente americano.

Teologia Liberal e Cristianismo Liberal

O Iluminismo fez outra contribuição crítica para a história da liberalidade: inventou as noções de "teologia liberal" e "cristianismo liberal", que teriam tido uma influência muito negligenciada na história do liberalismo. A "teologia liberal" foi cunhada por estudiosos alemães e protestantes como Johann Salomo Semler (1725–91), que a usou pela primeira vez em 1774.[66] Com esse termo, Semler se referia a uma perspectiva religiosa e uma maneira de ler a Bíblia iluminada e erudita e, portanto, adequada aos homens liberais de um século iluminado.[67] Era uma teologia livre de restrições dogmáticas e aberta ao questionamento crítico. A abordagem "liberal" da Bíblia feita por Semler o levou a concluir que a essência do Cristianismo não era dogmática, mas moral.

As ideias de Semler inauguraram um longo e acalorado debate sobre a relação do liberalismo religioso com a ortodoxia. Sua teologia liberal rapidamente ganhou terreno na Alemanha, tornando-se a corrente teológica dominante no final do século. Sua influência se espalhou até mesmo além da Alemanha. Em 1812, o jornal unitarista americano *General Repository and Review* elogiou Semler efusivamente, chamando-o de "o mais culto e esclarecido" teólogo porque "criou um campo livre para mentes liberais" e defendeu "noções ousadas e liberais".[68]

O termo "cristianismo liberal" (em oposição a "teologia liberal") pode ter sido inventado na América, onde foi proposto por um pequeno, mas ativo grupo de clérigos protestantes da área de Boston. Chamados de "cristãos liberais" e, às vezes, de "partido liberal", eles acabaram adotando o rótulo de "Unitário". Seu proponente mais famoso foi William Ellery Channing (1780–1842),[69] cujos escritos foram traduzidos e disseminados amplamente para além dos Estados Unidos. O cristianismo e a teologia liberais geraram um debate acalorado e duradouro que causou grande impacto na história do liberalismo, e a mancharia aos olhos de muitos.

Cristãos liberais costumavam ser cavalheiros ricos e instruídos. Sua religião, diziam, era apropriada aos cultos e eruditos de educação liberal e de bom gosto. Esses homens detestavam a "deplorável iliberalidade" dos incultos,[70] aqueles que eram suscetíveis ao "entusiasmo" e propensos ao fanatismo. A religião de um cavalheiro liberal era "algo calmo e racional, resultado de reflexão e consideração".[71] Era a própria antítese do "frenesi religioso", dos "gritos e berros fortes; tremores e agitações que lembram convulsões" que caracterizavam várias formas de revivalismo popular.[72]

Para seus defensores, o cristianismo liberal era uma versão atualizada e muito necessária do cristianismo, mais compatível com os valores iluministas da época. Ele não se apegava a doutrinas sombrias sobre a pecaminosidade do homem, nem enfatizava os dogmas e o sobrenatural. Em vez disso, enfatizava a importância do comportamento moral e da crença na capacidade do homem de melhorar a si mesmo. Os cristãos liberais se orgulhavam de sua tolerância com outras seitas protestantes e de serem sociáveis e razoáveis. Eles aderiam a uma religião que cultivava o que um dos pregadores favoritos de Locke chamou de "disposições livres e liberais".[73]

Liberalidade Politizada

Nem todos os pensadores iluministas estavam convencidos de que a sociedade estava melhorando sob a influência da liberalidade. À medida que as economias cresciam, mudavam e geravam uma riqueza sem precedentes, alguns começaram a se preocupar com a crescente desigualdade, vaidade e egoísmo que pareciam acompanhá-las. Em um ensaio que causou comoção em meados do século, o filósofo de Genebra Jean Jacques Rousseau (1712–1788) rejeitou a ideia de que as artes liberais estavam melhorando a sociedade. De modo semelhante aos jansenistas que o precederam, alegou que elas estavam apenas mascarando uma sociedade profundamente corrupta.[74] Os homens estavam se tornando mais eruditos e educados, mas também perdiam seus valores cívicos, sua devoção ao bem-estar público. Os homens modernos não estavam à altura do antigo ideal romano de cidadania descrito por Cícero, dentre outros.

Os pensadores escoceses ficaram particularmente preocupados com os efeitos das mudanças econômicas. Adam Ferguson (1723–1816), leitor atento de Cícero e Rousseau, lamentou os valores mercenários que via se disseminando. O egoísmo estava ameaçando os próprios laços da sociedade, transformando a Escócia em uma "nação servil de hilotas".[75] A obsessão com o comércio e a riqueza estava levando ao abandono dos deveres cívicos, criando o que seu mais famoso compatriota Adam Smith (1723–90) chamaria de uma sociedade de estranhos.

Muitos outros pensadores iluministas se juntaram a Rousseau, Ferguson e Smith, e refletiram profundamente sobre como ensinar os cidadãos a se preocuparem mais com o bem-estar geral. Parecia a esses filósofos que as artes liberais, da forma como eram ensinadas, não estavam funcionando. Até mesmo o cientista Joseph Priestley (1733-1804) reclamou que a educação em artes liberais da época havia se tornado muito técnica — não havia nada verdadeiramente liberal nela. Uma educação em artes liberais útil deveria dar mais atenção à educação cívica, disse ele. Os alunos deveriam aprender patriotismo, escreveu um reformador escocês, enquanto outro argumentou que os meninos deveriam aprender o amor pela liberdade e o espírito público e até o zelo pela constituição. Adam Ferguson lembrava às pessoas que liberalidade não era sinônimo de mero refinamento ou sociabilidade cosmopolita, mas significava "aquele hábito da alma pelo qual nos consideramos apenas uma parte de uma comunidade amada... cujo bem-estar geral é para nós objeto supremo de zelo e a grande regra de nossa conduta". Sentimentos verdadeiramente liberais preocupam-se com a manutenção de uma constituição livre.[76] Eles encorajavam o engajamento cívico.

Das Cartas Liberais às Constituições Liberais

Desde os tempos medievais, reis e imperadores concediam cartas que conferiam direitos ou privilégios a cidades, empresas ou indivíduos. Os soberanos que os concediam, ou as próprias cartas, eram chamados de liberais quando os direitos que conferiam eram considerados robustos e, por exemplo, envolviam concessões econômicas generosas e considerável autogoverno.[77] Quando os ingleses deixaram a terra natal para o Novo Mundo, trouxeram com eles o que chamavam de cartas liberais estabelecendo colônias,[78] e quando surgiram tensões entre a Inglaterra e os Estados Unidos em meados do século XVIII, muita discussão girou em torno de se o governo britânico tinha o direito de mudar os termos dessas cartas e impor novos regulamentos e impostos às colônias. Os americanos insistiram que tais imposições violavam os estatutos, bem como as proteções concedidas a eles pela constituição britânica. Não eram mais generosos, não com base no princípio da reciprocidade; eles não eram mais liberais.

Foi nesse ambiente altamente politizado que Adam Smith publicou seu famoso livro, *Uma Investigação sobre a Natureza e as Causas da Riqueza das Nações* (1776). Hoje considerado um texto fundamental do liberalismo clássico, ele tratava diretamente das preocupações norte-americanas. O próprio Smith chamou isso de "ataque muito violento... sobre todo o sistema comercial da Grã-Bretanha".[79] Ele não apenas denunciou as políticas comerciais inglesas e defendeu o que chamou de "sistema liberal de livre exportação e importação", mas também usou a economia da América do Norte para destacar as falhas da Inglaterra. Os Estados Unidos ilustraram as vantagens de um sistema de liberdade natural, no qual o investimento desimpedido na agricultura estava causando um rápido progresso em direção à riqueza e à grandeza.[80] Em contraste, o sistema complicado e corrupto de tarifas, recompensas, monopólios e outros dispositivos legais da Grã-Bretanha estava apenas enriquecendo os já ricos, deixando o resto do país empobrecido.

O uso de Smith da palavra "liberal" em *A Riqueza das Nações* evocou um significado secular com o qual agora estamos familiarizados. Era uma palavra cujo significado moral todo cavalheiro educado da época teria entendido. No livro IV, Capítulo 9, Smith defendeu "permitir que cada homem busque seus interesses à sua maneira no plano liberal de igualdade, liberdade e justiça". O "plano liberal" de Smith, seus leitores reconheciam imediatamente, não incluía só liberdade, mas também generosidade e reciprocidade.

Muitas vezes, é esquecido que o primeiro trabalho importante e possivelmente mais influente de Smith foi sobre ética. Em sua *Teoria dos Sentimentos Morais* (1749), Smith escreveu que "ele não é um cidadão que não deseja promover, por todos os meios ao seu alcance, o bem-estar de toda a sociedade de seus concidadãos". "O indivíduo sábio e virtuoso está sempre disposto a sacrificar seu interesse particular em prol do interesse coletivo de sua própria ordem ou sociedade. Ele também está sempre disposto a que o interesse dessa ordem ou sociedade seja sacrificado em prol do interesse maior do estado ou soberania do qual é apenas uma parte subordinada", ele acrescentou.[81] Além disso, Smith endossou a "liberalidade" como uma das virtudes cardeais e o tratado contém uma longa discussão sobre gratidão e benevolência.[82]

Os princípios liberais que Smith defendeu em *Riqueza das Nações* eram "do interesse do público", enquanto os mercantis favoreciam a "avareza mesquinha" dos comerciantes e fabricantes britânicos que, aliados à aristocracia latifundiária, conspiravam contra o bem público.[83] Smith defendeu o livre comércio argumentando que aumentaria o bem-estar "das camadas mais baixas do povo" e atuaria "para o benefício dos pobres e indigentes".[84]

Não é de surpreender que os norte-americanos leiam *A Riqueza das Nações* como uma justificativa de sua política de separação da Inglaterra. Poucos meses depois de sua publicação, o Congresso Continental abriu os portos norte-americanos para todos os navios estrangeiros e os apelos a favor do livre comércio ficaram mais intensos. A própria sobrevivência do novo país dependia disso. Por meio da negociação de novos acordos comerciais liberais com as nações do mundo, os norte-americanos esperavam o advento de uma nova era de prosperidade e paz. E em 4 de julho de 1776, o Congresso Continental adotou a Declaração de Independência pela qual os Estados Unidos anunciaram sua secessão do Império Britânico e as razões para fazê-lo.

Os norte-americanos argumentaram que os governos derivavam sua autoridade do consentimento dos governados. Eles eram instituídos para garantir os direitos inalienáveis dos homens. Sempre que um governo se tornava destrutivo em relação a esses fins, era direito do povo resistir e até derrubá-lo. Além disso, os homens foram criados iguais e possuíam os direitos à vida, à liberdade e à busca da felicidade. Todos os treze novos estados logo criaram constituições escritas estabelecendo praticamente o mesmo princípio: os governos foram instituídos para garantir os direitos inalienáveis dos homens.

Claro, a preocupação com os direitos e sua proteção não era nova em 1776. O próprio governo britânico reconheceu que havia concedido cartas que conferiam direitos e privilégios às colônias. Uma grande diferença na Declaração de Independência foi que os direitos agora eram vistos como naturais, iguais e obrigatórios. Não eram mais entendidos como privilégios concedidos por um soberano liberal e, portanto, sujeitos a serem revogados por ele.

Essa alteração no conceito de direitos envolveu uma mudança correspondente no uso da palavra "liberal". Embora antes fosse usada para designar as concessões generosas e voltadas à liberdade de um soberano a seus súditos, ou o comportamento magnânimo e tolerante de uma elite aristocrática, agora era usada para descrever a constituição generosa e livre de um povo que legislava a si mesmo.

Estados Unidos da América, o País Mais Liberal do Mundo

Nos anos que se seguiram, e conforme os europeus ouviam sobre as constituições dos Estados Unidos, ocorreu um debate sobre qual era a forma mais liberal de governo, o britânico ou o norte-americano. Os norte-americanos frequentemente se gabavam de que suas próprias constituições eram as mais liberais do mundo. Sermões patrióticos espalhavam a mensagem. Os pastores norte-americanos combinavam a linguagem cristã, republicana e liberal para enfatizar esse ponto. Em um sermão em comemoração à constituição de Massachusetts, proferido em 1780, Samuel Cooper (1725–83), um ministro congregacional em Boston treinado em Harvard, expressou a certeza de que os "governos mais liberais e instituições políticas sábias" atrairiam imigrantes de todos os lugares.[85] Ezra Stiles (1727–95), um ministro congregacionalista treinado em Yale que foi presidente do Yale College, saudou de forma semelhante o sistema republicano dos Estados Unidos como o "mais justo, liberal e perfeito" imaginável.[86] O reverendo Joseph Lathrop (1731–1820) observou que a constituição britânica havia sido "mais liberal... do que a maioria das outras formas de governo na Europa"; mas agora a Constituição norte-americana era "ainda mais liberal".[87] Essas referências podem ser multiplicadas indefinidamente. A *História da Revolução Americana* (1789) de David Ramsay mostrou a razão fundamental pela qual a Constituição dos Estados Unidos era mais liberal do que a europeia: "A liberdade dos governos europeus modernos foi, na maior parte, obtida por meio de concessões ou pela liberalidade dos monarcas ou líderes militares. Só nos Estados Unidos a razão e liberdade coincidiram na formação das constituições", ele escreveu.[88]

Na Europa, as pessoas também discutiram qual forma de governo era mais liberal. Richard Price concluiu que era a norte-americana. Suas "Observações sobre a importância da Revolução Americana" foram publicadas em 1784 e logo traduzidas para o francês. Os Estados Unidos agora possuem governos "mais liberais do que qualquer outro que o mundo já conheceu", escreveu ele.[89] Muitos europeus concordaram.[90] As constituições dos Estados Unidos fizeram dela a terra da liberdade, o país mais liberal do mundo.

Um país liberal não era um país democrático. De forma alguma os Estados Unidos eram uma democracia no século XVIII. E, em qualquer caso, para a maioria das pessoas na época, "democracia" era sinônimo de anarquia ou governo das massas. Mas os Estados Unidos também não reconheciam o privilégio hereditário. E, assim, exigiam que *cada cidadão* exibisse uma "liberalidade verdadeiramente nobre de sentimento e afeto", um compromisso cívico de cada indivíduo "de incluir o bem de todos".[91]

Sua admiração pela Constituição dos Estados Unidos não significa que os europeus aprovavam todos os seus aspectos. Muitos lamentavam a instituição da escravidão e a denunciaram em seus escritos. Em 1778, o professor de direito escocês John Millar (1735–1801), aluno de Adam Smith, já havia escrito o seguinte: "É curioso observar que as mesmas pessoas que falam com eloquência de liberdade política e que consideram o privilégio de impor seus próprios impostos como um dos direitos inalienáveis da humanidade, não têm escrúpulos em reduzir uma grande parte de seus semelhantes a circunstâncias nas quais são privados não apenas da propriedade, mas de quase todas as espécies de direito. Talvez o destino nunca tenha produzido uma situação mais calculada para ridicularizar uma hipótese liberal, ou para mostrar quão pouco a conduta dos homens é dirigida por quaisquer princípios filosóficos".[92]

Nas ex-colônias, também ficou cada vez mais difícil conciliar "sentimentos liberais" com o apoio à escravidão.[93] Assinando como "Um Liberal" — talvez o primeiro uso da palavra como substantivo — o autor de um artigo no *Pennsylvania Packet*, de 25 de março de 1780, defendeu a abolição da escravidão.[94] Outro escritor, sob o nome de "Liberalis", escreveu ao *Pennsylvania Journal*, em 1781: "Um bom Whig [partido político] deve considerar o quão inconsistentes os cidadãos desses estados devem parecer para o povo da Europa, que, embora esclarecidos sobre seus próprios direitos, são ainda cegos para o caso dos pobres africanos". Naturalmente, ele declarou, "todos os homens são livres e iguais".[95] E, no entanto, como se sabe, a constituição federal não aboliu a escravidão, mas a protegeu.

Além disso, os antiabolicionistas argumentaram que a escravidão não era de forma alguma inconsistente com os princípios liberais. Os princípios liberais e fundadores da nação não eram antagônicos à instituição da escravidão, escreveu um deles. O estadista britânico Edmund Burke (1729–97), hoje considerado o fundador do conservadorismo, também não achava que a escravidão prejudicava o "espírito de liberdade" no Sul. Pelo contrário, ele proferiu que era precisamente no Sul que a liberdade era "mais nobre e liberal".[96]

Alguns sugeriram que os princípios liberais deveriam ser aplicados às mulheres. Enquanto John Adams participava do Congresso Continental na Filadélfia, sua esposa, Abigail, escreveu-lhe: "No novo código de leis que, suponho, será necessário que você faça, desejo que se lembre das senhoras e seja mais generoso e favorável a elas do que seus ancestrais. Não coloque esse poder ilimitado nas mãos dos maridos. Lembre-se, todos os homens seriam tiranos se pudessem."[97] Quando foi rejeitada pelo marido, Abigail Adams (1744–1818) escreveu ao escritor político Mercy Otis Warren (1728–1814) expressando frustração por ainda não terem sido estabelecidas "algumas leis em nosso favor sobre princípios justos e liberais" de modo que "o arbitrário e o tirânico" não possam "nos prejudicar impunemente".[98]

A criação de um sistema liberal de governo nos Estados Unidos realmente levou a um pensamento renovado sobre os propósitos de uma educação liberal e a quem deveria ser concedida. Noah Webster (1758–1843), famoso por seu dicionário, soletradores e leitores, queria que os Estados Unidos se distinguissem da Europa por meio de um novo sistema de educação pública. Citando o filósofo francês Montesquieu, ele argumentou que o sistema educacional de um país deve estar "associado aos seus princípios de governo". Em governos despóticos, as pessoas deveriam ter pouca ou nenhuma educação; e nas monarquias, a educação deveria ser adaptada à posição de cada classe de cidadãos. Mas nas repúblicas, "onde o governo está nas mãos do povo", o conhecimento deve ser disseminado de forma mais ampla, mesmo para "as camadas mais pobres". E ele explicou que "quando falo de difusão de conhecimento não me refiro apenas ao conhecimento de livros de ortografia e do Novo Testamento". Nem a educação deve ser apenas sobre ciência. Era extremamente importante para Webster "que os sistemas de educação... implantassem nas mentes dos jovens norte-americanos os princípios da virtude e da liberdade e os inspirassem com ideias justas e liberais de governo".[99]

Os anos imediatamente seguintes à Revolução Americana testemunharam uma expansão considerável das oportunidades educacionais. Alguns até acreditavam que a educação das mulheres deveria ser expandida. "Thoughts upon Female Education" [Reflexões sobre a Educação Feminina, em tradução livre] (1787), de Benjamin Rush (1746–1813), cirurgião-geral do exército e signatário da Declaração da Independência, lamentou que muitos homens tivessem ideias tão "iliberais" sobre a educação das mulheres.

Eles temiam que uma educação liberal tornasse suas esposas negligentes para com os deveres domésticos e mais difíceis de controlar. Rush achava que tudo isso era um equívoco. Uma melhor educação tornaria as mães americanas melhores esposas e companheiras, e melhores educadoras de seus filhos. A forma republicana de governo dos Estados Unidos tornou necessário que as mulheres norte-americanas recebessem uma educação adequada. Dessa forma, elas poderiam instruir melhor seus cidadãos nos princípios de seu governo.

Como podemos ver, às vésperas da Revolução Francesa e antes da invenção do "liberalismo", existia na Europa uma tradição secular que exortava os homens a serem liberais. Um termo originalmente usado para designar as qualidades ideais de um cidadão romano, seu amor pela liberdade, generosidade e civismo, foi cristianizado, democratizado e politizado, de forma que no século XVIII poderia ser usado para descrever a Constituição Americana. Uma constituição liberal, dizia-se, exigia cidadãos liberais — em outras palavras, homens que amavam a liberdade eram generosos e cívicos, e que entendiam sua conexão com os outros e seus deveres para com o bem comum. Para aprender esses valores, era necessária uma educação em artes liberais. Alguns também acreditavam que isso exigia uma forma liberal de cristianismo, tolerante, razoável e aberta ao livre questionamento e à ciência.

CAPÍTULO DOIS

A Revolução Francesa e as Origens do Liberalismo, 1789-1830

Disputas sobre palavras são sempre disputas sobre coisas.

— MADAME DE STAËL, 1810

EM 3 DE agosto de 1787, o Marquês de Lafayette escreveu a seu amigo George Washington contando algumas notícias excelentes: "O espírito da liberdade está se espalhando neste país em grande velocidade", disse ele, "as ideias liberais estão correndo de uma extremidade do reino à outra".[1] Lafayette serviu sob Washington na Guerra Revolucionária Americana e era um grande admirador da Constituição Americana. Ele ficou feliz em relatar que os franceses, que viveram por séculos sob uma opressiva monarquia absoluta, estavam prontos para um sistema liberal de governo semelhante ao dos Estados Unidos.

Quando Lafayette escreveu essa carta, ele estava servindo na Assembleia dos Notáveis, um conselho convocado pelo rei francês, Luís XVI, para aconselhá-lo sobre como resolver uma crise — o tesouro estava falido e o povo exigia reformas. Claro, Lafayette não tinha como saber que uma revolução estava prestes a explodir e que daria origem ao conjunto de ideias que as pessoas chamariam de "liberalismo".

Aqueles acostumados a ouvir que o liberalismo é uma tradição anglo-americana se surpreenderão ao saber que, na verdade, ele deve seu nascimento à Revolução Francesa. A palavra em si foi cunhada apenas por volta de 1811, e foram homens e mulheres como o Marquês de Lafayette e seus amigos, Madame de Staël e Benjamin Constant, os primeiros a formular as ideias a que se referia.

Por centenas de anos, "liberal" foi uma palavra usada para descrever os atributos louváveis dos membros de uma elite governante. Na época dos romanos, descrevia um cidadão da república; na França do século XVIII, um nobre. Um dicionário parisiense de 1771 afirmava o que então ainda era um lugar-comum: a liberalidade era uma qualidade "essencial para a nobreza".[2] Às vésperas da Revolução Francesa, a palavra "liberal" ainda descrevia os ideais magnânimos e patrióticos identificados com uma classe dominante. Ser liberal era uma espécie de *noblesse oblige* e, como tal, apoiava uma ordem sociopolítica hierárquica baseada no privilégio hereditário. Sem dúvida, muitos nobres franceses gostariam de se considerar liberais nesse sentido tradicional.

Graças a pessoas como Lafayette e seu círculo de amigos, no entanto, um significado novo e conflitante do termo estava começando a se espalhar. Algumas pessoas estavam começando a usar a palavra para descrever *ideias*, *sentimentos* e até mesmo *constituições* louváveis. Lafayette frequentemente elogiava o que chamava de constituição "livre e liberal" americana ou seu "sistema liberal"[3], e esta foi uma das formas pela qual o significado político da palavra "liberal" se espalhou.

A Constituição Americana tornou-se especialmente relevante nos anos que antecederam a revolução, quando os franceses discutiam a própria necessidade de reforma política. Cópias da Constituição dos Estados Unidos chegaram à França em novembro de 1787 e geraram debates animados entre os chamados *anglomanes* e *américanistes* sobre qual constituição era melhor, a britânica ou a americana. Esses debates só se intensificaram quando a revolução estourou, em 1789, e uma Assembleia Nacional começou a implementar reformas. Lafayette serviu não apenas na Assembleia de Notáveis e de Estados Gerais que se seguiu, mas também na Assembleia Nacional, e foi um defensor ativo da Constituição Americana. Seu amigo Thomas Jefferson, então embaixador americano em Paris, também o aconselhou sobre essas questões. Em seus círculos, a ideia de uma constituição liberal se espalhou.

A mais importante das primeiras reformas da Assembleia Nacional foi, sem dúvida, a Declaração dos Direitos do Homem e do Cidadão, um documento que Lafayette e Jefferson ajudaram a escrever. Em uma linguagem que lembra a Declaração da Independência dos Estados Unidos da América, seus dois primeiros artigos afirmavam que os homens nascem e permanecem livres e iguais em direitos, e que o objetivo do governo era preservá-los. Outros artigos decretavam que toda a soberania residia na nação e que os poderes do governo eram instituídos para o benefício de todos. Outro artigo prometia a todo cidadão francês o direito de participar, pessoalmente ou por meio de seus representantes, da elaboração das leis. Por meio de palavras simples, o Antigo Regime foi abolido. A França parecia estar caminhando para o tipo de sistema liberal que Lafayette e outros esperavam.

Esta fase inicial e relativamente pacífica da revolução foi recebida com grande entusiasmo em quase todo o mundo atlântico. Na Inglaterra, o líder Whig, Charles James Fox, descreveu a revolução como "o maior evento que já aconteceu na história do mundo". Muitos britânicos de mente liberal concordaram. A França parecia estar abandonando o absolutismo e adotando uma constituição liberal própria. Alguns enviaram mensagens à Assembleia Nacional Francesa elogiando os "princípios liberais" dos deputados e a "legislação liberal" que estavam aprovando, começando então a usar esses termos relativamente novos e políticos com frequência crescente. O público americano também estava bastante entusiasmado, enquanto muitos alemães, espanhóis e italianos apoiaram a revolução, esperando que as reformas liberais também chegassem a eles.

Claro, nem todo mundo gostou. Logo se iniciou uma disputa acirrada sobre se as reformas aprovadas eram de fato liberais. O argumento produziu um dos grandes textos da teoria política, *Reflexões sobre a Revolução na França*, de Edmund Burke, um panfleto agora considerado como um texto fundador do conservadorismo.

A partir do ponto de vista adotado aqui, uma das coisas mais interessantes sobre o texto de Burke é sua recusa em conceder o termo "liberal" aos revolucionários franceses. Ele insistiu em chamá-los de "iliberais". Essas guerras de palavras podem parecer triviais para nós hoje, mas sua ferocidade e longevidade ao longo do século XIX são indicações do que estava em jogo. Como Madame de Staël explicou, "disputas sobre palavras são sempre disputas sobre coisas".[4] A batalha pela palavra "liberal" preocupava mais do que a semântica.

A disputa começou na Grã-Bretanha em 4 de novembro de 1789, quando o clérigo e filósofo Richard Price fez um sermão que gerou polêmica. Price, como sabemos, era um dissidente religioso e um feroz defensor da abolição das deficiências legais sofridas por seus correligionários. Também era amigo de Benjamin Franklin e se destacou por seu apoio à Revolução Americana. Assim, em uma reunião para comemorar o aniversário da revolução da Inglaterra de 1688–89, ele aproveitou a ocasião para propor que os britânicos se inspirassem nas revoluções americana e francesa e "liberalizassem" seus próprios princípios fundadores, provavelmente cunhando o termo "liberalizar" no processo.[5]

Dirigindo-se diretamente ao povo britânico, Price declarou que, como os franceses, eles também tinham o direito de escolher seus líderes, demiti-los por má conduta e até mesmo mudar sua forma de governo, se assim desejassem. Logo após o discurso de Price, a *London Revolution Society*, à qual pertencia, enviou uma mensagem de amizade aos deputados franceses da Assembleia Nacional, expressando o apoio de seus membros por seus "sentimentos liberais e esclarecidos".[6] Como Price, eles esperavam que sua própria constituição também fosse liberalizada.

O sermão de Price, amplamente publicado e disseminado, gerou um acalorado debate. Edmund Burke, um proeminente Whig e membro do Parlamento, ficou horrorizado. Burke era defensor ferrenho dos limites constitucionais da monarquia, se opunha à perseguição aos católicos e, como Price, havia apoiado a Revolução Americana. Ele certamente se considerava liberal no sentido tradicional da palavra. Entretanto, em sua percepção, o que estava acontecendo na França era totalmente diferente. Pelo raciocínio de Burke, os americanos lutaram por direitos historicamente existentes, enquanto os franceses inventavam novos. Também estava profundamente preocupado com a possibilidade de as ideias francesas de soberania popular e direitos naturais cruzarem o Canal da Mancha para a Grã-Bretanha. Sua obra *Reflexões* defendia ferozmente a legitimidade do governo aristocrático. Repreendendo a "ignorância presunçosa" e os "modos selvagens" dos legisladores franceses, ele insistiu que eles *"não eram liberais"*. O destino da França caiu nas mãos de uma *"swinish multitude"* [escória da Terra].[7] O folheto de Burke se tornou um best-seller instantâneo: treze mil exemplares foram comprados nas primeiras cinco semanas, passou por onze edições no primeiro ano, e o texto foi traduzido e disseminado por toda a Europa.

O que exatamente estava acontecendo na França que tanto afligia Burke? Nos meses que se seguiram ao sermão de Price, os deputados franceses aprovaram uma série de reformas que abalaram as bases da tradicional ordem aristocrática e religiosa do país. Em 19 de junho de 1790, declararam a extinção da nobreza hereditária para sempre. Eles haviam eliminado a progenitura, acabado com todas as taxas senhoriais e dízimos, e declarado os votos monásticos não mais juridicamente vinculativos.

O desastre fiscal iminente levou os deputados a tomarem medidas adicionais com graves consequências. Em novembro de 1789, eles confiscaram praticamente todas as propriedades da Igreja com a intenção de vendê-las para pagar a dívida nacional. Em vez disso, prometeram pagar salários ao clero. Os deputados, então, tomaram talvez a medida mais drástica e controversa de todas: a chamada Constituição Civil do Clero. A medida, aprovada em julho de 1790, sem consulta prévia ao papa ou à liderança da Igreja Francesa, racionalizou a estrutura da Igreja e a colocou sob controle do Estado. A lei redesenhou os limites de todas as dioceses e eliminou mais de um terço dos bispados existentes. Ainda mais surpreendente, decretou que os eleitores elegessem seus próprios párocos e bispos. Quando encontraram resistência a essas reformas, os deputados responderam exigindo que todo o clero assinasse um juramento de lealdade à Constituição ou seria forçado a renunciar. No final, cerca de metade do clero francês se recusou a fazer o juramento e muitos fiéis católicos, simpáticos aos padres locais, tornaram-se hostis à revolução.

Em *Reflexões*, Burke foi categórico em condenar todas essas medidas, chamando os deputados de ateus fanáticos que queriam destruir a religião. Sua própria linguagem traiu sua visão aristocrática.

Acusou os deputados de vulgaridade, que estavam se comportando como "bárbaros sórdidos". Estava claro que não sabiam nada do que significava ser um cavalheiro e, *prima facie*, não podiam ser liberais. Em outras palavras, Burke manteve o antigo significado aristocrático da palavra e o usou para atacar os deputados franceses. Eles não eram nada além de selvagens e traidores empenhados em causar estragos para ganho pessoal.[8] Ele previu um desastre para a França.

Os leitores britânicos de *Reflexões*, simpáticos à Revolução Francesa, repreenderam Burke por seus insultos e acusações. Sua referência à *swi-*

nish multitude desencadeou reações violentas.[9] A historiadora Catherine Macaulay repreendeu-o por não possuir as mesmas qualidades que ele supostamente defendia; ele não era liberal.[10] Mary Wollstonecraft, que logo se tornaria conhecida como uma defensora dos direitos das mulheres, denunciou o preconceito aristocrático de Burke e sua recusa em abraçar os valores liberais, usando o termo da nova maneira.[11] Mas o filósofo político e ativista Thomas Paine realmente atingiu o cerne da questão quando, na primeira parte de seu imensamente popular *Rights of Man* [Direitos do Homem, em tradução livre] argumentou que as tendências aristocráticas de Burke o tornavam completamente insensível à importante distinção entre "pessoas" e "princípios".[12] Paine percebeu que a questão crítica não era mais se um indivíduo ou grupo de indivíduos era liberal, mas se os princípios fundadores de uma nação o eram.

Quando a segunda parte do panfleto de Paine saiu, em 1792, a Assembleia Nacional da França havia aprovado reformas adicionais. Uma constituição foi aprovada em 1791, criando uma monarquia limitada com uma assembleia unicameral, e concedendo direito de voto a todos os homens brancos adultos com mais de 25 anos de idade que pagassem o equivalente a três dias de salário em impostos diretos. Embora as mulheres não tivessem direito ao voto, novas leis legalizaram o divórcio, ampliaram seu direito à herança e possibilitaram que elas obtivessem apoio financeiro para filhos ilegítimos. A Assembleia também reformou o sistema tributário e aprovou leis para acabar com as obstruções feudais à economia. Aboliu guildas e extinguiu tarifas internas e monopólios comerciais. Reduziu as restrições às importações. Após uma grande revolta em Saint-Domingue, aboliu a escravidão nas colônias. Analisando esse estágio inicial da revolução, a escritora suíça Madame de Staël elogiou os deputados por terem dado à França as "instituições liberais" necessárias para garantir liberdade civil a todos.[13] Ao fazer isso, ela comemorou e colocou seu próprio selo de aprovação não apenas nas reformas, mas também no novo significado e uso da palavra "liberal".

Mas as instituições liberais tinham inimigos poderosos, e nenhum era mais poderoso do que a Igreja Católica e a monarquia Bourbon. Na primavera de 1791, o papa Pio VI tomou uma decisão importante, condenando a revolução como um todo. Em seu depoimento papal *Quod aliquantum*, ele atacou diretamente a Declaração dos Direitos do Homem e a Constituição Civil do Clero, e condenou ambas como tentativas cruéis de destruir a Igreja e causar o caos. Três meses depois, em uma decisão relacionada com consequências de longo alcance, Luís XVI tentou fugir de seu país para se juntar aos nobres emigrados na Áustria que tramavam a contrarrevolução. Deixou um bilhete denunciando todas as reformas recentes. Pego ao tentar cruzar a fronteira, o rei foi detido, trazido de volta a Paris e preso. Sua tentativa de fuga provocou acusações de traição que culminaram em sua execução, em 1793.

Hoje, os historiadores falam do que aconteceu a seguir como um descarrilamento da revolução: uma primeira fase relativamente moderada e pacífica deu lugar a uma segunda, mais radical e mais violenta. As causas do descarrilamento são debatidas, mas o que está fora de discussão é que a escalada da violência — e a repetida pressão sobre os eventos trazidos por multidões enfurecidas — desacreditou enormemente a revolução. Em questão de meses, a antiga monarquia da França foi derrubada e substituída por uma república. O rei e a rainha foram julgados e executados por traição. Uma guerra brutal resultou em centenas de milhares de mortes. No Ocidente, um levante monarquista se transformou em uma sangrenta guerra civil, que produziu inúmeras atrocidades e baixas em ambos os lados. O Terror contra "inimigos do povo" matou milhares na guilhotina. Para os críticos, essa fase não foi um descarrilamento da revolução, mas seu resultado lógico. "Princípios liberais" não levaram a nada além de caos. Os medos e previsões de Burke estavam se tornando realidade.

Convencidos, não incorretamente, de que a Igreja Católica era seu inimigo mais poderoso, os radicais lançaram uma campanha intensa de descristianização. Milhares de padres foram forçados a renunciar a seus cargos, presos, mortos ou levados à clandestinidade ou ao exílio. A adoração pública foi proibida e os sinais visíveis do cristianismo removidos. Igrejas, monumentos e imagens religiosas foram vandalizados e destruídos. Cidades, ruas e praças públicas foram renomeadas para apagar qualquer menção a santos, reis, rainhas e nobres. O calendário gregoriano foi substituído por um republicano, instituindo uma semana de dez dias sem sábado cristão e marcando o início dos tempos com a fundação da República Francesa, e não com o do nascimento de Cristo. Tentativas coletivas foram feitas para substituir as cerimônias cristãs pelas civis. Em Paris, a catedral de Notre-Dame foi rebatizada de Templo da Razão. Não reconhecendo qualquer diferença entre as fases liberais e radicais da revolução, o teórico contrarrevolucionário Joseph de Maistre denunciou-a de uma forma que repercutiria por mais de um século. Era, simplesmente, "satânico".[14]

Os Princípios Liberais de Benjamin Constant e Madame de Staël

O Reinado de Terror chegou ao fim no verão de 1794, quando seu defensor mais proeminente, Maximilien Robespierre, foi deposto e executado. Um ano depois, o casal suíço Benjamin Constant e Madame de Staël chegou a Paris e logo criou a formidável parceria que duraria dezessete anos. Reagindo às circunstâncias urgentes trazidas pela revolução, eles formularam o conjunto de ideias que, coletivamente, veio a ser conhecido como "liberalismo".

Madame de Staël nasceu Anne-Louise-Germaine Necker, filha de Jacques Necker, famoso banqueiro suíço de Genebra, que foi ministro das finanças de Luís XVI durante os anos finais da monarquia francesa. Uma jovem precoce e talentosa, foi exposta às ideias do Iluminismo no salão de sua mãe em Paris, que atraía a elite intelectual e política da cidade.

Quando Madame de Staël conheceu Constant em 1794, ela era casada com o embaixador sueco na França, Eric Magnus de Staël-Holstein, e dirigia seu próprio salão para a elite intelectual e política da cidade, incluindo Lafayette, a quem ela conhecia desde a infância, e Thomas Jefferson. Já uma autora publicada e célebre, ela estava totalmente imersa nos debates políticos da época e determinada a participar deles.

Benjamin Constant, por outro lado, era praticamente um desconhecido. Nascido em Lausanne, filho de um capitão do exército suíço a serviço das Províncias Unidas, deu sinais de promessa intelectual muito cedo e foi enviado para estudar primeiro na Universidade de Erlangen, na Baviera, e depois na Universidade de Edimburgo. Em Edimburgo, absorveu a filosofia do Iluminismo escocês e adquiriu um profundo interesse pelo estudo da religião. Quando a revolução estourou, servia como camareiro na corte do duque de Brunswick-Wolfenbüttel, onde assistia de longe ao desenrolar dos acontecimentos. Mais tarde, Constant lembrou que, durante esses primeiros e emocionantes dias, ele se considerou um democrata e até defendeu Robespierre; mas isso logo mudaria. De qualquer forma, como de Staël, Constant estava ansioso para desempenhar um papel nos acontecimentos dramáticos que se desenrolavam em Paris.

Ao conhecer Staël no outono de 1794, Constant se apaixonou perdidamente e a cortejou tão intensamente que ela finalmente se rendeu, e os dois começaram o que seria um longo e tempestuoso caso de amor. Apesar de sua vida romântica turbulenta, mantiveram uma parceria intelectual e política duradoura por quase duas décadas. Eles eram tão próximos que, às vezes, é impossível discernir a autoria de seus textos.

Apaixonado por Madame de Staël e ávido pela fama, Constant a acompanhou a Paris no outono de 1794, chegando ao destino apenas dois meses após a queda de Robespierre. O clima político na cidade era tenso e polarizado, o governo sitiado pelo extremismo da direita e esquerda. À esquerda estavam os irreconciliáveis neo-jacobinos, decepcionados com o fim do Terror. A estes se juntaram os babouvistas, que pediam a abolição da propriedade privada. À direita estavam os reacionários obstinados e emigrados furiosos tramando a queda do regime. Em um conjunto de panfletos brilhantes que lançaram sua carreira, Constant defendia o que ele e Staël consideravam as conquistas essenciais da revolução, e o que ele foi um dos primeiros na França a chamar de "princípios liberais".[15]

Nesse estágio inicial da carreira, Constant não especificou exatamente quais ideias e instituições políticas entendia como representantes dos princípios liberais. Nem ele nem Madame de Staël jamais usaram a palavra "liberalismo", um termo que ainda não havia sido cunhado. Eles descobriram aos poucos o conjunto de preceitos que hoje reconhecemos como "liberalismo". Algumas coisas estão claras, no entanto. Ambos queriam consolidar e proteger as principais conquistas da revolução, evitando uma contrarrevolução e um retorno do Terror. O mais urgente e fundamental era restaurar a paz e a calma na França. Assim começou o pensamento que levaria à invenção do liberalismo.

O liberalismo foi formado em um esforço para salvaguardar as conquistas da Revolução Francesa e protegê-las das forças do extremismo, seja da direita ou da esquerda, de cima ou de baixo. Em 1795, quando Constant e Madame de Staël chegaram a Paris, "princípios liberais" significavam defender o governo republicano da contrarrevolução. Significavam apoiar o Estado de Direito e a igualdade civil, o governo constitucional e representativo e uma série de direitos, entre os quais se destacam a liberdade de imprensa e a liberdade de religião. Além disso, o significado dos princípios liberais era um tanto vago e discutível.

Também está claro que ser liberal não era a mesma coisa que ser democrata. Hoje estamos tão acostumados a falar de "democracia liberal" que é fácil confundir os dois termos. Durante esse período inicial, entretanto, quando o liberalismo estava apenas nascendo, os princípios liberais e democráticos frequentemente se opunham. Certamente, nem Constant nem Staël foram democratas no sentido atual da palavra. O Terror apenas confirmou sua opinião de que a maioria dos homens franceses (sem falar nas mulheres) estava totalmente despreparada para ter direitos políticos. Multidões politizadas demonstraram repetidamente serem irracionais, indisciplinadas e propensas à violência. Como a Constituição de 1791, a Constituição de 1795 que Constant e Madame de Staël defendiam incluía rígidos requisitos de propriedade para ocupar cargos e votar. Segundo Madame de Staël, eles representavam "o governo dos melhores", o que não deve ser confundido com democracia.[16]

Tampouco ser liberal dizia respeito apenas aos arranjos constitucionais. O principal significado da palavra ainda se referia a um aglomerado de valores morais e cívicos, como magnanimidade e generosidade, abertura e tolerância, que praticamente desapareceram durante a fase radical da revolução. No início, alguns revolucionários haviam ingenuamente acreditado que a derrubada do Antigo Regime iria de alguma forma desencadear espontaneamente a regeneração moral.[17] Eles imaginaram que a humanidade seria restaurada à sua bondade natural quando as algemas da monarquia, aristocracia e Igreja Católica fossem jogadas fora. Entretanto, para sua consternação, o oposto parecia ter se tornado realidade. A revolução desencadeou paixões terríveis de tal forma que a moralidade pública parecia ter piorado, não melhorado.

Os pobres politizados não eram o único problema. Madame de Staël lamentou que só via a corrupção e o egoísmo das classes superiores ao seu redor.[18] "Precisamos de uma alavanca contra o egoísmo. Toda a força moral de cada homem está focada em seu próprio interesse", escreveu ela.[19] Enquanto os invernos frios e o aumento do preço dos alimentos causavam um sofrimento inimaginável aos pobres, os que acumulavam fortunas abastecendo os exércitos revolucionários ou especulando com a venda de terras da Igreja se entregavam a um consumo visível e exibições descaradas. Durante o inverno de 1795, mães incapazes de alimentar seus filhos cometeram suicídio atirando-se no Sena, enquanto os novos-ricos ostentavam sua riqueza em jantares luxuosos. Para Staël, ter princípios liberais significava mostrar bondade, generosidade e compaixão, sem os quais a França estaria arruinada para sempre.

Seus romances tinham a intenção de cultivar e divulgar essas virtudes necessárias. Como Constant explicou mais tarde, os livros de Madame de Staël destinavam-se a promover "sentimentos gentis, nobres (e) generosos".[20] Na distante América, a transcendentalista Margaret Fuller falou de seus efeitos moralizantes positivos.

Promover a moral envolvia religião; isso todo mundo sabia. Mas aqui os "amigos da liberdade" encontraram um problema sério. Tradicionalmente, a Igreja Católica ensinava moralidade na França. No entanto, para liberais como Madame de Staël e Benjamin Constant, seu apoio secular à monarquia absoluta e a um sistema opressor baseado na hierarquia e no privilégio a desqualificava para esse papel. Simplesmente não se podia confiar na Igreja para promover a regeneração moral da república. Em parte, isso também explica por que a campanha de descristianização continuou durante o Diretório e por que debates acalorados aconteceram sobre o que poderia suplantar o catolicismo na tarefa de moralizar a França.

Madame de Staël e Benjamin Constant participaram dessas discussões inflamadas. Ambos tinham origens protestantes iluministas. Constant havia estudado teologia liberal na Alemanha e, sob sua influência, acabara de iniciar um grande trabalho sobre religião.[21] Ambos acreditavam que o catolicismo era uma religião obsoleta e um impedimento para seus princípios políticos. Seus dogmas supersticiosos e a ênfase na pecaminosidade humana nunca poderiam promover o aperfeiçoamento moral; em vez disso, encorajavam o que Constant chamou de "encolhimento moral" e "estupefação".[22] Isso tornou os franceses supersticiosos, passivos e fracos. Sem uma mudança de religião, a república não poderia sobreviver, escreveu Staël em 1798.[23]

Não é de surpreender que tais ideias gerassem reações iradas. O fato de Constant e Staël defenderem a revolução, apoiar o Diretório e chamar seus princípios de liberais atingiu seus adversários monarquistas como um ultraje. Eles estavam pegando um termo tradicionalmente associado aos valores cristãos e aristocráticos e usando-o contra eles. A revolução que defendiam julgou e executou um rei legítimo, despojou a nobreza de seus antigos privilégios e expropriou a Igreja Católica. Além disso, o governo que apoiavam continuava a realizar uma campanha de descristianização brutal, usando a força militar para reprimir manifestações monarquistas pacíficas.[24] Nas mentes dos contrarrevolucionários e conservadores, tais ações dificilmente poderiam ser chamadas de liberais.

E a verdade é que nem todos os católicos achavam sua religião incompatível com os princípios políticos liberais. Alguns líderes católicos, incluindo o abade Henri Grégoire, se manifestaram e insistiram no contrário.[25] Republicano convicto da região de Lorraine, Grégoire prestou juramento à Constituição Civil do Clero, foi eleito bispo e depois trabalhou incansavelmente para construir uma nova Igreja Católica constitucional, favorável aos princípios revolucionários. Eleito para a Convenção Nacional convocada em 1792, de alguma forma sobreviveu ao Terror e, durante o Diretório, serviu no Conselho dos Quinhentos. Em seu jornal, *Annales de la religion*, Gregoire celebrou o sistema político nascido da revolução e argumentou que o catolicismo estava em "perfeita harmonia com os princípios liberais".[26]

No entanto, os fatos reais pareciam provar o contrário. A igreja constitucional de Grégoire atraiu poucos adeptos, enquanto uma igreja clandestina e contrarrevolucionária crescia drasticamente. Mas Grégoire iniciou o que seria um debate muito longo e acalorado sobre a relação do catolicismo com os princípios liberais. Seria possível, perguntariam as pessoas, ser católico e liberal? Qual *era* a relação entre religião e liberalismo?

Entra Napoleão

Apesar de todos os seus esforços, as esperanças de Staël e Constant não se concretizaram. O Diretório não conseguiu estabilizar a França. Em 1799, seus esforços foram interrompidos pelo golpe de Estado de Napoleão Bonaparte. O medo da contrarrevolução e da guerra civil levou muitas pessoas, incluindo Staël e Constant, a apoiar Napoleão, na esperança de que ele consolidasse e protegesse os princípios liberais e levasse a revolução a uma conclusão pacífica.

No início, a situação parecia satisfatória. No dia seguinte ao golpe, em sua agora famosa proclamação do 18 de Brumário, Bonaparte prometeu agir em defesa de "ideias conservadoras, protetoras e liberais".[27] Para muitos, isso significava que ele trabalharia para restaurar a paz, salvaguardar as conquistas da revolução e proteger contra a contrarrevolução. Os monarquistas entenderam suas palavras desta forma, o jornal *L'Ami des Lois* observou que "as ideias liberais dos aristocratas têm outro significado quando saem da boca de Bonaparte".[28]

Ao apoiar Napoleão, liberais como Staël e Constant não achavam que estavam traindo seus próprios princípios. Nesse momento, Madame de Staël chegou a chamar Napoleão de "o melhor republicano da França... e o mais liberal dos franceses".[29] Mas logo ficaram desapontados. Já em 1801, um abatido Lafayette escreveu a Thomas Jefferson para dizer que a situação na França havia mudado radicalmente para pior. As "sementes liberais" plantadas no início da revolução estavam sendo pisoteadas.[30] Benjamin Constant, a quem foi concedido um assento no Tribunato de Napoleão em 1799, usou sua posição para denunciar as medidas de Napoleão e foi sumariamente demitido. Madame de Staël então assumiu a missão de expor seu governo como um "sistema monstruoso de despotismo"[31], e foi forçada ao exílio. Constant a acompanhou ao exterior.

Napoleão pisoteou os princípios liberais de várias maneiras. Ele revisou a Constituição francesa, colocando toda a autoridade real em suas mãos, e centralizou ainda mais a administração da França com um sistema de prefeitos que se reportavam diretamente a ele. Quase imediatamente após assumir o poder, anunciou que o catolicismo era essencial para "fortalecer as bases de um bom governo"[32] e iniciou negociações com o papa para a restauração da Igreja. Essas discussões levaram à Concordata de 1801, por meio da qual ele tornou a Igreja uma aliada efetiva e defensora de seu regime cada vez mais autoritário.

A nova constituição deu a todos os homens o direito de voto, mas as eleições eram cuidadosamente administradas e manipuladas. Napoleão fechou sessenta e nove dos setenta e três jornais parisienses e transformou os restantes em órgãos governamentais. Ele fechou clubes políticos e usou espiões e informantes para intimidar qualquer oposição. Ordenou que agentes secretos seguissem Constant e Staël. Em 1802, restaurou a escravidão nas colônias e, em 1803–4, alterou a lei do divórcio, tornando-a particularmente restritiva para as mulheres. E, é claro, travou guerras de conquista e pilhagem.

A propaganda napoleônica buscou difundir a noção de que ele era o "herói das ideias liberais" e, por isso, o termo foi disseminado por onde seus exércitos passavam. Os jornais italianos relataram inicialmente que "homens liberais" saudaram os soldados franceses com entusiasmo, na esperança de que ajudassem a libertar a Itália do jugo político e clerical. No entanto, quando os exércitos de Napoleão começaram a saquear áreas "libertadas" na Europa e os líderes que instalou se tornaram cada vez mais opressores, as pessoas começaram a mudar de ideia. Debates ocorreram em toda a Europa sobre o que constituía um verdadeiro homem liberal. Alguém poderia ser liberal e "napoleonista" ao mesmo tempo? Um dicionário italiano lembrava às pessoas que ser liberal significava mostrar generosidade, benevolência e amor pela liberdade. Na política, significava defender o governo constitucional. De acordo com essa definição, Bonaparte e seus soldados "não eram liberais".[33]

As traições de Napoleão continuaram. Em 1804, ele próprio foi coroado imperador na presença do papa e dos bispos da França. Alguns anos depois, ele estabeleceu uma Universidade Imperial sob controle estatal centralizado. Dai em diante, a instrução promoveria a lealdade ao imperador e sua dinastia, que, de acordo com os documentos de fundação da universidade, por si só protegia "as ideias liberais proclamadas na constituição".[34]

Na verdade, Napoleão criou um novo tipo de regime autoritário que ridicularizou tudo pelo que Constant e Staël lutavam e acreditavam. Reconhecendo que havia algo sem precedentes na ditadura que estava sendo criada, os críticos de Napoleão inventaram novas palavras para ela. Constant a chamou de "usurpação".[35] Outros a chamaram de "bonapartismo"[36] e, por fim, de "cesarismo".[37] Era óbvio para eles que a ditadura não era liberal, e isso estimulou Constant a esclarecer o que realmente era um regime liberal e quais valores ele deveria representar. Muitos viram as políticas econômicas do imperador como outra violação dos princípios liberais. Logo se espalhou a notícia de que ele estava contemplando o restabelecimento de monopólios e proibições, e o aumento de tarifas e impostos. A situação levou Jean-Baptiste Say, o discípulo francês mais proeminente de Adam Smith, a escrever o *Tratado sobre Economia Política*. Ele usou as ideias de Adam Smith para atacar as políticas de Napoleão, criticando fortemente tarifas e proibições e defendendo o que chamou de princípios liberais de comércio, enfatizando as vantagens de tratar todas as nações como amigas.[38] Além disso, como Smith, desaprovou fortemente um sistema colonial baseado não apenas em proibições e tarifas, mas na escravidão, que chamou de "método violento de exploração".[39] Era um sistema moralmente abominável, que corrompia tanto o senhor quanto o escravo, escreveu ele. Conferia poucas vantagens econômicas reais a alguém, ao passo que cobrava impostos injustos do povo. Publicado em 1803, o *Tratado de Economia Política* foi um grande sucesso editorial. Foi rapidamente traduzido para o inglês e estudado na Inglaterra e nos Estados Unidos, disseminando, assim, as primeiras ideias da economia política liberal.

Não é de surpreender que o livro de Say tivesse enfurecido Napoleão, que exigiu que ele o revisasse ou seria censurado. Quando Say se recusou, foi demitido do Tribunato, para o qual havia sido nomeado junto com Constant, em 1799. Say também foi impedido de publicar durante o restante do reinado de Napoleão. Para contrariar suas ideias, o imperador encorajou a publicação de livros favoráveis às tarifas e ao sistema colonial, como o de François Ferrier, *On Government Considered in Its Relations with Commerce* [*Sobre o Governo Considerado em suas Relações com o Comércio*, em tradução livre], de 1805. Ferrier posteriormente se tornou o diretor da alfândega de Napoleão. Seu livro zombava abertamente das ideias de Smith e Say, descartando-as como nada além de fantasias ingênuas.[40] Ferrier aproveitou a oportunidade para denunciar a revolução como uma catástrofe terrível.[41] Os franceses eram como crianças mimadas, disse ele a um amigo. Eles devem ser governados com rédea curta.[42] O livro foi relançado várias vezes, apenas fixando a estreita conexão entre as tarifas, o sistema colonial e o governo autoritário na mente das pessoas. Ficou claro para elas que a política comercial liberal e a política liberal caminhavam juntas.

Napoleão também traiu a política liberal pela maneira como manipulou e seduziu as massas. Os liberais viam sua popularidade fabricada como mais uma prova da imaturidade, irracionalidade e credulidade das massas. Era a prova da degradação moral da França, com a qual o imperador lucrou e que, por sua vez, agravou. Napoleão "destruiu a moralidade", escreveu Constant. Ele subornava as pessoas com honras, privilégios e recompensas materiais, enquanto as distraía com vitórias militares. Sob regimes despóticos como o de Napoleão, os homens "mergulham no egoísmo". Eles se voltam para dentro, concentrando-se em seus interesses e prazeres privados. O resultado foi apatia moral e política; ideias generosas "secaram".[43]

A maneira como Napoleão usou a religião para se sustentar foi especialmente angustiante. Quase todos os bispos franceses compareceram à coroação de Napoleão e apoiaram seu regime. A aliança entre a Igreja Católica e o estado napoleônico culminou no Catecismo Imperial de 1806. Ele afirmava que o imperador era "o Ungido do Senhor" e que resistir a uma ordem política "estabelecida pelo próprio Deus" tornaria uma pessoa "digna da condenação eterna".[44]

Os liberais não desistiram de sua esperança de que o catolicismo pudesse ser substituído. Em alguns aspectos, suas aspirações apenas aumentaram. Visto que a revolução enfraqueceu enormemente a Igreja francesa, alguns perceberam nesse fato uma oportunidade. O que a França precisava, eles disseram, não era o catolicismo, mas uma religião iluminista que fomentasse as qualidades de mente e caráter necessárias para uma boa cidadania. Mas qual delas? Constant e Madame de Staël favoreciam uma forma liberal de protestantismo, e eles não estavam sozinhos. Em 1803, o prestigioso *Institut de France* lançou um concurso de ensaios em que os contendores eram solicitados a avaliar os efeitos de longo prazo da Reforma Protestante. Ocorrendo logo após a conclusão da Concordata de Napoleão, essa foi uma oportunidade para os participantes avaliarem esse acordo. Não foi por acaso que o primeiro prêmio foi concedido a um ensaio que defendia uma forma liberal de protestantismo e alertava contra os efeitos nefastos do catolicismo.

O autor do ensaio era Charles de Villers, amigo de Madame de Staël. Nascido na França e criado como católico, Villers imigrou para a Alemanha durante a revolução. Na Universidade de Göttingen, um renomado centro de estudos bíblicos, ele foi conquistado por algumas das ideias alemãs mais avançadas sobre religião, que agora transmitia ao seu público francês.

Algumas dessas ideias remontam a Johann Salomo Semler que, como observamos no capítulo anterior, cunhou o termo "teologia liberal", em 1774.

O ensaio de Villers fez uma pergunta fundamental: os princípios políticos liberais poderiam sobreviver sem o apoio dos princípios religiosos liberais? Sua resposta foi não. Ele alertou sobre os perigos que o catolicismo, aliado ao estado, representava. O que a França precisava, escreveu ele, não era uma religião retrógrada que fomentava a superstição, a apatia intelectual e um respeito servil pela autoridade, mas as "ideias liberais do protestantismo". Somente o protestantismo encorajava o pensamento crítico e o amor pela liberdade necessários para a cidadania. Viller argumentava que o protestantismo liberal encorajava valores que conduziam e apoiavam os princípios morais e políticos liberais.[45] Publicado em 1804, o ensaio de Villers foi reeditado três vezes. James Mill, pai de John Stuart, o admirava tanto que, em 1805, publicou uma versão em inglês, para a qual escreveu um prefácio elogioso.

Não está claro quantas pessoas acreditavam que a França poderia ser convertida ao protestantismo liberal; de qualquer forma, isso não ocorreu. A ideia de torná-lo a religião oficial da França foi proposta ao imperador, mas ele a rejeitou. Em vez disso, e para grande aflição de muitos, ocorreu um renascimento católico, encorajado por propagandistas contrarrevolucionários como Louis de Bonald e Joseph de Maistre. Esses homens prolíficos lideraram uma campanha orquestrada de difamação e calúnia contra os defensores dos princípios liberais, enquanto pregavam obediência à ordem estabelecida. Católicos como o Abade Grégoire se encontraram em uma posição muito difícil. Isso apenas confirmou na mente de muitas pessoas que o catolicismo e os princípios liberais de governo eram incompatíveis.

Partidos Liberais e o Nascimento do Liberalismo

Enquanto as políticas internas iliberais de Napoleão levavam os liberais franceses a desenvolverem e aprimorarem suas ideias, suas guerras deram origem aos primeiros partidos liberais.[46] Em 1805, o rei sueco Gustav IV Adolph, um monarquista absoluto confirmado e ferrenho inimigo da Revolução Francesa, levou seu país à guerra com a França. Embora a Suécia tenha vencido a batalha, seguiram-se guerras com os aliados da França, Rússia e Dinamarca, e a Suécia perdeu uma grande quantidade de território. Insatisfeito com a liderança de seu rei, um círculo de altos funcionários do governo planejou um golpe no palácio e o depôs em 1809. Foi nessa época que surgiu um grupo que se autodenominava "o partido liberal". Não se sabe muito sobre seus membros, exceto que foram influenciados pelas ideias revolucionárias francesas e defendiam princípios como igualdade perante a lei, um governo constitucional e representativo e liberdade de imprensa, consciência e comércio. Eles também eram conhecidos como "o lado liberal" ou apenas "os liberais". O partido liberal espanhol surgiu logo após os exércitos de Napoleão invadirem a Espanha em 1808, deporem o rei espanhol Fernando e substituí-lo pelo irmão de Napoleão, José. Os espanhóis prontamente se rebelaram e estabeleceram um governo em Cádis. Em 1810, um grupo de delegados do parlamento local, chamado Cortes, adotou o nome de Liberales e rotulou seus oponentes de Serviles, do latim *servi*, que significa escravo. Os liberais espanhóis, como os suecos, defendiam princípios como a igualdade perante a lei e o governo constitucional representativo. Um "impulso liberal" estava varrendo a Europa Ocidental, escreveu Madame de Staël, animada.[47]

A nova Constituição espanhola desencadeou inúmeros comentários não apenas na Europa, mas nas Américas espanholas, onde encorajou movimentos de independência com base no entendimento local do que os princípios liberais significavam na prática.[48] Os debates sobre a Constituição espanhola ocorreram em lugares distantes como a Índia e as

Filipinas.⁴⁹ Foi, de certa forma, muito radical para a época. Ela concedeu o voto "a todos os homens, exceto os afrodescendentes, sem necessidade de estudos ou propriedade", estabelecendo um sistema mais democrático do que existia na Grã-Bretanha, nos Estados Unidos ou na França.⁵⁰ No entanto, curiosamente, e ao contrário de liberais em outros países, os espanhóis não defendiam a liberdade de religião. O artigo 12 de sua constituição afirma explicitamente que "a religião da nação espanhola é e sempre será a verdadeira religião católica, apostólica, romana. A nação a protege com leis sábias e justas, e proíbe o exercício de qualquer outra".

As esperanças dos liberais espanhóis logo foram abaladas quando, após negociações com Napoleão, seu rei foi autorizado a retornar ao poder. Incentivado pelos conservadores e pela hierarquia da Igreja Católica, ele declarou ilegais as deliberações das Cortes e sua legislação nula e sem efeito. Alegando que a soberania residia inteiramente em sua própria pessoa, restaurou o governo absoluto e, com ele, a Inquisição. Até doze mil liberais foram mandados para a prisão ou forçados ao exílio.⁵¹ Uma campanha de difamação foi lançada contra os liberais, e foi nessa época que a palavra "liberalismo" entrou em uso.

As primeiras manifestações da palavra sugerem que foi inventada como um termo de abuso. O início do século XIX gerou um número incomum de tais "ismos". Essas novas palavras eram usadas com mais frequência para acusar as pessoas de heresias, como anabatismo, luteranismo ou calvinismo.⁵² E, de fato, um dos primeiros exemplos da palavra "liberalismo" encontrado na imprensa está em um jornal espanhol publicado logo após o surgimento do partido liberal, em 1813. O jornal perguntou: "O que significa liberalismo?" e seguiu explicando que o liberalismo é um sistema "fundado em ideias ignorantes, absurdas, antissociais, antimonárquicas, anticatólicas".⁵³ Ele listou várias seitas heréticas, incluindo o jansenismo, o luteranismo e o calvinismo, antes de concluir que o liberalismo era apenas outra heresia. Um dos princípios heréticos básicos se referia à promoção da igualdade civil e do governo constitucional responsável perante o povo, não perante um rei, uma aristocracia ou igreja.

Depois do que acabara de acontecer na Espanha, não é de admirar que os liberais franceses olhassem com desconfiança para seu próprio rei Bourbon, Luís XVIII, quando ele retornou do exílio após a derrota de Napoleão, em 1814, e prometeu dar-lhes o que chamou de "uma constituição liberal".[54] A constituição que ele e seus conselheiros elaboraram logo se tornou o assunto de um acalorado debate. Também chamada de Carta, ela estabeleceu um sistema representativo de governo e reconheceu princípios liberais fundamentais, como igualdade perante a lei e liberdade de imprensa e religião. No entanto, seus artigos vagamente formulados deixaram muitas questões sem solução. Os limites precisos dos poderes do rei não eram claros, assim como o papel da assembleia representativa e a extensão da liberdade individual garantida pela constituição. A Carta também continha uma série de contradições. Reconheceu a liberdade de religião, mas declarou o catolicismo a religião nacional. Proclamou a liberdade de imprensa, mas afirmou que leis poderiam ser criadas para restringi-la. E embora os liberais argumentassem que a nova constituição deveria ser considerada como um contrato social entre o rei e a nação francesa, ela foi considerada "concedida" pelo rei como um presente ao seu povo. Isso, é claro, sugeria que a Carta poderia ser legitimamente revogada. Esses fatores estimularam, ampliaram e aprofundaram debates sobre o que realmente significava uma "constituição liberal", e que atraíram comentaristas de todos os lugares.

Os debates sobre as constituições liberais apenas se intensificaram com o retorno de Napoleão do exílio durante os chamados Cem Dias (29 de março a 8 de julho de 1815). Escapando de seu cativeiro na ilha de Elba em 26 de fevereiro de 1815, o ex-imperador desembarcou perto de Cannes, no sul da França, com quase mil soldados, e seguiu para Paris. Enquanto marchava, recitava uma poderosa retórica anticlerical: "vim para salvar os franceses da escravidão em que os padres e nobres desejam mergulhá--los... que fiquem em guarda. Vou pendurá-los aos postes das lâmpadas!" Em resposta, ele foi saudado com gritos de "Abaixo os padres! Abaixo os aristocratas! Enforquem os Bourbons! Viva a liberdade!" Mais soldados juntaram-se a ele e, quando se aproximou de Paris, foi acompanhado pelo que pareceu ser um exército inteiro. Luís XVIII fugiu e Napoleão voltou ao poder.

O retorno dramático de Napoleão foi seguido por outra surpresa. Ele agora prometia governar constitucionalmente e convidou ninguém menos que Benjamin Constant, um de seus críticos mais ferrenhos e atuantes, para ajudar a redigir uma nova constituição. Embora Constant tivesse atacado Napoleão violentamente apenas alguns dias antes, concordou em colaborar com ele. O documento resultante foi denominado Ato Adicional às Constituições do Império e apelidado de Benjamine em homenagem ao seu autor. A reviravolta de Constant na questão de Napoleão lhe valeu o epíteto de "o Constante Inconstante", que o perseguiu pelo resto da vida.

Liberalismo Teorizado

Mas Constant não abandonou seus princípios liberais. O Benjamine prometeu um direito de voto mais democrático, ampliou as liberdades e, em especial, não mais decretou o catolicismo como religião de estado. Ao descrever a nova constituição para seu amigo, o Marquês de Lafayette, Constant se gabou de que "nunca houve uma que fosse mais liberal".[55] Também escreveu um livro que serviria como complemento à constituição: *Princípios de Política Aplicáveis a Todos os Governos*, agora corretamente celebrado como o texto fundador do liberalismo.

Princípios mostrou o quanto as opiniões de Constant evoluíram e se definiram desde seu tempo em Brunswick, quando admirava Robespierre e se dizia um democrata. Constant aprendeu as lições do Terror e do governo autoritário de Napoleão. Ele tinha visto como a soberania popular podia facilmente se aliar à ditadura. Um de seus principais objetivos, portanto, era evitar que uma ditadura baseada na soberania popular se disfarçasse de regime liberal.

A primeira frase de *Princípios* afirma com clareza que a nova constituição reconhece formalmente o princípio da soberania popular, mas logo depois argumenta sobre a necessidade de limitá-la. O poder ilimitado, seja exercido em nome de um povo, um rei ou uma assembleia, é algo muito perigoso, escreve ele. Quando a soberania é ilimitada, "não há como proteger os indivíduos dos governos". Ele lista uma série de instituições intermediárias necessárias e garantias para restringir a autoridade do governo, não importa em que mãos esteja. As mais importantes foram as liberdades liberais essenciais: liberdade de pensamento, liberdade de imprensa e liberdade de religião.

A *forma* de governo era menos importante do que a *quantidade*, escreveu Constant. Monarquias e repúblicas podem ser igualmente opressivas. O essencial não é para *quem*, mas *quanta* autoridade política é concedida. O poder político é perigoso e corrompe: "Confie autoridade ilimitada a um homem, a vários, a todos", "você descobrirá que é igualmente um mal". "Todos os males da Revolução Francesa", disse ele, derivaram da ignorância dos revolucionários sobre esta verdade fundamental.[56] Essas são as ideias que concederam a Constant um lugar de destaque no cânone dos pensadores liberais. Pode-se até chamá-lo de primeiro teórico do liberalismo.

Como sempre, apreensões morais permearam o pensamento de Constant, e suas ideias eram "liberais" nesse sentido também. *Princípios* testemunha suas preocupações persistentes com o egoísmo, a vaidade e o amor ao luxo. Ele falava da necessidade de coragem, ideias generosas e devoção ao bem público. Nunca se cansava de dizer que o autossacrifício era necessário para sustentar um regime liberal.

Constant também falou eloquentemente sobre religião. Articulou um ponto que enfatizaria ao longo de sua carreira: um governo liberal não poderia sobreviver sem religião. A religião era uma força moralizadora essencial, disse ele. Isso inspirou abnegação, princípios elevados e valores morais, todos cruciais em uma sociedade liberal. Mas *qual* religião e sua relação com o estado eram importantes. No final das contas, o problema não era tanto a religião, mas sua associação com o poder, explicou ele. Nas mãos de autoridades, políticas ou religiosas, tornava-se um instrumento político opressor. Esse problema destrutivo levou Constant a declarar o que se tornaria um princípio básico do liberalismo: a separação entre Igreja e Estado. Religião e estado são duas coisas distintas, disse ele. Uma constituição liberal deve garantir liberdade de religião a todos.

O Liberalismo Enfrenta a Reação

Antes que a constituição de Constant pudesse ser implementada, o general Blücher, marechal de campo prussiano, e o duque britânico de Wellington derrotaram Napoleão na Batalha de Waterloo. Exércitos aliados entraram em Paris em 7 de julho de 1815 e Luís XVIII voltou ao trono, sob a antiga Carta, o que, entre outras coisas, significou o restabelecimento do catolicismo como religião oficial da França. Uma onda de represálias puniu aqueles que serviram a Napoleão durante os Cem Dias. Constant fugiu para a Inglaterra e só voltou depois de ter certeza de que não seria punido.

Três meses após o retorno do rei, a chamada Santa Aliança da Rússia, Áustria e Prússia foi desfeita, inaugurando um período de reação desastroso para os princípios liberais. Na França, ultrarrealistas trabalharam em aliança com a Igreja Católica para reduzir a importância da Carta e limitar seu alcance.[57] Os liberais procuraram preservar sua importância e ampliar suas aplicações. Candidatando-se à eleição como membro do que agora ele chamava de "partido liberal",[58] Constant prometeu lutar pela extensão da Carta ao "seu alcance máximo".[59]

O propósito ostensivo da Santa Aliança era incutir os valores cristãos na vida política europeia. Os monarcas da Rússia Ortodoxa, da Áustria Católica e da Prússia Protestante prometeram agir juntos para promover "justiça, amor e paz" nos assuntos domésticos e internacionais. Na prática, porém, o ministro das Relações Exteriores austríaco, Clemens von Metternich, transformou a aliança em uma arma na batalha contra reformas liberais de qualquer tipo. Para este propósito, ele encorajou a colaboração com autoridades religiosas tradicionais.

Os monarquistas de toda a Europa receberam apoio essencial da Igreja Católica por sua batalha contra os liberais. Na França, as missões católicas disseminaram uma mensagem religiosa e política combinada: tendo pecado durante o Iluminismo e tendo sido punidos pela revolução, os cristãos tinham agora uma chance de redenção se prometessem obediência à sua Igreja e ao rei. Entre 1815 e 1830, mais de 1.500 missões foram realizadas somente na França. Os padres da missão ergueram cruzes gigantes, ofereceram instrução em massa na doutrina católica e atacaram a revolução implacavelmente. Os sermões Hellfire [pregação do fogo do inferno] prometiam tormento eterno para aqueles que resistissem. Frequentemente, as reuniões envolviam jogar as obras de filósofos famosos em fogueiras enormes. Em 1816, uma Inquisição Espanhola reinstituída condenou os *Princípios da Política* de Constant por conterem "doutrinas perversas" subversivas ao estado e à religião,[60] apenas provando no processo que Constant estava certo sobre a conspiração entre Igreja e Estado.

Uma torrente de artigos e panfletos reacionários espalhou-se, criticando qualquer pessoa que divulgasse ideias liberais. Liberais em todos os lugares foram acusados de tentar destruir a religião, a monarquia e a família. Eles não estavam apenas equivocados, mas também eram perversos e pecaminosos. Vendedores de heresias, não acreditavam no dever, não tinham respeito pela tradição ou pela comunidade. Nos escritos dos contrarrevolucionários, o liberalismo praticamente se tornou um símbolo do ateísmo, da violência e da anarquia.

Panfletos e artigos com títulos como "Sobre o abuso de palavras" foram publicados. Eles repetiam incessantemente a acusação de que os liberais estavam distorcendo o significado da palavra "liberal" para enganar as pessoas. Nos velhos tempos, "liberal" descrevia uma pessoa que usava sua fortuna de maneira nobre, escreveu o teórico contrarrevolucionário Louis de Bonald. No entanto, agora pessoas más estavam usando mal a palavra para pregar uma peça no país.[61] *La Quotidienne*, um dos primeiros jornais reacionários da Restauração, acusou os liberais de enganar as pessoas com palavras pomposas: "Há algum tempo se fala muito em ideias liberais. O que se entende por essa palavra? A Academia não a aprovou em seu *Dicionário*; é evidente que ela é muito moderna e nasceu durante a revolução. A era de sua origem deve torná-la suspeita."[62]

Essas acusações forçaram os liberais a se defenderem e, ao fazê-lo, aprimoraram seus princípios e os disseminaram para um público cada vez maior. Eles insistiam que os liberais estavam lutando pelo bem de todos. Defendiam a igualdade perante a lei e um governo constitucional e representativo. Seus adversários, por outro lado, favoreciam o despotismo. Padres, em conluio com monarcas absolutos, propagavam superstições para manter o povo dócil. Reivindicando uma posição elevada, os liberais repetidamente lembravam às pessoas das origens latinas da palavra e seu significado envolvendo princípios, moral e comunidade. Um panfleto típico afirmava que uma ideia política era liberal quando "direcionada para o benefício de todos e o bem público, e não para o bem particular de um indivíduo ou de uma classe; quando favorecia sentimentos generosos, elevados, patrióticos e não vaidade, cupidez e fraqueza".[63]

Os alemães, que tantas vezes são deixados de fora das histórias do liberalismo, participaram energicamente dessas batalhas verbais. Grande parte da elite intelectual alemã saudou os estágios iniciais da Revolução Francesa e desejou que as reformas também chegassem até eles. No entanto, muitos, se não a maioria, perderam o entusiasmo inicial durante o Terror, as guerras revolucionárias e a dominação de Napoleão na Alemanha. *Reflexões* de Edmund Burke, que foi traduzido para o alemão em 1793, também influenciou o pensamento da época.

A derrota francesa da Prússia, em 1806, levou a algumas reformas importantes que se assemelhavam em muitos aspectos às feitas na França entre 1789 e 1791, especialmente no aspecto econômico.[64] Guildas e corporações foram dissolvidas e os camponeses, emancipados. Parte de tarifas e pedágios internos foram abolidos e uma carga tributária mais uniforme foi imposta. A estrutura administrativa da Prússia foi simplificada e uma quantidade limitada de autogoverno municipal foi concedida. Mas, ao contrário do que aconteceu na França, essas reformas foram impostas de cima. Esse fato deu esperança aos alemães de mentalidade reformista de que poderiam trabalhar com seus governos para fazer mais reformas, evitando a revolução e a violência. Após a derrota de Napoleão e a concessão da Carta Constitucional na França, havia alemães que desejaram ter o que chamavam de "constituições liberais".[65]

No entanto, após a segunda derrota de Napoleão e o estabelecimento da Santa Aliança, aconteceu na Alemanha o mesmo que no resto da Europa: a reação política. Embora durante anos a Alemanha tivesse sido a incubadora e exportadora da teologia liberal, os governantes agora começaram a dar seu apoio a um movimento de neo-ortodoxia em uma tentativa óbvia de fortalecer seu próprio poder. Em parte uma reação à Revolução Francesa, esse movimento enfatizou a natureza pecaminosa do homem e seu dever religioso de subordinar-se à ordem dada por Deus. Seus líderes prometeram combater com todas as suas forças o que chamaram de "Zeitgeist liberal". Os escritos dos reacionários franceses Maistre e Bonald foram traduzidos e disseminados.

Em resposta, os liberais alemães defenderam seus princípios, sempre com um olho voltado para a França. Como seus colegas franceses, eles enfrentaram um clima muito hostil. Os liberais alemães eram especialmente vulneráveis porque muitos eram funcionários do governo e, portanto, dependiam do estado para seu sustento. Colocados nessa situação difícil, trabalharam dentro do sistema para efetuar mudanças graduais. Insistiram que não queriam revolução, mas reformas pacíficas e progresso. Defendiam princípios como igualdade perante a lei, governo constitucional e liberdade de pensamento e religião. Além disso, como os liberais franceses, eles frequentemente descreviam o que defendiam de maneira um tanto vaga: um princípio liberal, protegia "os direitos do cidadão contra caprichos ilegais", explicou um liberal alemão; garantia "liberdade pública" e "encorajava o melhor para todos".[66]

Como em outros lugares, os liberais alemães foram acusados de encorajar licenciosidade, pecado e revolta, e de empregar uma espécie de "mágica" para distrair e ocultar seus truques das pessoas.[67] Repetidamente, e de onde quer que viessem, os liberais eram acusados de pregar a heresia. Promoviam licenciosidade, pecado e revolta. Eles odiavam a Deus.

Na Grã-Bretanha, os conservadores tentaram difamar as ideias liberais como estranhas e perigosas. Em um discurso proferido na Câmara dos Comuns no início de 1816, o conservador secretário do exterior, visconde Castlereagh, condenou os *Liberales* espanhóis" como "um partido francês da pior espécie". Em sua opinião, eram um "partido jacobínico", porque insistiam no princípio da soberania popular.[68] Um artigo de 1816 na *Tory Quarterly Review* tentou denegrir seus adversários, os reformistas Whigs, chamando-os de "*Liberales* britânicos".[69]

No entanto, as ideias liberais vindas da França também tinham defensores britânicos. Por volta de 1817, a *Edinburgh Review*, principal rival da *Quarterly Review*, informou seus leitores sobre o surgimento de um partido liberal francês de forma favorável.[70] Fundado em 1802 por um grupo de jovens intelectuais escoceses, o periódico visava defender "a política liberal, iluminista e patriótica" e falava particularmente bem de Benjamin Constant, um homem com conhecimento suficiente para transmitir informações até mesmo aos britânicos.[71]

Podemos ver, então, que as ideias políticas liberais eram consideradas essencialmente francesas em todos os lugares. Nos Estados Unidos, também, a palavra "liberal" em seu significado político aparecia com mais frequência em jornais em reportagens sobre eventos franceses. Aqui, como na Grã-Bretanha, a palavra recebia frequentemente um "e" no final, "liberale", ou aparecia em itálico para indicar sua originalidade e seu caráter estrangeiro. Às vezes, os jornais falavam dos "assim chamados liberais". Mas, geralmente, também expressavam apoio a eles e às suas ideias. Por volta de 1817, jornais norte-americanos começaram a relatar que seu grande herói, o Marquês de Lafayette, e um homem chamado Benjamin Constant, eram "os líderes dos Liberais". Os dois homens estavam engajados em uma batalha nobre contra as forças reacionárias.[72]

Insurreição Liberal

Uma série de tentativas de assassinato com motivação política logo deu às forças conservadoras na Europa um pretexto para reação. Em 23 de março de 1819, em Mannheim, Alemanha, um ativista estudantil assassinou o poeta e jornalista conservador August von Kotzebue. Algumas semanas depois, houve um atentado contra a vida do presidente de Nassau, Karl von Ibell. Os conservadores agora intensificaram sua campanha de difamação, acusando os liberais de instigar assassinatos como um prelúdio para a revolução. "O liberalismo está progredindo, está gerando assassinos", enfureceu-se Metternich.[73] Em 20 de setembro de 1819, ele emitiu os Decretos Carlsbad, exigindo que os 38 estados-membros alemães erradicassem as ideias subversivas que circulavam em suas universidades e jornais. Os decretos baniram associações estudantis, removeram professores universitários liberais de seus cargos e expandiram a censura. Também estabeleceram um comitê permanente com espiões e informantes, para investigar e punir qualquer organização liberal.

Poucos meses depois, um homem mentalmente perturbado chamado Pierre Louvel assassinou o provável herdeiro do trono francês, o ultramonarquista Duc de Berry. Os liberais foram acusados e uma reação feroz se seguiu. Um ultramonarquista declarou: "Eu vi a adaga de Louvel; era uma ideia liberal".[74]

Os fatos adquiriram nova importância quando uma revolução irrompeu na Espanha, em 1820, forçando o rei Fernando VII a restaurar a Constituição de 1812 e reconvocar as Cortes. Essa revolução também inspirou os liberais dos países vizinhos a exigir constituições. Uma revolta militar estourou em Nápoles contra o rei Fernando, que foi forçado a prometer uma monarquia constitucional no modelo espanhol. Uma revolta semelhante obrigou Vittorino Emmanuele I, de Piemonte, a abdicar. O príncipe Carlo Alberto, que foi nomeado regente, aceitou a exigência dos revolucionários por uma Constituição Espanhola em 1812, e a Inquisição foi novamente abolida. No mesmo ano, a Sardenha adotou uma monarquia constitucional graças à ação revolucionária. Movimentos insurrecionais similares ocorreram em Portugal, na Sicília, na Grécia e na Rússia. "Esses eventos serviram para manter as esperanças e o ânimo da grande confederação de liberais europeus", escreveu um comentarista sobressaltado.[75] Mas os eventos não afetaram apenas a Europa. Nas Américas espanholas, os liberais locais combinaram os apelos por um governo constitucional com as demandas por autodeterminação e autonomia. Movimentos semelhantes chegaram a Goa e Calcutá, na Índia, e a outros lugares na Ásia, como as Filipinas. Em outras palavras, o "liberalismo" tornou-se global.[76]

As revoluções liberais desencadearam uma nova avalanche de livros, panfletos e jornais, que discutiam as questões políticas e religiosas envolvidas fortemente interligadas. A Constituição Espanhola ganhou popularidade em todo o mundo e despertou debates, não apenas entre liberais e absolutistas, mas entre os próprios liberais.[77] A obra *Course in Constitutional Politics* [Curso de Política Constitucional, em tradução livre] de múltiplos volumes de Benjamin Constant,[78] que incluía o *Principles of Politics* [Princípios de Política, em tradução livre] também foi traduzida e divulgada. Jornais liberais que empregavam escritores espanhóis, italianos e ingleses, financiados por refugiados políticos, divulgaram ainda mais as ideias liberais. Em resposta, o liberalismo foi denunciado como uma conspiração internacional contra soberanos legítimos em todos os lugares.

Embora governantes ansiosos e seus apoiadores muitas vezes exagerassem a capacidade dos liberais de coordenar suas atividades através das fronteiras, eles constituíram, de fato, uma rede internacional que se engajou em atividades legais e ilegais.[79] Sociedades secretas como os maçons e sua ramificação, os carbonários, foram fundamentais na organização das rebeliões de 1820–21. Os carbonários estabeleceram células secretas em toda a Europa Ocidental, que planejaram a derrubada de regimes repressivos. O proeminente liberal espanhol Evaristo San Miguel mais tarde lembrou que as lojas maçônicas se tornaram "juntas liberais e conspiratórias".[80] Agrupados com filósofos, jacobinos, maçons e carbonários, *todos* os liberais foram denunciados como perigosos subversivos e ateus, conspirando para incitar revolução e anarquia.[82] Na verdade, alguns liberais planejavam uma insurreição, mas *não* todos.

Paris era um dos principais centros da rede liberal e um de seus líderes mais importantes era o Marquês de Lafayette. Ele mesmo um apoiador da sociedade secreta Carbonária, Lafayette gabou-se de que os levantes faziam parte de um movimento liberal vasto e em expansão, que havia começado com a Revolução Americana, e cuja liderança agora havia passado para a França. Foi nesse contexto que escreveu entusiasmado a Thomas Jefferson: "A França tem a honra de ser uma espécie de quartel-general político do liberalismo. Muita atenção é dada aos seus debates como se houvesse um sentimento universal instintivo de que a solidez de todos os outros sucessos na causa da Europa dependesse de sua emancipação."[82]

O movimento liberal internacional não durou muito, apesar dos melhores esforços dos liberais. A Rússia, a Áustria e a Prússia assinaram um protocolo em novembro de 1820, que proclamava seu direito de intervir militarmente em outros estados com o propósito de suprimir a revolução. As tropas austríacas logo esmagaram as revoluções em Nápoles e Piemonte, e levaram mais italianos ao exílio. Dois anos depois, e apesar dos protestos ruidosos dos deputados liberais na Câmara, o governo ultramonarquista francês enviou um exército à Espanha para devolver o governo absoluto a Fernando VII.[83] Mais uma vez, Fernando aboliu as Cortes, anulou seus atos, prendeu muitos liberais e restabeleceu a Inquisição. Com a notícia da invasão francesa da Espanha, um golpe em Lisboa restabeleceu a monarquia absoluta portuguesa.

Mas os contrarrevolucionários foram incapazes de esmagar inteiramente o movimento liberal. A Inglaterra tornou-se o destino favorito de muitos refugiados políticos e outro centro da rede liberal europeia. A maioria dos liberais espanhóis proeminentes fugiu para lá em 1823, depois que seu movimento foi esmagado. Com esse influxo de refugiados políticos, os conservadores ingleses ficaram cada vez mais temerosos de que a revolução pudesse cruzar o canal. Um escritor do *Morning Chronicle* já havia denunciado, em 1822, a "gripe do liberalismo" que afligia a Europa, chamando-a de "praga moral".[84] Um *Ensaio sobre o liberalismo* condenou o que chamou de "liberalismo universal", que estava espalhando confusão e caos por toda parte. A França, observou, era a "fonte do liberalismo". Sua revolução criou as ideias vis e perigosas que agora se espalhavam para o resto da Europa. Graças à França, a palavra "liberal" deixou de significar "um homem de sentimentos generosos, de mente ampliada e expansiva..., mas uma pessoa que professa princípios políticos avessos à maioria dos governos existentes na Europa".[85]

Os conservadores ingleses continuaram a usar a grafia francesa (*liberale*) para sugerir que as ideias liberais eram estrangeiras e revolucionárias. Eles ridicularizaram o novo termo como jargão continental e acusaram os liberais de usar palavras pomposas para enganar as pessoas.[86] Com essa duplicidade, "produziram uma tal Babel de confusão" que as pessoas não mais distinguiam o certo do errado. Eles diziam que a verdade era que os liberais não eram nobres nem generosos; eram orgulhosos, egoístas e licenciosos. Estavam interessados principalmente na "gratificação ilimitada de suas paixões" e recusavam restrições de qualquer tipo. O liberalismo, observou um escritor britânico, era exatamente o oposto da liberalidade.[87] Era simplesmente outra palavra para jacobinismo, com a intenção deliberada de semear confusão e desordem. O liberalismo, declarou outro escritor, "é o próprio princípio de Satanás".[88]

Essas críticas ocultavam o fato de que os liberais favoreciam um amplo espectro de ideias políticas, econômicas e religiosas. Eles discutiam sobre muitas questões, como até onde deveria ir o direito ao voto, se deveriam favorecer uma monarquia constitucional ou uma república, e se deveriam planejar insurreições ou não. Os críticos falavam com ironia de um "coquetel liberal" de pessoas.[89] John Stuart Mill, que estava apenas começando a fazer seu nome durante a década de 1820, observou que "os *libéraux* abrangem todas as nuances de opinião política", de moderada a radical.[90]

Muito do trabalho de Benjamin Constant pode ser visto como um esforço para unir e educar os liberais europeus quanto aos princípios constitucionais pacíficos. Ele foi incansável na campanha para disseminar ideias liberais e eleger liberais para cargos públicos. Publicou livros, panfletos e artigos, e fez inúmeros discursos dentro e fora da Câmara dos Deputados. O subtítulo de uma de suas publicações mais substanciais, publicada em

1818–20, fala por si: *A Kind of Course in Constitutional Politics* [*Uma Espécie de Curso em Política Constitucional*, em tradução livre].

O livro foi rapidamente traduzido para o espanhol e italiano, e várias edições se seguiram. Foi lido em lugares distantes como México e Argentina.[91] Constant também trabalhou duro para desenvolver as redes necessárias para garantir o sucesso eleitoral liberal.[92] Por causa disso, esteve sob vigilância policial durante a maior parte de sua carreira como membro do Parlamento. O defensor contrarrevolucionário Louis de Bonald chamou Constant de "líder do coro" do partido liberal.[93] Mas a campanha de Constant para unir os liberais ao redor de certos princípios e táticas legais acordados nunca foi muito bem-sucedida. No fim da vida, queixou-se amargamente de que seus colegas liberais não o ouviam e que estava cansado de se repetir. Unidos em sua aversão ao Antigo Regime, os liberais discordaram em muitas questões. O liberalismo inicial não era monolítico nem imutável.

Em 1824, e com a derrota das revoluções liberais, seus adeptos em toda a Europa ficaram na defensiva. Na França, a direita possuía maioria na legislatura desde 1820, e quando novas eleições foram realizadas em fevereiro de 1824, ela ganhou quase todas as 430 cadeiras da Câmara, com exceção de 19. Alguns liberais proeminentes foram forçados a fechar seus jornais e ir para o exílio. Vários aderiram à clandestinidade e ingressaram em sociedades secretas. Lafayette se juntou a esse grupo; Benjamin Constant, não.

Por fim, Lafayette embarcou em uma viagem aos Estados Unidos, na esperança de que a publicidade gerada ajudasse a causa liberal na França. Sua viagem desencadeou um surto de publicações que o descreveram como "o herói de dois mundos" e os Estados Unidos como a terra de "instituições realmente grandes e liberais".[94] Mas seus inimigos apenas repetiam o mesmo mantra: os liberais eram anarquistas ateus que causariam estragos em todos os lugares. Tais acusações foram apoiadas pela bula papal *Ecclesiam a Jesu Christo*, que denunciou a "multidão de homens perversos... unidos contra Deus e Cristo".

Os liberais alemães não viam o catolicismo como o único problema; o protestantismo ortodoxo também foi um obstáculo. Após as revoluções da década de 1820, as forças políticas reacionárias intensificaram sua colaboração com as igrejas protestantes, denominando-se ortodoxas, para combater a difusão dos princípios liberais, fossem religiosos ou políticos. Um exemplo disso foi Ernst Wilhelm Hengstenberg, professor de teologia da Universidade de Berlim e editor do neo-ortodoxo *Evangelische Kirchen-Zeitung*.

Hengstenberg tornou-se um grande estrategista da aliança revigorada entre o trono prussiano e o altar. Seu objetivo era purgar a Igreja Protestante da teologia liberal, e erradicar toda oposição possível à vontade do rei. "Nossa política consiste na obediência incondicional... à ordem dada por Deus", escreveu ele. Em seu jornal, como em outros jornais alemães, o liberalismo foi continuamente denunciado como uma importação estrangeira que, se permitida a se espalhar, resultaria em ateísmo e anarquia. Obediência a Deus significa obediência aos "senhores do mundo". Alarmados e frustrados, os liberais alemães contra-atacaram. Eles denunciaram o "uso desavergonhado da religião pelos 'filhos das trevas'".[95]

Foi essa situação altamente polarizada que deu origem ao que parece ter sido a primeira história do liberalismo, do professor prussiano de filosofia Wilhelm Traugott Krug, em 1823. Nascido em Radis, Prússia, Krug sucedeu Immanuel Kant na cadeira de lógica e metafísica na Universidade de Königsberg, antes de se mudar para Leipzig, onde ensinou filosofia e se tornou um escritor conhecido.

O livro *Historical Depiction of Liberalism* [*Descrição Histórica do Liberalismo*, em tradução livre] de Krug confrontou diretamente os reacionários, conferindo credenciais cristãs e alemãs incontestáveis ao liberalismo. O próprio Deus criou o liberalismo, afirmou Krug, e o fez implantando o desejo de liberdade em todos os seres humanos. Krug acrescentou que o desejo de liberdade foi dado ao homem a fim de encorajar seu autoaperfeiçoamento progressivo e a reforma gradual relacionada de instituições como a Igreja Cristã.

De acordo com Krug, a liberdade mais importante era a liberdade de pensamento. Sua história conta como o amor por essa liberdade em especial passou de Deus para os gregos antigos e para os primeiros pais da primeira Igreja, todos os quais eram "liberais" em sua orientação geral. Mas por terem se envolvido no pensamento crítico, encontraram intensa resistência das autoridades estabelecidas.

A Alemanha desempenhou um papel essencial na história de Krug. Foi ninguém menos que o reformador protestante alemão Martinho Lutero que inventou o "liberalismo religioso". E o liberalismo religioso, escreveu ele, era essencial para o aperfeiçoamento das instituições humanas desejadas por Deus. O protestantismo libertou os cristãos da servidão da "fé cega" e encorajou o pensamento crítico essencial para o progresso. Infelizmente, no entanto, a Reforma levou a batalhas entre os princípios liberais e não liberais. Alguns continuaram a se apegar a dogmas religiosos antiquados.

O liberalismo político, Krug continuou a explicar, surgiu entre os Whigs da Inglaterra. Enquanto os conservadores acreditavam no direito divino dos reis, os Whigs extraíam a soberania do povo. Da Inglaterra, o liberalismo viajou para as colônias norte-americanas, onde encontrou solo fértil, e depois para a França, onde se radicalizou. Iniciou-se, então, uma terrível batalha entre o liberalismo e o antiliberalismo em toda a Europa. Mas o progresso do liberalismo era incontrolável, concluiu Krug. Ele era desejado por Deus.

A história do liberalismo de Krug foi obviamente uma resposta às pretensões da chamada Santa Aliança. O liberalismo era sagrado, não a reação. Mas Krug também alertou os liberais para não se deixarem seduzir pelo radicalismo e provocar a revolução. Apenas "alguns idiotas" abraçaram o "ultraliberalismo" e se envolveram em "exageros", disse ele. Não havia necessidade disso. O futuro pertencia ao liberalismo gradual e "pensativo".[96]

Princípios Econômicos Liberais

Os ultramonarquistas que dominaram a Câmara Francesa em meados da década de 1820 também promoveram políticas econômicas regressivas. Grandes proprietários de terras, fabricantes e plantadores coloniais se uniram para formar um poderoso lobby protecionista. Eles clamavam por um retorno às tarifas, especialmente sobre o trigo e o açúcar. Também exigiram a restituição das colônias da França e o restabelecimento oficial do comércio de escravos. Apesar de terem concordado com sua proibição em 1815, os reis Bourbon na verdade encorajavam veladamente o comércio e reprimiam as publicações abolicionistas. O lobby protecionista também lutou pela restauração da primogenitura e herança.

O governo já havia imposto uma tarifa sobre os grãos importados em 1819. Dois anos depois, uma nova maioria ultramonarquista impôs uma proibição total à importação de grãos abaixo de um determinado preço. No ano seguinte, outra lei foi aprovada, aumentando drasticamente as tarifas sobre açúcar, ferro e gado estrangeiros. Os escritos de François Ferrier e Jean-Baptiste Say tornaram-se agora mais relevantes do que nunca. O tratado de Ferrier, zombando dos princípios liberais do comércio, foi republicado em 1821 e 1822. O *Treatise on Political Economy* [*Tratado Sobre Economia Política*, em tradução livre] de Say, que, como vimos, denunciava as tarifas, o protecionismo, o sistema colonial e a escravidão, também foi reimpresso. Benjamin Constant denunciou as novas leis no plenário da Câmara, chamando-as de cruéis, injustas e egoístas. Ele denunciou os ricos por usarem o governo para enriquecer ainda mais, à custa dos trabalhadores pobres, para não falar dos escravos. Uma gigantesca campanha publicitária foi organizada para disseminar ideias liberais de economia política e para pressionar os legisladores. Constant publicou um texto tentando reunir os liberais em torno de uma política de "laissez-faire, laissez-passer". Mas não conseguiu convencer a todos. Os liberais nunca concordavam sobre a questão das tarifas.

Constant também fez discursos denunciando o tráfico de escravos e exigiu que o governo fizesse cumprir a proibição. A ala direita da Câmara o provocava constantemente por isso.[97] Ele se juntou a outros liberais para mostrar o sucesso do Haiti, a primeira nação negra independente nas Américas. Elogiou a constituição produzida por seus cidadãos negros.[98] Segundo seu amigo Jean-Charles-Léonard Sismondi, "os filhos da África" provaram que mereciam ser livres e que todos os africanos tinham potencial para se tornarem "civilizados".[99]

Constant estava, é claro, ciente de que, devido às leis eleitorais da Restauração, o poder legislativo na França estava nas mãos de grandes proprietários de terras e ricos comerciantes, a mesma combinação de homens contra a qual Adam Smith havia alertado em *A Riqueza das Nações*. Empresários ricos, com o apoio de proprietários de terras aristocráticos, eram "uma classe de homens cujos interesses nunca correspondem exatamente aos do público, que geralmente querem enganá-lo e até mesmo oprimi-lo, e que, consequentemente, em muitas ocasiões, o enganou e oprimiu".[100] Constant também sabia que os agentes alfandegários constituíam 20% do total de agentes do Estado empregados pelo governo da Restauração e que incluíam a polícia secreta, bem como uma rede de informantes e espiões. Ele próprio esteve sob vigilância policial durante grande parte da década de 1820. Os agentes alfandegários, deve-se saber, foram encarregados de inspecionar todos os livros importados para se certificar de que "não continham nada que fosse contrário ao governo ou ao interesse do estado".[101] Em abril de 1816, uma maioria ultramonarquista da Câmara adotou uma série de medidas ostensivamente contrárias ao contrabando, resultado da imoralidade supostamente disseminada pela "Revolução desastrosa". Essas medidas aumentaram os poderes da administração alfandegária para revistar viajantes, mercadores e residências particulares em uma área que se estendia por 25 km para o interior, a partir das fronteiras da França. As leis também aumentaram as penas para o contrabando. Quando liberais como Constant defenderam o laissez-faire, laissez-passer, eles também tinham essas medidas em mente.

O compromisso compartilhado em relação à livre circulação de bens, ideias e pessoas não significava que os liberais do laissez-faire se opusessem a *toda* intervenção governamental na economia. Ao contrário do que se diz hoje sobre o liberalismo do século XIX, os primeiros liberais não eram doutrinários do laissez-faire. Eles não enfatizavam os direitos de propriedade nem celebravam as virtudes do interesse próprio ilimitado. O que hoje é chamado de liberalismo "clássico" ou "ortodoxo" não existia.

Constant acreditava que a propriedade privada não era um direito natural, mas apenas uma convenção social e, portanto, estava sob a jurisdição da sociedade. Say reconheceu explicitamente que os governos tinham o direito de regulamentar qualquer tipo de indústria e acreditava que a regulamentação era útil e adequada em muitas circunstâncias. Era inteiramente apropriado, por exemplo, que os governos interviessem para ajudar os trabalhadores despedidos em consequência da introdução de máquinas na indústria. Os governos poderiam restringir legitimamente o uso de novas máquinas e encontrar trabalho para os desempregados. "Sem dúvida" um governo "deve proteger os interesses dos trabalhadores", escreveu Say.[102] Era dever de cada governo "visar a melhoria constante da condição de seus súditos", declarou Say.

Mas os liberais nem sempre concordavam. Charles Comte e Charles Dunoyer, que foram os editores da revista liberal *Le Censeur européen*, endossaram o laissez-faire a extremos não encontrados em Smith ou Say.

Dunoyer se opôs ao envolvimento do governo na educação, nas obras públicas e até mesmo na entrega de correspondência. Sismondi, no entanto, defendia uma intervenção *maior* do governo, não menor. Em 1803, ele publicou On Commercial Wealth [Sobre Riqueza Comercial, em tradução livre], no qual defendia a liberdade absoluta de comércio e indústria. Mas em 1819, com a publicação de Novos Princípios de Economia Política, ele mudou de ideia, explicando que era obrigado a modificar e desenvolver suas ideias anteriores por causa dos fatos chocantes que ocorriam em relação às condições dos trabalhadores nas economias em fase de industrialização — particularmente na Inglaterra. Então, Sismondi disse que o governo deveria intervir para proteger os fracos. A maioria dos liberais defendia um comércio internacional e uma circulação interna de pessoas e bens mais livres, mas discordavam sobre os limites legítimos e desejáveis da intervenção governamental na economia. Eles discutiam sobre o que constituía o "verdadeiro liberalismo", sendo "liberalismo" uma palavra raramente usada pelos liberais, muito provavelmente porque possuía conotações negativas.

Evidências de fora da França confirmam que os liberais, via de regra, não endossavam uma versão estrita do laissez-faire. Na Alemanha, Espanha, Itália, América espanhola e Índia, autodenominados liberais endossavam uma variedade de visões sobre a economia que dependiam das circunstâncias locais. No período tão frequentemente referido como o apogeu do laissez-faire, não havia uma posição unificada sobre a questão, e o termo "liberalismo econômico" não era usado. Embora Krug falasse favoravelmente sobre "liberalismo religioso" e "liberalismo político", nunca mencionou um "liberalismo econômico". Nos Estados Unidos, onde o termo "liberalismo" era muito raro, ele não designava uma política econômica.

Exclusões Liberais

Como sabemos, os primeiros liberais não eram democratas. Endossar a soberania popular não significava endossar o sufrágio universal. A reserva deles sobre esta questão se deve muito à sua experiência com o Terror e o regime napoleônico. O sufrágio universal foi introduzido na França, em 1792, para a eleição de uma Convenção Nacional, a mesma Convenção que lançou o Reinado do Terror. A ditadura de Napoleão foi aprovada por plebiscito. O sufrágio universal estava associado, por um lado, ao governo das massas, à violência e desordem e, por outro, à credulidade, mau julgamento e submissão. Para Constant — como para a maioria dos liberais da época — o direito de votar era uma obrigação e não um direito. Eles achavam que a propriedade era necessária para dar às pessoas independência e tempo de lazer para adquirir o conhecimento e o caráter de que precisavam para tomar decisões políticas informadas.

Isso ajuda a explicar por que nenhum dos liberais mencionados neste capítulo, com a notável exceção de Mary Wollstonecraft, defendeu o direito de voto para as mulheres. Afinal, as mulheres eram pessoas legalmente dependentes, com pouco acesso aos bens e à educação considerados necessários para exercer o voto. Apenas um punhado de textos publicados entre 1789 e 1793 mencionou os direitos políticos das mulheres.

Aqueles que defendiam tais direitos frequentemente usavam uma linguagem reconhecidamente liberal para apoiar sua causa. Eles compararam as mulheres a escravos e o casamento a uma forma de despotismo. Uma petição de outubro de 1789 dirigida a legisladores do sexo masculino exclamava: "Vocês derrubaram o poder do despotismo; vocês pronunciaram o belo axioma de que os franceses são um povo livre. Mesmo assim, permitem que treze milhões de escravos vergonhosamente usem os grilhões de treze milhões de déspotas!" Eles acusaram os legisladores de serem egoístas, isto é, antiliberais, por ignorá-los. Wollstonecraft foi uma defensora fervorosa dos princípios liberais da revolução, como sabemos pelo livro *Uma Reivindicação dos Direitos dos Homens* (1790) e sua crítica a Edmund Burke. Dois anos depois, ela escreveu *Uma Reivindicação dos Direitos da Mulher*, no qual exortou os legisladores franceses a corrigirem sua Constituição, concedendo direito de voto às mulheres. Este texto parece uma longa refutação da noção de que os deputados franceses podiam se considerar liberais quando ignoravam metade da raça humana. Em vez disso, eram egoístas e protetores da hierarquia. Mary Hays, discípula de Wollstonecraft, zombou deles por se sentarem em um "trono autoerigido", de onde mantinham as mulheres acorrentadas. "Por quanto tempo o homem recusará a liberdade que reivindica; por quanto tempo ele vai valorizar, com política limitada e veneração supersticiosa, as máximas da tirania e as instituições da barbárie?", perguntou ela.[103] Ao negar o voto às mulheres, os liberais estavam contradizendo seus próprios princípios.

Os legisladores geralmente ignoravam esses apelos e, em outubro de 1793, um decreto proibiu as mulheres de frequentarem clubes onde se discutia política. Sua linguagem era voltada para seus deveres domésticos. Falando em nome do Comitê de Segurança Geral, o deputado Jean-Baptiste Amar declarou que as mulheres não deveriam se reunir em clubes porque a "natureza" ditava que elas cuidassem de suas famílias e lares. Elas deveriam se ater às "funções privadas a que são destinadas pela própria natureza".

Esta é uma linha de argumentação um tanto curiosa e enganosa, uma vez que poucos defensores dos direitos das mulheres, se houve algum, desafiou a ideia de que as mulheres tinham deveres domésticos, ou que sua natureza era diferente da dos homens. A própria Wollstonecraft nunca questionou isso. A maioria dos defensores das reformas para as mulheres nem mesmo solicitou direitos políticos. Eles pediam coisas como maior acesso à educação, melhores empregos e controle de sua própria propriedade. Pleiteavam o direito ao divórcio e leis que tornassem o casamento mais igualitário. Um maior grau de igualdade dentro do casamento, argumentavam, permitiria a amizade e a colaboração no cumprimento dos "deveres para com a humanidade" de um casal.[104] Um casamento com mais companheirismo ajudaria a regenerar a nação, melhorar a moral e encorajar as virtudes cidadãs.

Embora Madame de Staël nunca tenha defendido o direito de voto para as mulheres, seus romances celebravam a coragem feminina e a capacidade intelectual. As mulheres, ela escreveu, poderiam ajudar a curar e regenerar a França porque "são elas que inspiram tudo relacionado à humanidade, generosidade e delicadeza".[105] Os próprios romances de Staël pretendiam fazer exatamente isso, ou seja, fomentar sentimentos de compaixão e bondade em seus leitores, valores morais que ela pensava serem essenciais para os regimes modernos e liberais. *Delphine*, publicado em 1802, contava a história de uma mulher bonita e brilhante que foi vitimada pelos princípios antiquados da sociedade. Exaltou tanto o divórcio quanto o protestantismo.

Os contrarrevolucionários se opunham ao direito ao divórcio pela mesma razão que Madame de Staël e outros liberais o apoiavam. Eles diziam que a estabilidade de um estado dependia da autoridade superior do marido e da indissolubilidade do casamento. Em seu panfleto *Du divorce*, publicado originalmente em 1801, Louis de Bonald rejeitou sua legalização como algo que criaria "democracia na família" (claramente uma coisa abominável) — e, assim, provocaria uma segunda revolução.[106] Joseph de Maistre também sustentou que a estabilidade e a força do Estado dependiam da subordinação das mulheres a seus maridos.[107] Com o retorno da monarquia, em 1816, essas ideias forneceram a justificativa para a abolição do direito ao divórcio, apesar das veementes objeções dos liberais na Câmara.

Em 16 de setembro de 1824, Luís XVIII morreu e seu irmão, Carlos X, subiu ao trono. Católico devoto e contrarrevolucionário ferrenho, Carlos prontamente afirmou suas intenções de restaurar a monarquia autoritária e católica. Com a ajuda de ultramonarquistas nas Câmaras, ele aprovou uma série de leis que horrorizaram os liberais.

Uma das mais polêmicas dessas medidas compensou os ex-emigrados pela perda de propriedades durante a revolução.

Carlos também reforçou a aliança do trono e do altar e intensificou os esforços para recatolizar o país. Ele aprovou dois projetos de lei religiosos, um legalizando ordens religiosas que haviam sido proibidas durante a revolução e outro criminalizando "sacrilégios" religiosos, definidos de forma muito vaga.

Os liberais protestaram ruidosamente, mais do que nunca convencidos de que a Igreja Católica era seu inimigo mais perigoso. Eles contra-atacaram com uma ofensiva de propaganda bem organizada, inundando o país com panfletos políticos, caricaturas, canções e edições baratas de textos anticlericais. Estima-se que, ao longo de sete anos, 2,7 milhões de livros anticlericais foram publicados, incluindo *De la religion*, de Constant.

Em 1827, o pêndulo político se inclinou a seu favor. Cada vez mais apavorados, os ultramonarquistas temiam que o liberalismo estivesse ganhando a batalha.[108] Eles acusaram os liberais de serem "republicanos, anarquistas e jornalistas revoltosos que, por mais de doze anos, atacaram implacavelmente tudo o que era verdadeiro e bom... e que anseiam ardentemente por uma nova revolução, mais completa que a primeira".[109]

Confrontado com a popularidade crescente da oposição liberal, o governo de Carlos tornou-se cada vez mais desesperado e se voltou para empreendimentos coloniais para recuperar o apoio popular. Usando como pretexto uma pequena disputa diplomática com a Argélia, o rei enviou uma expedição para tomar a sua capital, Argel. Depois de uma rápida vitória militar, ele então agiu contra os liberais em casa com as Ordenações de Julho, suspendendo a liberdade de imprensa, dissolvendo a Câmara e aumentando as qualificações de propriedade para votar. Essas ações desencadearam a insurreição de três dias que o derrubou.

CAPÍTULO TRÊS

Liberalismo, Democracia e a Emergência da Questão Social, 1830-48

Todo o problema da sociedade moderna será resolvido, como há muito eu já acreditava que seria, na França e em nenhum outro lugar.

— JOHN STUART MILL, 1849

LIDERADO POR JORNALISTAS e políticos liberais, o povo de Paris se revoltou no final de julho de 1830 e derrubou o governo. O que veio a ser chamado de Revolução de Julho levou apenas três dias e praticamente sem derramamento de sangue. O reacionário rei Carlos X abdicou e seu primo mais liberal, Luís Filipe, duque de Orléans, o substituiu no trono.

Esses três dias gloriosos marcaram uma clara vitória do liberalismo. Expressões de alegria fluíram em todo o mundo. John Stuart Mill correu para Paris a fim de observar os eventos em primeira mão. O embaixador americano enviou para casa um relatório favorável, e tanto o presidente Jackson quanto o secretário de Estado, Van Buren, ofereceram mensagens de felicitações. Os liberais alemães consideraram isso uma vitória para toda a Europa, se não para o mundo. Mesmo na distante Índia, os jornais noticiaram o que estava acontecendo na França. O reformador bengali

Rammohan Roy celebrou a ascensão do Rei Cidadão francês, Luís Filipe.[1] Como notou um observador estrangeiro, "o mundo inteiro é influenciado por tudo o que é feito em Paris".[2]

François Guizot, que se tornou um espírito de liderança do novo governo, fez uma proclamação jubilosa. A população heroica de Paris venceu a batalha contra a monarquia absoluta. Segundo Adolphe Thiers, outra referência da época, os liberais finalmente "tinham chegado" e a monarquia constitucional estava a salvo.[3] Benjamin Constant, do plenário da Câmara, expressou um orgulho especial pelo papel dos trabalhadores no levante.

Muito em breve, no entanto, esses mesmos liberais enfrentariam um novo adversário formidável, conhecido pelo termo "socialismo".

O Governo Liberal se Torna Conservador

A empolgação inicial com a Revolução de Julho logo deu lugar à decepção. Intensas discordâncias surgiram entre os liberais franceses, sobre quais políticas deveriam seguir agora que estavam no poder. Eles defendiam o governo constitucional, mas o que mais? Apoiavam a representação popular, mas a que ponto? Como deveriam lidar com a crescente inquietação dos trabalhadores? Essas questões dividiram e enfraqueceram os liberais e os expuseram a novos ataques, desta vez não apenas da direita, mas também da esquerda. A primeira dissenção surgiu sobre a questão do direito de voto.

O rei Luís Filipe e François Guizot viram a Revolução de Julho como um movimento defensivo destinado a proteger a Carta. Eles se opuseram àqueles que viam nisso uma oportunidade de empreender novas reformas e, em particular, uma expansão significativa do eleitorado. As *Memórias* do deputado liberal Odilon Barrot recontam que "homens do movimento" como ele pressionaram por reformas progressivas, mas que foram constantemente frustrados por "homens da resistência" como o rei e Guizot.

Por fim, os liberais da resistência venceram a batalha. A nova carta constitucional diferia pouco daquela a que substituiu. As qualificações de propriedade para o sufrágio foram reduzidas apenas minimamente, de modo que o direito de votar e se candidatar a um cargo nas eleições nacionais permaneceu privilégio de um grupo muito pequeno de notáveis ricos. O eleitorado sob a Restauração chegou a 140 mil eleitores de uma população total de mais de 26 milhões; na Monarquia de Julho, o número subiu para não mais do que 241 mil. A Inglaterra, com uma população muito menor, tinha um pouco mais de 400 mil eleitores depois de 1832. O rei francês defendeu essa expansão moderada do eleitorado dizendo que ela sabiamente manteria um *"juste milieu* [meio termo]" entre os excessos da democracia e os abusos do poder real. Guizot descreveu a posição do *juste milieu* como "liberal e conservadora", aparentemente não vendo qualquer contradição nisso.[4] Charles Rémusat proferiu a famosa frase: "Nós somos o governo da burguesia", a uma distância segura tanto do governo aristocrático quanto da democracia.[5] Os críticos da esquerda denunciaram-no como apenas mais um tipo de aristocracia — desta vez, uma de dinheiro. O deputado Etienne Cabet expressou o sentimento de indignação sentido por muitos ex-apoiadores. A nova constituição não era liberal, protestou ele. Era "anti-liberal", pois colocava o poder nas mãos de uma elite endinheirada, que era ainda mais egoísta e desdenhosa do que a nobreza que havia substituído.[6] Acusado de traição, Cabet foi demitido de seu cargo de funcionário público na Córsega e fugiu para a Inglaterra.

Frustrados, alguns radicais começaram a defender a derrubada da monarquia e o estabelecimento de uma república baseada no sufrágio universal. Seu governo supostamente liberal respondeu com leis que restringiam a liberdade de imprensa e o direito de associação. Entre julho de 1830 e fevereiro de 1832, houve quatrocentos processos do governo contra jornais. Em abril de 1831 foi aprovada uma nova lei rígida contra manifestações públicas. Quando, um ano depois, grupos republicanos em Paris tentaram transformar o funeral de um de seus líderes em levante, o governo liberal impôs o estado de sítio à capital. Passou a ser ilegal chamar-se de republicano.

Muitos ex-apoiadores agora acusavam os liberais no poder de trair seus próprios princípios. Nas Câmaras, Benjamin Constant expressou seu profundo desapontamento. Em protesto, Lafayette renunciou ao comando da Guarda Nacional. Charles Comte e Charles Dunoyer, que haviam conseguido empregos no novo governo, desistiram de seus cargos. Alexis de Tocqueville, ainda relativamente desconhecido, partiu para os Estados Unidos. Tendo inicialmente saudado o novo regime, logo passou a desprezá-lo.

A virada conservadora dos liberais da resistência afligiu o jovem John Stuart Mill. Dez anos antes, ele havia visitado Paris e morado na casa do economista político Jean-Baptiste Say. Ele foi apresentado a muitos líderes do partido liberal e, como mais tarde lembrou em sua autobiografia, adquiriu um "interesse forte e permanente no Liberalismo Continental".[7]

Ao ouvir a notícia do início da Revolução de Julho, Mill correu para Paris. Lá conheceu e fez amizade com o Marquês de Lafayette e outros liberais do movimento, com quem desenvolveu um relacionamento próximo. Cartas para seu pai mostram que Mill logo ficou desapontado com a direção que a revolução tomou. O novo governo mostrou pouco interesse em reformas reais. A França havia se tornado uma "endinheirada... e estreita Oligarquia ", lamentou ele.[8]

Depois de retornar à Inglaterra, Mill continuou a acompanhar de perto os desenvolvimentos na França, produzindo uma série de artigos para o *Examiner*. Ele chamou os novos líderes da França de "partido estacionário ou estagnado" e os rotulou de *"os assim chamados* liberais", uma vez que estavam principalmente interessados em manter o status quo.[9]

Eles mostraram aversão às reformas, especialmente para ajudar as classes mais pobres. Preocupavam-se apenas com seus interesses egoístas. Estavam traindo a causa liberal.

Essa decepção foi profunda e generalizada. Já em 1831, jornalistas nos Estados Unidos perderam o entusiasmo e relataram que o governo liberal da França havia se tornado conservador. Uma cisão ocorreu entre aqueles que queriam e os que não queriam mais reformas; "os problemas eram iminentes".[10] A *Encyclopedia Americana*, editada pelo imigrante alemão Francis Lieber, registrou que ocorreu uma ruptura no partido liberal francês entre conservadores e progressistas. Um artigo de 27 páginas sobre liberalismo no *Staats-Lexikon* alemão expressou pesar e desagrado. Qualquer governo liberal deveria, por definição, ser sobre *movimento*, dizia. Os liberais deveriam promover o bem comum e não os interesses egoístas de um partido ou classe privilegiada.[11] Por tais critérios, os liberais franceses no poder não eram mais liberais.

Liberais na Democracia

Essas dissensões entre os liberais não deveriam nos fazer pensar que mesmo os "liberais de movimento" favoreciam a democracia no sentido moderno do termo. Desde o início, os liberais se preocuparam com a "incapacidade" das massas, que consideravam irracionais, propensas a comportamentos violentos e inconscientes de seus próprios interesses. A maioria dos liberais continuou a favorecer estritas qualificações de propriedade, tanto para votar quanto para ocupar cargos. Os reformadores liberais queriam a redução dessas qualificações, não necessariamente sua abolição. Representar a vontade do povo, pensavam eles, não era o mesmo que dar-lhes o voto.

A *"verdadeira* maioria" deve se distinguir da "maioria da contagem de pessoas", escreveu um liberal alemão.[12] Um governo liberal não era a mesma coisa que um governo por plebiscito, disse outro. Era importante diferenciar entre igualdade perante a lei e sufrágio universal.

Nossa compreensão da relação do liberalismo com a democracia é complicada pelo fato de que nenhuma das palavras tinha um significado fixo ou acordado, e ambas foram usadas de maneiras desconhecidas para nós atualmente. A palavra "democracia" não designava necessariamente um sistema eleitoral baseado no sufrágio universal. Também pode significar um tipo de sociedade — por exemplo, uma sociedade que reconhece a igualdade civil e na qual a mobilidade social é viável. Nesse sentido, era possível para muitos liberais europeus aceitarem e até celebrarem a democracia, ao mesmo tempo que se opunham ao sufrágio universal.

A democracia no sentido de igualdade perante a lei foi uma das conquistas que mais provocou orgulho na Revolução de 1789. E foi nesse sentido que o deputado liberal Royer-Collard, em um discurso proferido nas Câmaras em 1822, afirmou que a democracia "está em toda parte na França".[13] Hoje, isso parece uma coisa um tanto estranha de se dizer sobre um país em que não mais de 140 mil dos 26 milhões tinham direito de voto. Mas é perfeitamente compreensível quando você percebe que a palavra "democracia" não significava necessariamente um sistema eleitoral.

Esse fato também ajuda a explicar algumas combinações bastante estranhas. Em 1825, Thomas Jefferson misturou liberais com democratas como se houvesse pouca diferença entre eles. Explicando a divisão política que existe em cada país, ele raciocinou que "alguns são whigs, liberais, democratas, chamem-nos como quiser. Outros são tories, servis, aristocratas etc. Estes últimos temem o povo e desejam transferir todo o poder às classes mais altas da sociedade; os primeiros consideram o povo como o depositário mais seguro do poder como último recurso; portanto, os estimam e desejam deixar para eles todos os poderes para o exercício para os quais são competentes."[14] Jefferson não estava sugerindo necessariamente que os liberais e democratas defendiam o que entendemos por democracia hoje. Whigs, liberais e democratas, diz ele, desejam delegar às pessoas tanto poder *quanto são competentes* para exercer. Exatamente quanto ou que tipo de poder não é definido com clareza.

Também devemos considerar o fato de que Jefferson estava aqui explicando a política europeia a um interlocutor americano. A palavra "liberal", como termo político, era virtualmente desconhecida nos Estados Unidos da época. A entrada "liberal" na *Enciclopédia Americana* de 1831 registra que o significado novo e político da palavra vem da França. O artigo explica que, nesse país, a palavra agora significa "direitos iguais" e "princípios democráticos".[15] O que exatamente "princípios democráticos" significa é deixado sem explicação. A enciclopédia não contém qualquer entrada sobre "liberalismo".

O líder liberal François Guizot, que era, em muitos aspectos, o próprio símbolo da Monarquia de Julho, via o sufrágio universal como totalmente incompatível com a liberdade. Com a Revolução Francesa de 1789 e Napoleão em mente, ele tinha certeza de que isso levaria inevitavelmente à ditadura. Mas Guizot também não defendia colocar o poder nas mãos de uma aristocracia hereditária. Em vez disso, ele favoreceu o *juste milieu* — um sistema pelo qual a classe média proprietária governava por meio de instituições representativas. Como muitos outros liberais da época, ele acreditava que algo tão importante como o direito ao voto deveria ser confiado apenas a homens com o grau necessário de educação, discernimento e lazer. Ele poderia aceitar a democracia como um tipo de sociedade, mas não como uma forma de governo.

Essas discussões sobre a democracia fornecem o contexto para a obra-prima de Alexis de Tocqueville, *Da Democracia na América*, cujo primeiro volume foi publicado em 1835 com grande aclamação. Nascido em 1805 em uma antiga família católica e aristocrática, o jovem Tocqueville estudou direito e, com 22 anos, conquistou o cargo de juiz em tribunais inferiores. Deu as boas-vindas à Revolução de Julho no início, mas logo se desencantou. Em 1831, solicitou ser designado para viajar para os Estados Unidos a fim de estudar seu sistema prisional. O pedido foi atendido e ele aproveitou a oportunidade para viajar bastante e estudar outros temas. O resultado foi *Da Democracia na América*.

Hoje considerado um dos grandes clássicos do liberalismo, a obra foi concebida para apresentar algumas lições obviamente dirigidas ao governo *juste milieu* de Guizot. Como mostra o livro, Tocqueville compartilhou as preocupações dos liberais conservadores sobre a democracia, seja social ou política. Ele se preocupava com a falta de capacidade das massas, e estava especialmente preocupado com a tendência de a democracia fomentar o egoísmo ou o individualismo, como também o chamou. "O egoísmo destrói as sementes de todas as virtudes", escreveu ele. No entanto, como Constant e outros, Tocqueville acreditava que a marcha da igualdade era incontrolável. A democracia política foi, portanto, "um fato providencial".[16] Nessas circunstâncias, o melhor a fazer era preparar a França para o inevitável: a população precisava adquirir capacidade.

Preparar a França para a democracia significava adotar alguns dos valores, das instituições políticas e das práticas que ele havia encontrado nos Estados Unidos. Entre elas estavam a descentralização administrativa, a liberdade de associação e a separação Igreja/Estado, algumas das mesmas reformas às quais o governo de Guizot resistia firmemente. Tocqueville sugeriu que essas medidas liberais poderiam desempenhar o papel necessário de "educar a democracia", em certo sentido neutralizando, ou pelo menos minimizando, seus perigos. Os liberais não deveriam trabalhar para impedir a democracia, mas para instruí-la e domesticá-la, de modo que ela não ameaçasse a liberdade e se degenerasse no novo tipo de despotismo que a França havia visto sob Napoleão.

Da Democracia na América rendeu a Tocqueville grande fama e ajudou a elegê-lo para a Câmara dos Deputados, em 1839. Lá, ele se juntou à oposição ao governo de Louis Philippe e Guizot, que nunca seguiram seus conselhos. Quanto ao próprio Tocqueville, nos anos seguintes tornou-se cada vez mais pessimista em relação à democracia.[17]

Liberais e Insurreição, De Novo

As preocupações liberais com a democracia estavam intimamente relacionadas ao medo da violência popular. Porém, as evidências mostram que alguns liberais continuaram a defender a insurreição popular para derrubar regimes repressivos em toda a Europa. A maioria dos liberais os denunciou como "ultraliberais", "exaltados" ou "extremistas" e se distanciou deles.

Quando a Revolução de Julho de 1830 estourou, havia liberais na Itália, Polônia e Alemanha que esperavam receber ajuda do governo francês para apoiar suas próprias revoluções. No entanto, apesar do intenso lobby de liberais como Lafayette, o novo governo francês pouco faria para perturbar o status quo europeu. Exceto na Bélgica, onde a França ajudou a estabelecer uma monarquia constitucional duradoura, o governo do *juste milieu* recusou-se a intervir, e os levantes na Itália, Polônia e Alemanha foram facilmente esmagados.

Alguns liberais passaram à clandestinidade, de onde continuaram a tramar insurreições. O revolucionário italiano Giuseppe Mazzini foi um deles. Nascido na República de Gênova em 1805, ingressou na sociedade maçônica secreta, os Carbonários, quando jovem. O principal objetivo dos Carbonários era derrubar regimes absolutistas em toda a Europa e substituí-los por regimes constitucionais. Em 1830, Mazzini e seus camaradas italianos esperavam a ajuda francesa nessa empreitada. Mas ela não veio. Em vez disso, Mazzini foi preso, encarcerado e forçado ao exílio. Acabou indo para Londres, onde continuou a tramar insurreições em coordenação com colegas em toda a Europa. Hoje proclamado como um pioneiro do "internacionalismo liberal"[18], em sua época, Mazzini era um tipo altamente incomum de liberal, cujas táticas insurrecionais e ideias democráticas foram rejeitadas pela maioria dos outros.

Liberais radicais como Mazzini não viam qualquer contradição entre defender os princípios liberais e encorajar a insurreição. Afinal, o liberalismo deve suas origens à Revolução Francesa. Os liberais da espécie de Mazzini consideravam todos os liberais como parte de uma família que lutava pela mesma causa e regularmente apelavam por ajuda aos governos estabelecidos. Em Londres, Mazzini fez amigos na comunidade liberal, onde era muito estimado. John Stuart Mill, que conheceu Mazzini em 1837, expressou grande admiração por ele e o elogiou como "um dos homens que mais respeito" e "um homem superior em todos os sentidos, entre todos os estrangeiros que conheci".[19] Na verdade, a admiração por Mazzini era generalizada entre os liberais britânicos e a população em geral. Lord Morley, colega ministerial e biógrafo de William Gladstone, chamou Mazzini de "um dos homens moralmente mais impressionantes que já conheci". Quando Morley estava na presença de Mazzini, ele mal conseguia resistir a "esse sentimento de grandeza".[20]

Mas essa admiração por Mazzini não significava que os liberais necessariamente aprovassem seus métodos ou todas as suas ideias. O apoio à insurreição era extremamente raro. Embora Mill expressasse respeito por ele, também alegou não gostar de "seu modo de trabalhar".[21] Na verdade, a maioria dos liberais rejeitou seu liberalismo "exagerado". Os liberais mais moderados continuaram a acreditar que a melhor maneira de avançar seria cooperar com os governos europeus existentes e pressioná-los por reformas graduais. Na Itália, alguns desses moderados depositaram suas esperanças em governantes como Carlos Alberto do Piemonte ou mesmo no Papa Pio IX, que foi eleito em 1846 e logo adquiriu a reputação de liberal. Certamente, a maioria dos liberais alemães queria se distanciar daqueles que planejavam insurreições. Já vimos que o professor liberal Wilhelm Krug, em seu *Historical Depiction of Liberalism* [*Descrição histórica do liberalismo*, em tradução livre], de 1823, ridicularizou os "poucos idiotas" que adotaram o que chamou, de forma exagerada, de liberalismo. O *Staats-Lexikon*, um autêntico compêndio de crenças liberais, também se posicionou firmemente contra os "ultraliberais" e, em vez disso, defendeu uma abordagem ponderada e gradual à reforma.[22] O próprio propósito da enciclopédia era fornecer ideias políticas "sãs", com as quais todos os liberais maduros e razoáveis pudessem concordar, afirmava seu prefácio. Seu objetivo certamente não era encorajar a insurreição ou a democracia política. Liberais alemães como Krug e os escritores do *Staats-Lexikon* se dedicaram a lutar contra o extremismo tanto da direita quanto da esquerda, tanto do absolutismo quanto do radicalismo.

A longa entrada sobre o liberalismo no *Staats-Lexikon* é reveladora. Escrito por Paul Pfizer, um político liberal, jornalista e filósofo de Württemberg, ela respondeu vigorosamente aos ataques vindos da direita. Afirmava que o liberalismo estava sendo contestado injustamente. Os liberais estavam sendo descritos como mesquinhos, doentes e loucos. Eles estavam sendo acusados de incitar à violência e ao governo das massas. Mas essa era uma representação grosseira dos fatos, insistiu Pfizer. Os verdadeiros liberais deploravam o radicalismo, a violência e o governo das massas. O que eles queriam, declarou o *Staats-Lexikon*, era simplesmente um movimento em direção a um governo constitucional e representativo. Defendiam a reforma e o progresso graduais e não desejavam avançar muito rapidamente. Os liberais lutavam por melhorias adequadas às circunstâncias históricas da Alemanha.

Como seus colegas na Itália, os alemães trabalharam em circunstâncias muito difíceis. Eles não tinham uma nação unida. Os principais estados alemães não tinham parlamentos e, onde existiam, seu poder era muito limitado. A população não tinha educação política e muitos privilégios feudais, militares e burocráticos permaneciam. Os decretos draconianos de Carlsbad foram renovados em 1832. O rei Frederico Guilherme IV da

Prússia, que ascendeu ao trono em 1840, condenou o liberalismo como uma doença e jurou não fazer qualquer concessão às demandas liberais, ou ao que chamou de formas "francesas" de governo. Em vez disso, ele desejava reviver noções medievais de monarquia divina.

Embora os redatores do *Staats-Lexikon* estivessem ansiosos para garantir aos críticos de direita que os liberais alemães não queriam uma revolução, também desejavam unir os liberais sob uma bandeira moderada. Embora fosse verdade que existiam alguns "ultraliberais" dispostos a cometer excessos, os verdadeiros liberais não eram revolucionários, disse Pfizer. E também era verdade que as revoluções eram provocadas com mais frequência pela resistência tola dos governos à mudança. Se os governantes quisessem evitar a revolução, deveriam abraçar as reformas liberais. Soando como Tocqueville e Krug, o *Staats-Lexikon* afirmava que o liberalismo era, de qualquer forma, incontrolável porque foi desejado pela providência.

A maioria dos liberais alemães tentou se distanciar da violência associada à Revolução Francesa. Em vez disso, muitos procuraram maneiras de identificar seu liberalismo com a Inglaterra e sua evolução política pacífica e gradual. Eles tentaram argumentar que a evolução política da Alemanha poderia e deveria se assemelhar à da Inglaterra. Para tanto, eles reviveram e utilizaram o mito anglo-saxão: a ideia de que a Inglaterra devia suas instituições políticas liberais às origens alemãs.

A ideia de que a forma de governo inglesa se devia às tribos dos "antigos saxões", que migraram para a Inglaterra no início da Idade Média, era uma lenda antiga, amplamente difundida no século XVIII e início do século XIX. O influente filósofo francês Montesquieu, que admirava muito a constituição da Inglaterra, buscou sua origem nas florestas da Alemanha, usando *Germânia*, de Tácito, para apoiar seus pontos de vista. Em seu *Da Alemanha*, Madame de Staël expressou admiração pelos traços de caráter e espírito de independência dos antigos alemães, com quem a constituição inglesa estava em dívida, segundo ela. Na própria Inglaterra, era uma crença comum que as instituições políticas do país nasceram na época dos saxões e deviam muito às primeiras tribos alemãs.

Assim, não era estranho que os liberais alemães do século XIX expressassem admiração pela constituição inglesa e pela maneira como ela supostamente incorporava as antigas instituições das antigas tribos saxônicas. "Grandes bandos de saxões" estavam "profundamente imbuídos de conceitos legais de liberdade" e os trouxeram para a Grã-Bretanha, onde foram incluídos na constituição inglesa, escreveu F. C. Dahlmann, um liberal de Schleswig-Holstein.[23] Para os liberais alemães, fazer campanha pelos princípios liberais de governo era inteiramente natural, uma vez que esses princípios tinham raízes profundas em sua própria história. Pelo menos é nisso que os liberais alemães queriam que seus colegas alemães acreditassem.

Liberais Enfrentam a "Questão Social"

Relacionado aos temores liberais da democracia e da revolução, havia ansiedades sobre a chamada "questão social". Aqui, novamente, os franceses assumiram a liderança. Durante as décadas de 1830 e 1840, Paris tornou-se um local de encontro de radicais e revolucionários, e onde ocorreu parte do pensamento socialista mais avançado da Europa. Não foi à toa que Karl Marx fez dela sua casa em 1843, até ser expulso pelo governo de Guizot, em 1845. Em Paris, Marx mergulhou no pensamento mais radical da época.

A importância da Monarquia de Julho para a história do socialismo foi observada pelo professor liberal Lorenz von Stein em seu livro amplamente lido, *Socialism and Communism in Contemporary France* [*Socialismo e Comunismo na França Contemporânea*, em tradução livre], publicado em 1842. Nascido em Schleswig-Holstein, von Stein tornou-se um dos acadêmicos mais influentes no novo campo da sociologia e recebeu o crédito por introduzir o termo "movimento social" no debate acadêmico. Residente em Paris de 1841 a 1842, ele foi claramente influenciado pelas discussões políticas que ocorriam na cidade.

A Revolução de 1830 foi um grande divisor de águas na história da humanidade, escreveu von Stein. Ela destruiu para sempre a ideia do direito divino dos reis. Isso, por si só, foi um grande passo à frente. Entretanto, o problema era que o egoísmo e a miopia dos liberais levados ao poder pela revolução estavam dando origem a uma classe trabalhadora autoconsciente, politizada e irada. Se os liberais não implementassem sérias reformas, deveriam esperar outra revolução.

O governo da França não deu ouvidos a esses avisos. Ele fez muito pouco para aliviar a angústia dos trabalhadores franceses, cuja condição só piorou depois de 1789. A revolução destruiu as guildas que tradicionalmente os protegiam e proibiu quaisquer novas formas de organização dos trabalhadores que pudessem permitir que negociassem coletivamente com seus empregadores. O Código Penal de Napoleão de 1810 impôs pesadas multas por violações desta regra e instituiu um novo sistema de passaportes — os livretos — que permitia às autoridades monitorar os movimentos dos trabalhadores. Por volta de 1827 a 1832, uma depressão fez com que os preços dos alimentos disparassem, enquanto uma epidemia de cólera atingia Paris. O crescimento da população urbana nessas condições contribuiu para uma situação miserável para os trabalhadores. Pobreza extrema, desemprego e doenças eram generalizados.

Durante os anos que antecederam a Revolução de Julho, os trabalhadores se identificavam com a causa liberal. Eles haviam construído e guarnecido as barricadas durante os Três Dias Gloriosos. Tendo prestado um apoio tão crucial, esperavam a ajuda dos liberais quando a revolução acabasse. Logo após a instalação do novo regime, começaram a realizar manifestações pacíficas e enviar representantes ao governo. Reivindicavam dias de trabalho mais curtos, salários mais altos e a proibição do novo maquinário, que estava ameaçando seus meios de subsistência.

Uma vez no poder, no entanto, os liberais pouco fizeram para atender às necessidades dos trabalhadores. Exacerbaram os fatos ao falar sobre eles de maneira condescendente e até desdenhosa. Alguns jornais liberais chamaram os trabalhadores de "bárbaros" e "selvagens" ou os acusaram de se comportarem como crianças. Eles ouviram sermões sobre as "leis da economia". As relações entre capital e trabalho "se resolvem no curso normal dos acontecimentos", explicou Guizot. Qualquer tentativa de intervir na liberdade da indústria seria ineficaz ou mesmo prejudicial.[24]

Alguns liberais disseram que os programas do governo para ajudar os pobres geravam preguiça. Aumentar os salários ou reformar as condições de trabalho não melhoraria nada, apenas inibiria o desenvolvimento dos valores e hábitos que os trabalhadores precisavam adquirir. Costumava-se dizer que os trabalhadores eram indolentes e degenerados; que gastavam seu dinheiro com álcool e prostitutas, em vez de com suas casas e famílias. Portanto, a intervenção do Estado deveria ser evitada tanto quanto possível. Isso simplesmente agravaria a situação e também encorajaria os trabalhadores a pensar que poderiam exigir ajuda como um direito.

Entretanto, a verdade é que os liberais no poder intervieram na economia, mas o fizeram seletivamente e de forma a favorecer a si próprios e sua classe. Eles apoiaram empregadores contra trabalhadores, enviando repetidamente tropas para suprimir greves e manifestações. Impuseram censura a seus críticos e perseguiram e exilaram adversários políticos. Impuseram impostos que atingiram os pobres de forma desproporcional e mantiveram um regime de altas tarifas que favorecia os ricos produtores e proprietários de terras. A única lei nominalmente social aprovada pela Monarquia de Julho foi uma proibição, em 1841, sobre o trabalho de crianças com menos de oito anos de idade e o emprego de crianças com menos de treze para trabalho noturno. A lei, entretanto, era desrespeitada rotineiramente.

Apesar de ilegais, as greves ocorreram com frequência durante a Monarquia de Julho. Uma dessas greves foi a dos tecelões de seda de Lyon, em 1831. Desesperados com a redução de seus salários, eles protestaram. Misturaram reivindicações econômicas com políticas e entoaram slogans republicanos modificados, provocando retaliações violentas. O governo enviou um exército para restaurar a ordem. Em 1834, houve outra greve em Lyon. Desta vez, o confronto se agravou. Quase trezentas pessoas foram mortas em dois dias de conflito. Centenas de líderes foram julgados, condenados e exilados.

Sentindo-se insultados e traídos por seu governo liberal e proibidos por lei de se associar, os trabalhadores começaram a se reunir em segredo. Eles fundaram seus próprios jornais. Nos anos de 1839 e 1840, também apareceram vários tratados socialistas, incluindo a *Organização do Trabalho*, de Louis Blanc, *De l'humanité*, de Pierre Leroux, *O que é a Propriedade? Pesquisa sobre o Princípio do Direito e do Governo*, de Pierre-Joseph Proudhon e *Viagem à Icária*, de Etienne Cabet. Estas foram algumas das obras que Karl Marx leu enquanto esteve em Paris.

Foi nesse contexto que a palavra "socialista" foi introduzida e difundida. Originalmente, o termo descrevia qualquer pessoa que simpatizasse com a situação dos trabalhadores pobres. O marxismo ainda estava distante e, na época, não havia contradição necessária entre ser liberal e ser socialista. A palavra parece ter vindo da Inglaterra, onde foi associada ao rico industrial e reformador Robert Owen. Já em 1815, Owen estava escrevendo sobre um novo "sistema social" que esperava substituir o sistema atual que estava causando tantas dificuldades para os pobres.

Owen tinha certeza de que suas ideias socialistas eram "verdadeiramente liberais", uma vez que eram generosas, sensatas e planejadas para promover o bem comum. Ele esperava convencer os homens de "hábitos de pensamento liberais e ampliados"[25] a abraçar suas ideias socialistas. Seus seguidores se dirigiam de forma semelhante a "pessoas de mentalidade liberal de diferentes classes e partidos" e consideravam completamente natural e lógico ser liberal e socialista, no sentido de simpatizar com os trabalhadores e querer ajudá-los.[26]

Mas a Monarquia de Julho mudou tudo isso. De todos os lados, vieram acusações de que os liberais eram incorrigivelmente egoístas. Eles se preocupavam apenas com sua própria classe e nem um pouco com os pobres. Eram bons em fazer discursos sobre direitos iguais, liberdade e reforma, mas, na verdade, estavam apenas fazendo "jogos de palavras".

Os liberais eram desprovidos de qualquer generosidade, coração ou sentimento.[27] As políticas que defendiam, escreveu um crítico, eram liberais apenas na aparência, mas "assassinas" na realidade.[28] Um pequeno grupo de pessoas ricas estava ficando mais rico, enquanto, para os demais, a vida era "um inferno social".[29] Alguns começaram a dizer que os liberais haviam cumprido seu propósito: derrubaram o Antigo Regime, mas não ofereceram qualquer solução para os problemas que agora afligem a França.

Logo Friedrich Engels, amigo próximo e associado de Karl Marx, expandiu a crítica de von Stein ao liberalismo. Em um ensaio para o *Deutsch-Französische Jahrbücher* publicado em 1844, Engels denunciou a "falsa filantropia" e a "falsa humanidade" do liberalismo, chamando-a de hipocrisia flagrante.[30] Em 1845, ele publicou *A Situação da Classe Trabalhadora na Inglaterra*, com base em sua própria pesquisa em Manchester. Não eram apenas os liberais franceses que eram uma abominação, mas também os liberais ingleses, afirmou ele. Eles eram tacanhos, míopes e egoístas. Graças a eles, os trabalhadores estavam sendo tratados como brutos e, de certa forma, encontravam-se em situação pior que a de escravos. O sistema liberal de governo justificou uma guerra de um contra todos, da qual apenas os liberais se beneficiavam.

O que estava acontecendo na Inglaterra e na França, previu Engels, em breve afetaria a Alemanha, uma vez que seus sistemas sociais eram essencialmente os mesmos. Três anos depois, Engels foi coautor de Marx em seu famoso *Manifesto Comunista*, no qual alertava sobre uma revolução que se aproximava. Suas primeiras linhas denunciavam o ministro liberal francês François Guizot, que então se tornara o próprio símbolo do liberalismo que Marx e Engels desejavam derrubar. O Manifesto foi publicado em Londres na véspera das Revoluções de 1848.

Laissez-Faire e Liberalismo

A partir dessa crítica socialista do liberalismo, seria errado concluir que todos os pensadores liberais de meados do século XIX acreditavam no *laissez-faire* ou que os governos liberais buscavam políticas estritamente voltadas para ele. Os liberais em toda a Europa e no mundo atlântico estavam divididos sobre a melhor maneira de fazer a economia crescer e reparar o "pauperismo", uma nova palavra importante da Inglaterra à época.[31] Simplesmente não existia uma posição liberal unificada sobre economia.

Alguns liberais acreditavam que a melhor maneira de ajudar os trabalhadores era baixar o preço do pão. Na Grã-Bretanha, durante os anos de 1930 e 1940, esses liberais fizeram campanha pela abolição das chamadas Leis do Milho, impostos sobre os grãos estabelecidos no final das Guerras Napoleônicas. As leis proibiam o trigo estrangeiro até que o preço do trigo doméstico atingisse um certo nível. Como as Leis do Milho francesas, aprovadas na mesma época, elas eram vistas beneficiando principalmente a elite aristocrática e proprietária de terras, enquanto causavam sofrimento aos pobres.

Os livre-cambistas franceses ficaram irritados quando o novo governo fez apenas escassos esforços para reduzir as tarifas. Eles acusaram o "chamado partido liberal" de agir de forma contraditória e fizeram todo o possível para fazê-lo mudar sua política.[32] Fundaram a Sociedade de Economia Política, em 1841, e lançaram o *Journal économique*, que exigia incansavelmente "uma legislação verdadeiramente liberal", particularmente um "sistema de comércio mais liberal".[33] O próprio fato de que eles discutiram sobre o que significava "legislação verdadeiramente liberal" é uma indicação clara das profundas divisões que existiam dentro do campo liberal.

O porta-voz mais articulado dos comerciantes franceses foi Frédéric Bastiat. Hoje, Bastiat é reverenciado pelos libertários americanos por sua forte defesa do que eles chamam de "liberalismo clássico". Entretanto, na época, ele representava um ponto de vista minoritário, e teve pouco ou nenhum sucesso em convencer os governos liberais a implementar suas ideias. E, claro, não se via como o fundador, ou mesmo defensor, do liberalismo clássico, que não existia.

Nascido no sul da França em uma proeminente família de negociantes, Bastiat tornou-se politicamente ativo após a Revolução de 1830. Estreou como economista em 1844, quando seu primeiro artigo foi publicado no *Journal économique*. Depois disso, tornou-se o defensor mais famoso e certamente mais entusiasta do *laissez-faire* na Europa. Entre suas obras mais conhecidas está *Economic Sophisms* [*Sofismas Econômicos*, em tradução livre], publicado em 1846, que contém uma parábola satírica conhecida como a "petição dos fabricantes de velas": os fabricantes de velas fazem lobby com seu governo para bloquear o sol e evitar a concorrência desleal com seus produtos.

Bastiat politizou-se quando, no início da década de 1840, conheceu a Liga da Lei Anti-Milho Britânica. Em 1838, vários comerciantes em Manchester se uniram para formar esse grupo de livre-cambistas. Eles lançaram uma vigorosa campanha publicitária para educar os eleitores sobre os benefícios da atividade. Muitos alegaram ser discípulos de Adam Smith. Defendiam a criação de "sociedades smithianas" em toda a

Inglaterra e frequentemente citavam seções dos livros de Smith que apoiavam sua causa. Tinham esperança de que suas sociedades contribuíssem "para a disseminação de visões liberais e justas da ciência política".[34] Graças às suas iniciativas e propaganda, a mensagem de Adam Smith foi amplamente divulgada, mas também truncada e distorcida. Ele foi transformado em defensor extremo do *laissez-faire*, como se não tivesse dito nada além disso, o que, como sabemos, está longe de ser verdade. Bastiat visitou a Inglaterra e foi bem recebido pela Liga da Lei Anti-Milho. Após seu retorno à França, publicou seu primeiro livro, *Cobden and the League* [*Cobden e a Liga*, em tradução livre], e se tornou o divulgador mais enérgico das políticas de comércio liberal do país. Mais publicações se seguiram. Em 1846, formou a Associação Nacional de Mercados Livres, que tinha entre seus membros Horace Say, filho de Jean-Baptiste, e Charles Dunoyer. Bastiat percorreu o país falando sobre os benefícios do *laissez-faire*.

No fim, os livre-cambistas não tiveram sucesso. Os políticos liberais recusaram-se a ouvir os economistas políticos liberais. Eles discordavam sobre o que constitui uma política econômica liberal. Adolphe Thiers, ministro do Comércio, ridicularizou as ideias "ditas liberais" de Bastiat.[35] "A liberdade de comércio" era "uma teoria que deveria permanecer nos livros, onde é seu lugar; a política deve ser determinada por referência aos fatos", disse Thiers.[36] Ser protecionista ou não deveria depender das circunstâncias e não de teorias abstratas de pouca relevância no mundo real, disse ele. Muitos liberais franceses concordaram. Um de seus argumentos era que a Inglaterra tinha vantagens econômicas que a França não poderia copiar. Permitir que a indústria francesa competisse com a inglesa sem a proteção de tarifas levaria ao seu colapso e ao desemprego em massa. As ideias "ditas liberais" dos livre-cambistas prejudicariam, ao invés de ajudar, os trabalhadores franceses.

Sem se deixar abater por esse raciocínio, os livre-cambistas franceses tornaram-se mais doutrinários. Dunoyer se opôs ao envolvimento do governo na educação, nas obras públicas, na entrega de correspondência e até mesmo na regulamentação do trabalho infantil. O único papel legítimo do estado, disse ele, era fornecer segurança interna e externa. Bastiat era apenas um pouco menos extremo. Ao concorrer às eleições, explicou o que a palavra "liberal" significava para ele: lutar para manter o governo dentro dos limites mais estreitos de suas funções.[37] A melhor política era a que seguia mais rigidamente o *laissez-faire*.

Críticos cada vez mais se autodenominando socialistas agora se juntaram aos conservadores na denúncia dos liberais por seu "liberalismo", um termo que ambos os lados usavam como sinônimo de *laissez-faire*. O socialista Louis Blanc, por exemplo, denunciou as "doutrinas estreitas e anárquicas do liberalismo, o catecismo do *laissez-faire*".[38] Antecipando Marx, ele chamou o liberalismo de um mero reflexo do poder político da burguesia.[39] Referia-se às políticas econômicas fatalistas que levaram ao pauperismo. Dizia-se que a responsabilidade pelo pauperismo recai sobre os discípulos franceses de Adam Smith, para quem os interesses individuais governam o mundo.

Na véspera da Revolução de 1848, o liberalismo estava sendo atacado pela esquerda e direita por algumas das mesmas razões: era uma doutrina egoísta, imoral e anárquica, que estava dissolvendo o tecido social apenas para encher os bolsos de alguns poucos favorecidos. Essa pode ser a razão pela qual os próprios liberais usavam a palavra "liberalismo" com tanta moderação. Ela carregava conotações muito ruins.

As Muitas Funções Necessárias do Governo

Os socialistas não foram corretos nem justos quando atacaram os liberais por defenderem o *laissez-faire* e não se importarem com os trabalhadores. Os liberais europeus estavam divididos na questão do *laissez-faire*. Poucos eram doutrinários sobre o assunto. Enquanto os socialistas e reacionários tendiam a amontoá-los e acusá-los de "liberalismo", os próprios liberais discordavam sobre o que o verdadeiro liberalismo implicava. Dados os graves problemas causados pela industrialização e urbanização, que se tornaram cada vez mais visíveis durante a Monarquia de Julho, um número crescente de liberais começou a dizer que o governo precisava intervir. Na verdade, há várias evidências de que os liberais na França, Inglaterra e Alemanha não viam contradição em ser liberais e favorecer qualquer tipo de intervenção governamental. A ideia de que o século XIX foi o apogeu do *laissez-faire* é uma simplificação e distorção da história.

Veja, por exemplo, Tocqueville. Ele lutou com a questão da intervenção do governo e não foi totalmente consistente sobre o assunto. Seus livros sobre economia política são um tanto vagos e até contraditórios. Pouco depois de começar a escrever *Da Democracia na América*, visitou a Inglaterra, onde teve oportunidade de observar os bairros da classe trabalhadora de Manchester. Chocado com o grande número de pessoas empobrecidas, escreveu o *Ensaio sobre a Pobreza*. Como muitos outros liberais, Tocqueville temia que as consequências não intencionais de programas como o *Poor Laws* [sistema de ajuda social na Inglaterra e Gales] minassem a motivação para trabalhar e encorajassem o ócio, o que, por sua vez, geraria crime e imoralidade. Ele condenou o que chamou de "caridade legal", ou seja, programas de assistência pública patrocinados pelo estado. Mas também aceitou a ideia de que alguns programas de assistência pública, por exemplo, para idosos, loucos e doentes, eram necessários.

Alguns anos depois, no segundo volume de *Da Democracia na América* (1840), Tocqueville apelou a uma maior intervenção do Estado para ajudar os pobres. A caridade privada não era suficiente, ele agora declarava; a "caridade pública" era necessária. Ele se preocupava com o surgimento de uma "aristocracia industrial". Os proprietários de fábricas estavam ficando cada vez mais ricos, poderosos e arrogantes, enquanto os trabalhadores ficavam cada vez mais desmoralizados e desumanizados. "Este homem se parece cada vez mais com o administrador de um vasto império, esse homem é um bruto", escreveu. Por causa dos dolorosos efeitos da industrialização e da divisão do trabalho, Tocqueville concluiu que os trabalhadores necessitavam de "consideração especial do legislador". O governo precisava abordar problemas endêmicos, como "o desamparo da infância, a decrepitude da velhice, doença e insanidade", e deveria fornecer ajuda "em tempos de calamidades públicas". "É necessário e desejável que o poder central que dirige um povo democrático seja ativo e poderoso. Não se trata de torná-lo fraco ou indolente, mas apenas de evitar que abuse de sua agilidade e força", disse Tocqueville.[40]

Na Grã-Bretanha, os reformadores parlamentares tinham diversos pontos de vista sobre o *laissez-faire* e a intervenção governamental. Eles também entravam em contradição, defendendo um tipo de intervenção em um dia e outro no dia seguinte. E quando certas circunstâncias surgiram — por exemplo, quando se convenceram de que a crise econômica em algum lugar do país havia se tornado importante demais para ser ignorada e o governo local era incapaz ou não estava disposto a remediar a situação — eles frequentemente apelavam ao Parlamento para intervir.

Isso ajuda a explicar por que os estudiosos têm dificuldade em categorizar Mill. Alguns o chamam de liberal, outros, de socialista. Porém, na verdade, seu pensamento sobre a questão da intervenção não era muito diferente do que defendiam os liberais contemporâneos. Ele fornece um exemplo perfeito do liberalismo pragmático, não ideológico e não doutrinário que dominou o século XIX. Em meados desse século, era possível para um liberal ser socialista. Na época em que Mill publicou *Princípios de Economia Política*, ele havia adquirido considerável renome como filósofo. Seu livro *Sistema de Lógica Dedutiva e Indutiva*, de 1843, foi reconhecido como uma obra de grande importância. *Princípios de Economia Política* foi igualmente influente, se não mais. A primeira edição foi publicada em abril de 1848 e esgotou-se em um ano, levando a uma segunda edição, em 1849, e depois a mais cinco, quando se tornou um texto consagrado nas universidades norte-americanas e britânicas. Em 1865, foi publicada uma edição popular acessível, que vendeu mais de dez mil cópias.[41] Para Mill, havia muitas funções necessárias do governo. Embora defendesse a "prática geral" de *laissez-faire*, ele também reconheceu que as exceções eram frequentemente exigidas para "algum grande bem" e o "interesse público". Por exemplo, o governo deve participar da proteção dos menos capazes, Deve instituir regulamentos para a conservação de florestas e água, bem como "todas as outras riquezas naturais, acima e abaixo da superfície". O governo também pode assumir legitimamente funções como a cunhagem de dinheiro, a padronização de pesos e medidas, a construção ou melhoria de portos e a construção de faróis. Deve providenciar educação pública obrigatória. Exemplos de tais funções governamentais necessárias "podem ser multiplicados indefinidamente", observou Mill.[42]

As críticas liberais de *Edimburg* e *Westminster Reviews* encorajavam seus leitores a confiar no mercado, mas também aprovaram os novos regulamentos econômicos, porém ficaram mais tolerantes com o tempo. John McCulloch, um importante economista político que escreveu para o *Westminster Review*, defendeu não apenas leis para proteger o trabalho infantil, mas também o auxílio obrigatório aos pobres, programas de reforma agrária patrocinados pelo governo e educação pública.[43] "A liberdade não é o objetivo do governo: o avanço da prosperidade e felicidade públicas são seus objetivos, e a liberdade é valiosa apenas na medida em que contribui para realizá-los", escreveu ele.[44] O *Westminster Review* publicou artigos sobre reforma policial, legislação fabril, condições de mineração, auxílio escolar e regulamentação de asilos, nos quais descrevia o governo como um instrumento de benevolência. Como explicou o *Times*, a legislatura não só tinha o poder, mas era obrigada a interferir nos direitos dos indivíduos, quando "a vantagem geral da comunidade assim o exigir".[45] Tal pensamento persuadiu muitos membros do Parlamento a votarem a favor da ação governamental repetidas vezes. Exatamente como e quando o governo deveria intervir era decidido de forma *ad hoc* e pragmática.

Na América, o principal defensor do *laissez-faire* foi o editorialista William Leggett, cuja fé no mercado desenfreado era certamente extrema. O interesse da comunidade, escreveu ele, sempre foi melhor atendido pela confiança na "ordem simples da natureza". A política mais eficaz a ser seguida pelos governos era obedecer à "máxima do *laissez-nous faire*", em outras palavras, permitir a livre concorrência entre os indivíduos e reduzir ao máximo a intervenção governamental.[46]

Entretanto, como em outros lugares, tais ideias foram contestadas por outros escritores influentes. Francis Lieber, editor da *Encyclopedia Americana* e respeitado professor de economia política, acreditava tanto nas ideias de Bastiat a ponto de traduzi-las para o inglês. Mas ele parecia não ver nenhuma contradição em afirmar também que um estado forte era "essencial para o pleno desenvolvimento das faculdades do homem" e que seu propósito era buscar "os fins mais elevados do homem e da sociedade".[47] "De modo geral" o objetivo do estado era "ajudar a sociedade a obter o mais alto grau de civilização ou o maior desenvolvimento possível do homem pela remoção de obstáculos e auxílio direto", escreveu Lieber.[48]

Tudo isso mostra, mais uma vez, que o "liberalismo clássico" não reinou supremo durante o século XIX. Na verdade, o conceito que desempenha tal papel nas discussões de hoje sobre o liberalismo nunca existiu nesse período. Os liberais defendiam uma variedade de ideias econômicas, muitas vezes inconsistentes, e eles próprios quase nunca usavam o termo "liberalismo" para designá-las.

Talvez seja útil saber esse fato ao se considerar o liberalismo alemão. Hoje, a Alemanha é frequentemente tratada como estranha à tradição liberal, e isso tem muito a ver com o estatismo percebido pelo liberalismo alemão. Mas o fato é que os liberais alemães eram muito parecidos com seus colegas em outras partes da Europa; eles estavam divididos sobre a questão da política econômica e intervenção governamental. Poderiam defender o *laissez-faire* em alguns casos e em outros, não. Havia livre-cambistas entre eles, bem como defensores da proteção. A maioria acreditava que a política econômica deveria se relacionar a circunstâncias especiais e ser adaptada a situações específicas.

Como os liberais de outros lugares, os alemães se preocupavam com a "questão social". Também na Alemanha os defensores de um *laissez-faire* rígido constituíam uma minoria distinta. Os liberais alemães sabiam das condições deploráveis dos trabalhadores na Inglaterra e que elas estavam chegando à França. Na década de 1830, os efeitos da industrialização também estavam se tornando visíveis na Alemanha, e muitos começaram a se alarmar com uma crise doméstica de pauperismo. Este foi o contexto para *Socialism and Comunism in Contemporary France* [Socialismo e Comunismo na França Contemporânea, em tradução livre], de von Stein, que pretendia ser uma advertência aos liberais alemães.

John Prince Smith foi um porta-voz do *laissez-faire*, um prussiano naturalizado nascido de pais ingleses. Smith mudou-se para a Prússia oriental em 1831 e se tornou a figura principal do movimento de livre comércio alemão. Ele era um grande fã de Bastiat e queria estabelecer um movimento semelhante à Liga da Lei Anti-Milho na Alemanha. Muito de seu trabalho visava convencer os liberais alemães da conveniência do livre comércio. Outros defensores ferrenhos do *laissez-faire* incluem Karl Heinrich Rau e David Hansemann.

Mas a maioria dos liberais alemães rejeitou as ideias extremas do *laissez-faire*. Eles usaram os termos zombeteiros "Smithianismo", "Manchesterismo" e "pseudossistema de liberdade" para designar o que hoje chamamos de economia do *laissez-faire*.[49] O liberal Friedrich List, que passou algum tempo em Paris em 1830-31 e foi um dos fundadores do *Staats-Lexikon*, acusou o *laissez-faire* e a economia do livre comércio de serem nada mais do que "Individualismo", isto é, egoísmo. Ele sacrificava o bem-estar da comunidade nacional pela obtenção individual de riqueza.[50]

Os redatores do *Staats-Lexikon* expressavam pontos de vista diversos e muitas vezes vagos ou mesmo contraditórios. Robert von Mohl, professor de economia política, escreveu que "o *laissez-faire, laissez-passer* não deve ser mal interpretado. Pois uma coisa é interferir no lugar errado, outra é oferecer ajuda onde é necessário".[51] As limitações à liberdade eram perfeitamente aceitáveis quando eram "para o propósito superior de toda a comunidade". Von Mohl escreveu uma longa lista de intervenções governamentais aceitáveis — escolas para treinamento de trabalhadores, seguros, empréstimos a juros baixos, bancos de poupança patrocinados pelo governo e associações benevolentes. Ele recomendou que o governo proibisse o trabalho infantil e as horas de trabalho excessivamente longas e sugeriu a criação legítima de salários-mínimos pelo estado.[52]

Os liberais alemães consideravam os direitos de propriedade sagrados ou inalienáveis. O artigo de Karl Rotteck sobre "Propriedade" defendeu os direitos de propriedade, mas também desaprovou a "liberdade ilimitada de empreendimento", que equiparou a uma "guerra de todos contra todo mundo". Como outros liberais alemães, Rotteck se opôs ao acúmulo de riqueza nas mãos da "repulsiva aristocracia do dinheiro". Ele defendeu leis para regular o comércio e a indústria, e acreditava que o estado tinha a obrigação de ajudar os pobres.[53]

Em outras palavras, a grande maioria dos liberais do século XIX, fossem eles britânicos, franceses ou alemães, não eram tão adversos à intervenção governamental, tampouco defendiam direitos de propriedade absolutos. E, certamente, não acreditavam que indivíduos que buscavam seus próprios interesses criariam espontaneamente uma distribuição saudável de riqueza ou harmonia social. Eles denunciavam o egoísmo e o individualismo em todas as oportunidades. A minoria de liberais que defendia os princípios rígidos do *laissez-faire* foi severamente criticada pelos demais.

Liberais nas Colônias

Alguns liberais acreditavam que a aquisição de colônias poderia ajudar a resolver a questão social. Sua posição sobre o colonialismo, entretanto, é mais complicada do que pode parecer à primeira vista. Uma análise rápida das atitudes dos liberais na Grã-Bretanha e na França, os dois principais colonizadores em meados do século XIX, mostra isso — os liberais poderiam tanto ser a favor quanto contra a aquisição de colônias.

Os liberais franceses externaram intensos protestos quando, na véspera da Revolução de 1830, Carlos X invadiu a Argélia no que parecia um movimento deliberado para obter o favor do público. Eles igualaram as colônias aos governos aristocráticos e autocráticos. O deputado liberal Amédée Desjobert, discípulo de Jean-Baptiste Say, denunciou o domínio francês na África desde o início. Na Câmara dos Deputados, afirmou repetidas vezes que era moralmente abominável e fundamentalmente incompatível com os princípios políticos liberais. Frédéric Bastiat também foi um crítico ferrenho do colonialismo, chamando-o de "revoltante". Henri Fonfrède, outro importante publicista liberal, chamou a colonização do território argelino de "vergonhosa". Os franceses não estavam civilizando, disse; eles estavam exterminando.[54]

Tal pensamento alinhou os críticos franceses do colonialismo aos livre-cambistas britânicos como Richard Cobden e John Bright, líderes da Liga da Lei Anti-Milho. Eles também denunciaram um império baseado em conquistas violentas, que atendiam aos interesses de apenas uma pequena minoria da população. Nas famosas palavras de Bright, o império era "um gigantesco sistema de alívio externo para a aristocracia". Da mesma forma, de acordo com um escritor do *Westminster Review*, o colonialismo era "parte integrante da trama geral pela qual a aristocracia da Inglaterra deve ser sustentada pela comunalidade".[55] Como que para confirmar esse ponto de vista liberal, os conservadores Tory entenderam o ataque às colônias britânicas como uma tentativa de "provocar uma revolução social".[56] O liberalismo foi um "amplo movimento democrático", um ataque à constituição e uma tentativa de destruir a aristocracia.[57] Mas os liberais também exibiam muita inconsistência e hipocrisia na questão das colônias. Depois de denunciar com firmeza a tomada da Argélia por Carlos X, vários mudaram de ideia quando chegaram ao poder. Muitos até aprovaram a conquista argelina depois que ela encontrou feroz resistência local e envolveu a matança de civis inocentes, a expropriação de propriedades e a queima de fazendas e silos. Alguns menosprezaram publicamente a brutalidade como "uma infeliz necessidade".[58]

Um desses liberais foi Alexis de Tocqueville.

Os liberais justificavam a posse de colônias de várias maneiras, com alegações diferentes das dos conservadores e ultramonarquistas. Os liberais também falavam da honra e da glória da França; mas a França que afirmavam estar honrando era diferente. Para eles, as colônias não mais melhoravam o status da monarquia e da aristocracia, mas sim a vida da classe média e mais pobre. Pelo menos foi o que disseram.

Alguns argumentavam que a Argélia ampliaria o mercado para produtos manufaturados franceses e as fontes de matérias-primas, o que ajudaria a indústria. Seria uma saída para os pobres e desempregados urbanos da França, diminuindo a ameaça que representavam à ordem pública no país. Tocqueville e outros liberais acreditavam que a aquisição de colônias poderia servir como um antídoto para a degeneração moral e física que imaginavam ocorrer na França sob a Monarquia de Julho. Eles argumentavam que, para sobreviver e prosperar nas colônias, era necessário ser diligente e a cultura do trabalho árduo transformaria os franceses em cidadãos fortes, patriotas e cumpridores da lei. Alguns liberais também falaram da "missão civilizadora" da França, uma frase que apareceu pela primeira vez nos dicionários franceses por volta de 1840, com referência específica à colonização da Argélia.[59]

No final dos anos 1930 e 1940, muitos britânicos passaram a acreditar que a melhor maneira de manter a posição de liderança da Grã-Bretanha no mundo não era por meio da conquista e da exploração, mas com um novo tipo de império baseado no livre comércio. Eles argumentavam que, por causa da predominância industrial da Inglaterra, sua economia não seria prejudicada se desistisse de suas colônias; pelo contrário, permitiria à Grã-Bretanha obter um monopólio industrial eficaz e mantê-lo de forma mais barata. Joseph Hume, um membro liberal do Parlamento, argumentou que não havia problema em conceder independência às colônias da Grã-Bretanha, uma vez que o livre comércio "tornaria todo o mundo dependente de nós", de qualquer forma.[60] Ouvindo tais argumentos, o economista alemão Friedrich List chamou o livre comércio de estratégia neomercantilista para o domínio britânico do mundo.

Outros liberais britânicos alegaram que a Grã-Bretanha precisava de um "império formal" e "informal" de livre comércio assim como "colônias de povoamento". Muitos foram conquistados pelas ideias do teórico colonial Edward Gibbon Wakefield. Wakefield argumentou que as economias de estados comerciais avançados como a Inglaterra estavam em constante perigo de estagnação e declínio. Eles tendiam à superpopulação, superprodução e capital excedente. Portanto, precisavam de novas terras para suas populações, mercados para seus bens e um novo território para investir. Somente por meio de colônias de povoamento (como Austrália, Nova Zelândia e Canadá), uma Grã-Bretanha industrial continuaria crescendo e evitaria a agitação social.

As ideias de Wakefield repercutiram amplamente entre os liberais britânicos. John Stuart Mill se considerava seu discípulo e prestou-lhe uma homenagem em *Princípios de Economia Política*. Se um décimo dos trabalhadores e do capital da Grã-Bretanha fosse transferido para as colônias, disse Mill, os salários e os lucros se beneficiariam.[61]

Muitos liberais franceses também apoiavam esse novo tipo de império. Em 1814, Say já tinha tido a satisfação de prever que "o antigo sistema colonial se desintegrará em todos os lugares".⁶² Mas isso não significava que ele havia rejeitado totalmente o colonialismo. Em vez disso, Say defendeu o que ele e outros chamaram de "verdadeira colonização"⁶³ com base nas colônias de povoamento. Ele parecia achar que esse novo e "verdadeiro" tipo de colonização não exigiria conquista, mas seria efetivado por meio de seu esclarecimento superior. Por causa de seu grande gênio empreendedor, os europeus estavam destinados a governar o mundo, escreveu.

A maioria dos liberais europeus acreditava que tinha o direito de subjugar as populações "atrasadas", que "ainda eram bárbaras". No entanto, como Mill explicou, isso não lhes dava licença para fazer o que quisessem com elas ou para buscar o engrandecimento ilimitado às suas custas. O domínio sobre outro povo, escreveu Mill, era "um modo legítimo de governo ao lidar com os bárbaros, desde que o objetivo seja seu aprimoramento e os meios justificados ao de fato atingi-lo".⁶⁴ Além disso, para Mill, o objetivo do domínio colonial era o autogoverno dos nativos. Ele seria justificado se fosse um empreendimento educativo destinado a criar sociedades autônomas em todos os lugares, ponto em que não haveria mais necessidade de poderes imperiais.

A Batalha Liberal Contra a Religião

Embora o socialismo e as reivindicações por uma democracia fossem uma ameaça crescente, os liberais de meados do século XIX continuaram a temer as forças reacionárias da direita. Na França, a ameaça da contrarrevolução permaneceu muito real e, como sempre, os inimigos de direita do liberalismo tiveram a ajuda crucial das igrejas tradicionais, fossem católicas ou protestantes. O período delimitado pelas Revoluções de 1830 e 1848 foi, portanto, de reflexão profunda sobre a relação tensa, e muitas vezes hostil, entre liberalismo e religião. Um número crescente de liberais rejeitou a ideia de que as religiões tradicionais, católicas, protestantes ou judaicas, seriam compatíveis com os princípios políticos liberais.

LIBERALISMO E A IGREJA CATÓLICA

Os últimos anos da Restauração Francesa testemunharam um estreitamento da aliança entre o Trono e o Altar. Uma Assembleia ultramonarquista aprovou leis regressivas que provocaram profundo ressentimento nos liberais. Uma delas foi uma medida que indenizou ex-emigrados por propriedades perdidas durante a revolução. Dois projetos de lei legalizaram ordens religiosas que haviam sido proibidas durante a revolução e criminalizaram os "sacrílegos" religiosos, definidos de forma muito vaga.

Essas leis regressivas foram muito impopulares entre o público e desencadearam uma forte reação adversa. Espalharam-se rumores de uma conspiração liderada por padres com a intenção de estabelecer a teocracia. Aproveitando esses temores, os liberais lançaram uma grande ofensiva de propaganda. Eles inundaram o país com panfletos políticos, caricaturas, canções, livros baratos e tratados anticlericais para difamar e desacreditar a Igreja. Foram divulgadas edições baratas das obras anticlericais de Voltaire e cópias da Constituição Civil do Clero. O *Courrier Français* fez uma advertência típica ao qualificar o clero católico de "inimigo das constituições liberais, das garantias sociais, de tudo o que emancipa a inteligência humana".[65]

A raiva popular diante do conluio da Igreja com o absolutismo levou a repetidas manifestações violentas anticlericais durante e após a Revolução de Julho, tacitamente permitidas pelo governo liberal. Havia, portanto, razões para acreditar que a elas se seguiria um curso anticlerical. Havia esperanças de elas derrubariam o acordo igreja-estado negociado sob Napoleão, a Concordata.

Nessa questão, assim como em muitas outras, no entanto, as esperanças de muitos liberais foram frustradas por seu novo governo supostamente liberal. A nova constituição rebaixou o catolicismo de religião oficial para "a religião da maioria" e prometeu tolerância religiosa e liberdade de associação, mas não derrubou a Concordata. A relação especial entre a Igreja e o Estado permaneceu em vigor, com o governo mantendo o apoio e o controle da Igreja. O papa Gregório XVI acabou satisfeito o suficiente com a Monarquia de Julho para pedir ao clero francês que orasse pelo novo rei.

Mas isso significava que o papa considerava o catolicismo compatível com os princípios liberais de governo? Afinal, era possível ser um bom católico e liberal? Um grupo de católicos articulados respondeu à pergunta com um enfático sim. Eles eram liderados pelos padres Hughes-Félicité de Lamennais e Henri-Dominique de Lacordaire e pelo nobre Charles de Montalembert.

Pouco depois dos Dias de Julho, os três homens lançaram um jornal chamado *L'Avenir* [o Futuro]. Em seu cabeçalho, o jornal afirmava ser católico e "verdadeiramente liberal". Um de seus primeiros artigos chegou a declarar que "é uma contradição ser católico e não ser liberal".[66] Mas muitos permaneceram céticos. *L'Avenir* tinha três objetivos principais: atrair o clero católico para longe dos conservadores e contrarrevolucionários, convencer os católicos de que poderiam ser liberais e persuadir o atual governo a desistir do controle sobre a Igreja. Os redatores do *L'Avenir* acusavam o governo de não ser liberal o suficiente. O catolicismo prosperaria apenas se ficasse livre do controle e da interferência do governo. Só então poderia cumprir seu papel destinado a trazer estabilidade e ordem à França.

Afinal, os católicos liberais tinham diante de si o exemplo da Bélgica católica. A constituição da Bélgica, criada durante a revolução em 1830, separou a igreja e o estado, e ainda assim o catolicismo prosperava visivelmente no país. A Bélgica foi a prova de que os católicos podiam ser liberais e que a Igreja Católica podia prosperar sob um sistema de governo liberal.

A hierarquia da Igreja na França censurou publicamente essas opiniões, e *L'Avenir* durou apenas um ano. Então, em um ato que teria consequências importantes para a história do liberalismo, o papa Gregório XVI lançou sua encíclica *Mirari Vos* (1832), repreendendo todos os liberais católicos. Não medindo as palavras, ele chamou o liberalismo de uma "pestilência" mortal, por levar à indiferença religiosa e fazer com que as pessoas questionassem a obediência que deviam a seus governos. O papa condenou explicitamente a separação da Igreja e do Estado e a liberdade de consciência; ele até defendeu a queima de livros.

Com essas ações, o papa enviou outra mensagem poderosa ao mundo: os princípios liberais de governo eram fundamentalmente incompatíveis com o catolicismo romano. A cisão entre a Igreja e o liberalismo que havia começado com a condenação da Revolução Francesa pelo Papa Pio VI cresceu.

A encíclica *Mirari Vos* desferiu um golpe devastador nos liberais católicos em todos os lugares. Em obediência ao papa, alguns abandonaram a luta e se calaram. Mas sua condenação não esmagou o movimento liberal católico para sempre. Montalembert acabou ressurgindo como um de seus principais líderes. Nem Dupanloup nem Lacordaire desistiram. Outros liberais católicos proeminentes, como Ignaz von Döllinger, na Alemanha, seu discípulo, Lord Acton, na Grã-Bretanha, e Orestes Brownson, nos Estados Unidos, se apresentaram. Vários italianos, espanhóis e hispano-americanos sustentaram firmemente a ideia de que o catolicismo era compatível com os princípios políticos liberais. Alguns até sonharam com um papa mais liberal, que reformaria a Igreja e revitalizaria o catolicismo de uma forma harmoniosa com o Zeitgeist liberal. Embora Tocqueville dificilmente fosse um crente, seu livro *Da Democracia na América* sugeria que o catolicismo poderia sobreviver e até mesmo prosperar em uma democracia.

LIBERALISMO E PROTESTANTISMO

Os liberais não católicos aderiram a uma série de crenças religiosas. Embora poucos fossem ateus, muitos eram ferozmente anticatólicos. Alguns se autodenominavam "cristãos liberais" e acreditavam em uma forma de protestantismo semelhante à religião defendida por Villers, Constant e Staël. Eles defendiam o que o economista político liberal Jean-Charles-Léonard Sismondi, em uma carta ao líder unitarista americano William Ellery Channing, chamou de uma "religião racional e liberal".[67] Para os tradicionalistas cristãos, essa obviamente não era uma religião.

A batalha liberal contra a ortodoxia católica e protestante tornou-se particularmente intensa na Alemanha, o lar da teologia liberal e onde ocorreu a crítica bíblica mais avançada. Na década de 1820, surgiram vários livros provocativos, muitas vezes com títulos referindo-se à vida de Jesus e alegando investigar a Bíblia com o objetivo de separar fatos historicamente corretos dos incorretos. Esses livros causaram uma grande comoção e inflamavam as relações entre liberais e ortodoxos.

O teólogo Heinrich Eberhard Paulus foi o autor de um desses livros em 1828. Seu *Life of Jesus as the Basis of a Purely Historical Account of Early Christianity* [*A Vida de Jesus como Base de um Relato Puramente Histórico do Princípio do Cristianismo*, em tradução livre] ofereceu explicações racionais e naturais dos milagres da Bíblia. Poucos anos depois, seu aluno, David Strauss, causou um escândalo ainda maior com o *A Vida de Jesus, Criticamente Examinada*. O livro afirmava que todos os eventos significativos da vida de Jesus contados na Bíblia não eram só empiricamente imprecisos, mas apenas mitos inventados pelos primeiros cristãos.

A Revolução de Julho convenceu os governantes alemães de que tais ideias eram uma séria ameaça à sua autoridade. Subindo ao trono prussiano em 1840, Frederico Guilherme IV imediatamente colocou mais pressão sobre os clérigos protestantes para que declarassem sua ortodoxia religiosa ou renunciassem a suas posições. Ernst Wilhelm Hengstenberg, da *Evangelische Kirchenzeitung*, tornou-se um parceiro entusiasmado nessa empreitada. Juntos, eles aumentaram seus esforços para eliminar todas as influências racionalistas na igreja protestante. Pastores liberais foram ameaçados e perseguidos e, por fim, substituídos por neo-ortodoxos. O *"Zeitgeist* liberal" foi incessantemente condenado como obra do diabo, e os reformadores religiosos foram acusados de encorajar todos os tipos de pecados. Os alemães foram advertidos da ira de Deus caso imitassem os franceses, alardeando as "ideias de 89" e exigindo mudanças constitucionais.

Frederick William não apenas construiu alianças com as igrejas protestantes; ele também apoiou o partido mais conservador da Igreja Católica. Graças à sua aprovação, a Alemanha tornou-se o palco de um grande número de missões católicas e peregrinações religiosas que, para desalento e frustração dos liberais, foram extremamente populares. Em apenas sete semanas, em 1844, meio milhão de peregrinos fizeram a viagem à cidade de Trier para ver o Santo Sudário, uma peça de linho em que Jesus foi supostamente envolto após sua morte, tornando-se a maior peregrinação da história europeia.

Os liberais alemães resistiram, apesar do clima hostil. Os autores do *Staats-Lexikon* denunciaram repetidas vezes os movimentos neo-ortodoxos com termos virulentos. Eles foram especialmente severos com o catolicismo. Um artigo chegou a chamar o papa de "pior inimigo da nação alemã", e uma longa entrada sobre os jesuítas os acusava de tentar impor um "império das trevas e superstição" ao mundo. Seu objetivo era trazer de volta "uma época de barbárie, inquisição e autodefesa". Mas o *Staats-Lexikon* não poupou a neo-ortodoxia protestante, que foi atacada por espalhar "superstição, escuridão, ignorância, despotismo hierárquico e intolerância".

O ateísmo, no entanto, era totalmente rejeitado. A religião era crucial, disse um dos escritores, porque era a "educadora moral da humanidade".

"A religião torna todo dever cívico uma questão de consciência"[68], escreveu outro.

Rejeitando o ateísmo de um lado e a superstição de outro, os autores liberais do *Staats-Lexikon* defenderam uma religião liberal e racional como a que encontramos antes, ou seja, uma religião menos focada em dogmas, cerimônias e obediência, e mais preocupada com a melhoria da moral pública. Heinrich Paulus, autor de uma das *Vidas de Jesus* mencionadas acima, escreveu os artigos que tratavam explicitamente da Bíblia. O Novo Testamento, disse ele, deve ser lido não como uma transmissão de "metafísica teológica", mas sim como um guia de instruções práticas para aqueles que desejam levar uma vida moral. O verdadeiro cristianismo foi uma religião que acompanhou seu tempo, evoluiu e se aprimorou de acordo com a marcha da história. Só então pôde servir ao seu propósito, que era moralizar a sociedade.[69]

Dois movimentos religiosos emergiram na década de 1840 e preocuparam as autoridades alemãs mais do que qualquer enciclopédia jamais poderia. Em 1841, um grupo de clérigos protestantes fundou um movimento chamado Amigos Protestantes, que também ficou conhecido como Amigos da Luz. O objetivo dos Amigos Protestantes era estabelecer uma igreja do povo, livre tanto do governo quanto do controle religioso ortodoxo. Eles realizavam reuniões ao ar livre, nas quais pessoas de diferentes origens e crenças se reuniam para discutir tópicos de importância religiosa e política. Logo, começaram a exigir liberdade de imprensa, expressão e associação, bem como um governo mais representativo.

Não demorou para que as autoridades prussianas percebessem a ameaça. Eles acusaram os líderes do movimento de serem secretamente ateus e inclinados à revolução. Em agosto de 1845, suas reuniões foram proibidas por lei.

Em dezembro de 1844, um padre católico excomungado, auxiliado por um democrata radical, lançou um segundo movimento dissidente chamado de "católicos alemães". Os dois homens se ressentiam do autoritarismo e do que consideravam dogmas supersticiosos da Igreja Católica e ficaram indignados com as peregrinações ao Santo Sudário. Logo os protestantes liberais uniram-se aos católicos alemães e juntos fundaram suas próprias congregações ecumênicas e democraticamente administradas. Alguns membros começaram a falar de uma "religião da humanidade", que deveria unir e transcender todas as confissões de fé. Eles defendiam a liberdade total de crença e a separação entre Igreja e Estado.

Em 1848, o número de membros do movimento católico alemão havia crescido para cerca de 150 mil e estava rapidamente se tornando o maior movimento de protesto de qualquer tipo na Alemanha pré-revolucionária. Exultante com seus sucessos, o advogado e político liberal Gustav von Struve escreveu que o catolicismo alemão conseguiu realizar mais em questão de meses do que o liberalismo político desde as Guerras de Libertação.[70]

LIBERALISMO E JUDAÍSMO

A reconceituação do Cristianismo como religião liberal e ecumênica teve implicações importantes para os judeus. O judaísmo vinha passando por uma liberalização própria. As reformas dos cultos nas sinagogas começaram na década de 1810 e, em meados da década de 1840, o movimento reformista havia se espalhado e conquistado adeptos. As congregações introduziram mudanças nas práticas e crenças tradicionais, como assentos mistos, o uso do alemão nos serviços religiosos, a observância de festivais em um único dia e o uso de um cantor e coro. O objetivo dos reformadores era revitalizar e modernizar o judaísmo; como suas contrapartes liberais, os liberais judeus não enfatizavam o que chamavam de meras formas de religião, mas sim sua essência moral. Pontes entre judeus liberais e cristãos liberais poderiam, portanto, ser construídas.[71] Muitos judeus foram recebidos e se juntaram aos Amigos da Luz e aos católicos alemães.

No entanto, não se deve exagerar o ecumenismo dos cristãos liberais. O judaísmo reformista estava intimamente relacionado à questão da emancipação judaica. Muitos judeus liberais ansiavam por plena igualdade cívica e política. Os liberais alemães debateram a questão, e alguns, como Gustav Struve e o ministro dissidente de Mannheim, Carl Scholl, tornaram-se seus fortes defensores, Struve chamando de "falso liberalismo" não apoiar a emancipação e direito ao voto judeu. Scholl se casou com Regine Eller, filha de um rabino, em uma cerimônia civil em 1862.[72]

Entretanto, a maioria dos liberais alemães não estava tão entusiasmada, e as propostas para estender a igualdade civil e política aos judeus foram repetidamente derrotadas nos regimes estaduais. A emancipação judaica deveria ser concedida, alguns liberais disseram, somente depois que os judeus tivessem sido moralmente "melhorados". Aqui, novamente, muitos liberais desejaram transcender as diferenças religiosas em vez de abraçá-las.[73] E, em sua opinião, a religião que poderia transcender as outras, na maioria das vezes, parecia alguma versão do protestantismo liberal.

A Crítica Socialista da Religião Liberal

Os primeiros socialistas compartilhavam a hostilidade dos liberais ao catolicismo contemporâneo e, como eles, ansiavam por uma religião mais prática e humanitária. No entanto, a maioria não estava atraída pelo protestantismo liberal. Eles o chamavam de religião excessivamente individualista e intelectual. Ficaram desapontados com o fato de os liberais terem denunciado o egoísmo com frequência e falado sobre a necessidade de reforma, mas, no final, propuseram pouco além da elevação moral e do progresso intelectual.

Profundamente desconfiados da igreja inglesa consagrada, os seguidores de Robert Owen fundaram suas próprias igrejas. Membros do movimento da classe trabalhadora britânica chamado cartismo pediram um retorno aos preceitos do cristianismo primitivo e aos valores de Jesus: igualdade, fraternidade e solidariedade. "Cristo foi o primeiro cartista e a democracia é o evangelho levado à prática", declarou seu líder, Ernest Harney.[74] O socialista francês Etienne Cabet disse "Comunismo é Cristianismo", enquanto outros disseram que ele era "o Evangelho em ação".[75]

{~~~~~~~}

Os liberais nas décadas de 1830 e 1840 compartilhavam o desejo de reforma e progresso, mas muitas vezes discordavam sobre o que isso significava na prática. Quanta democracia eles deveriam favorecer? Quantas e que tipos de reformas sociais deveriam apoiar? Era correto, em certas circunstâncias, defender o uso da violência contra regimes opressores? As colônias eram do interesse do país? E por último, mas não menos importante, o que dizer sobre a relação do liberalismo com a religião?

Acontece que muitos de nossos preconceitos sobre o liberalismo do século XIX têm pouca base em fatos. Embora seja uma simplificação exagerada dizer que todos os liberais eram antidemocráticos, a maioria estava preocupada com a perspectiva de um sufrágio universal. Nem todos eram entusiastas do *laissez-faire* ou zelosos expoentes do colonialismo. Suas opiniões religiosas eram muito mais ricas e variadas do que muitas vezes se pensa. Embora suas armas mais pesadas fossem dirigidas contra os contrarrevolucionários e os conservadores religiosos e políticos, eles também discutiam entre si. Liberais de toda a Europa, América e até de lugares mais distantes debatiam o significado de "verdadeiro liberalismo".

Em todos esses debates, se destaca um fato que pode nos surpreender hoje. Como seus antepassados, a maioria dos liberais de meados do século

XIX não se concentrou tanto na defesa dos direitos e interesses do indivíduo como passamos a acreditar. Para eles, isso seria defender o egoísmo.

Os liberais sempre se consideraram defensores do bem comum e continuaram a vê-lo em termos morais. Hoje, talvez, pensemos que eles eram ingênuos, iludidos ou desinformados. Mas, para os liberais do século XIX, ser liberal significava acreditar em um projeto ético. Significava aderir a um ideal moral que remontava a séculos. Os liberais teriam concordado com Giuseppe Mazzini, que, em seu ensaio "Deveres do Homem", declarou que uma sociedade liberal não poderia ser construída sobre uma teoria apenas de direitos. "Direitos só podem existir como consequência de deveres cumpridos" ou "corremos o risco de produzir egoístas... o que sempre leva a resultados desastrosos e deploráveis", escreveu.[76]

CAPÍTULO QUATRO

A Questão do Caráter

A degradação da moralidade pública fará, em breve, muito em breve talvez, cair novas revoluções sobre vocês.

— ALEXIS DE TOCQUEVILLE, 1848

EM 17 DE janeiro de 1848, Tocqueville fez um discurso na Assembleia Nacional da França, que se tornou famoso. Com uma habilidade surpreendente, ele previu que outra revolução se aproximava rapidamente. Tocqueville afirmou que ela viria por causa dos muitos vícios da Monarquia de Julho, da falta de verdadeiros líderes, da relutância em empreender reformas e da indiferença para com a situação dos pobres. Seus colegas deputados, acrescentou ele, deveriam ficar atentos, pois devido à sua intransigência diante de tantos problemas e da corrupção generalizada do sistema político, os trabalhadores franceses não se contentariam mais apenas com a reforma política; eles agora queriam derrubar todo o sistema social. "Estamos dormindo sobre um vulcão", disse Tocqueville.

O vulcão a que Tocqueville se referia era o socialismo. Menos de um mês após seu discurso, multidões encheram as ruas de Paris mais uma vez, agora exigindo um governo democrático *e socialista*.

O Desastre de 1848

O ano de 1846 viu uma severa depressão industrial e agrícola, que trouxe enormes dificuldades para os trabalhadores e camponeses franceses. No final de 1847, um terço dos trabalhadores parisienses estava desempregado. Enquanto isso, o governo francês recusou-se a empreender reformas e ampliar o sufrágio, enquanto as denúncias de fraude e corrupção do governo eram generalizadas.[1] As críticas ao governo Guizot ganharam força. Em uma passagem bem conhecida de seu *Luta de Classes na França* (1850), Karl Marx descreveu a Monarquia de Julho como "nada mais do que uma sociedade anônima para a exploração da riqueza nacional da França".

Durante anos, os líderes da oposição liberal pressionaram sem sucesso o governo de Guizot por uma expansão do eleitorado e outras reformas. Frustrados, eles se voltaram para a agitação popular, organizando banquetes nas províncias para conquistar apoio. O plano era que as reuniões culminassem em um banquete gigantesco em Paris, em 22 de fevereiro de 1848. Temendo uma revolta, o governo proibiu o banquete e os manifestantes foram atacados pela polícia. Enfurecidos com tais medidas arrogantes, multidões saíram às ruas gritando "abaixo Guizot" e "longa vida à reforma", enquanto erguiam barricadas. Guizot renunciou; Louis Philippe abdicou e fugiu da França.

Instigada pela multidão, a Câmara dos Deputados escolheu um governo provisório chefiado por nove republicanos e dois socialistas renomados: Louis Blanc e um operário chamado Alexandre Martin. Este governo prontamente convocou eleições para uma Assembleia Constituinte, cuja função foi redigir uma nova constituição baseada no sufrágio universal masculino. Assim, em questão de dias, a França fez a transição de uma monarquia constitucional, baseada em um sufrágio muito limitado, para uma república, baseada em um sufrágio mais democrático do que existia em toda a Europa. O eleitorado aumentou de um quarto de milhão para cerca de dez milhões de homens.

No entanto, como Tocqueville previra, a expansão do eleitorado não foi suficiente para pacificar as multidões. No dia 25 de fevereiro, elas se reuniram outra vez para exigir o "direito ao trabalho". Em resposta à forte pressão popular, o governo anunciou a criação de oficinas nacionais para gerar empregos. Também introduziu medidas sociais e políticas progressivas, como a abolição da pena de morte para crimes políticos e da escravidão nas colônias.

Essa fase inicial da revolução foi recebida com simpatia tanto na Grã-Bretanha quanto nos Estados Unidos. Os cartistas parabenizaram o povo francês e organizaram várias manifestações, na esperança de convencer seu próprio Parlamento a conceder o voto a todos os homens adultos britânicos. John Stuart Mill recebeu a notícia com alegria. "Nada pode ultrapassar sua importância para o mundo ou a importância dos interesses que estão em jogo para seu sucesso"[2], disse ele. Nenhum governo deve esperar sobreviver se não promover a reforma. O governo de Louis Philippe foi profundamente desmoralizante, motivado pela "busca desavergonhada de benefícios pessoais".[3]

Celebrações foram realizadas em toda a América, e a imprensa elogiou a revolução relativamente sem derramamento de sangue e a transição pacífica de poder. O ministro americano em Paris reconheceu a República Francesa quatro dias depois de ela ser proclamada, e o presidente Polk estendeu seus parabéns ao povo da França, chamando a revolução de um "espetáculo sublime".[4] O Congresso transmitiu mensagem semelhante.

As notícias da revolução em Paris provocaram levantes na Europa Central, onde os liberais, apoiados pelos trabalhadores, exigiram uma reforma constitucional. Diante da recusa dos governos, o povo se levantou e os governantes se renderam. O colapso do governo prussiano encorajou os liberais de vários estados alemães a se reunirem em uma assembleia em Frankfurt para redigir uma constituição para uma Alemanha unida. Seus sonhos mais preciosos pareciam estar se tornando realidade. Frederico Guilherme IV, da Prússia, concluiu que "Satanás estava à solta novamente".[5]

As repercussões não pararam por aí. Na península italiana e na Sicília, as revoltas forçaram os governantes a aderir às reformas liberais. Os rebeldes romanos derrubaram o papa. O líder do movimento de libertação italiano, Giuseppe Garibaldi, entrou na cidade e pediu a Mazzini que o ajudasse a formar um governo baseado em princípios mais liberais, incluindo liberdade religiosa e separação Igreja/Estado. Ambas foram prontamente decretadas. Do exílio, Pio IX atacou o liberalismo. Era "abominável, monstruoso, ilegal, ímpio, absurdo, sacrílego e ultrajante em relação a todas as leis, humanas e divinas".[6]

Liberais Lutam Contra o Socialismo

As eleições para uma nova Assembleia Nacional Francesa, em 23 de abril de 1848, foram as primeiras na Europa baseadas no sufrágio universal masculino. Ironicamente, entretanto, elas levaram ao poder uma maioria conservadora, incluindo muitos monarquistas. Totalmente indiferentes às oficinas nacionais, eles as fecharam. Sua ação levou os parisienses, cerca de 50 mil, a encenar outro levante, que veio a ser conhecido como Dias de Junho.

Desta vez, recusando-se a ceder à pressão das multidões, a Assembleia enviou o General Cavaignac, famoso por sua brutalidade na Argélia, para reprimir militarmente a manifestação. Em três dias de combates sangrentos, cerca de 3 mil manifestantes foram mortos e mais 15 mil presos, muitos dos quais foram enviados para campos de prisioneiros na Argélia.

Jornais na França e no exterior descreveram o fato como uma batalha entre a barbárie e a civilização. Eles chamaram os manifestantes de "loucos", "selvagens" e "canibais" empenhados em massacres e pilhagens. Os espectadores ficaram particularmente chocados com a participação de mulheres no levante e descreveram sua crueldade e barbárie como ainda piores do que as dos homens. O socialismo, eles concluíram, estava ameaçando a sociedade com o caos completo. Quando tudo acabou, a imprensa parisiense festejou a vitória conquistada pela "causa da ordem, da família, da civilização".[7]

A maioria dos liberais agora se tornou partidária do chamado Partido da Ordem, também apelidado de União Liberal. A pedido do general Cavaignac, vários deles concordaram em contribuir para uma campanha de propaganda destinada a proteger a França do ataque do socialismo. Charles de Montalembert, eleito deputado, falou em nome de muitos ao denunciar as oficinas, financiadas pelo governo, como um ataque flagrante aos direitos de propriedade. Adolphe Thiers, que se tornou líder da União Liberal, publicou uma edição barata de seu tratado *On Property* [*Sobre a Propriedade*, em tradução livre], no qual acusava os socialistas de tentarem abolir o "sagrado"[8] direito de propriedade e, com ele, a família. Na verdade, com muita ênfase liberal neste último.

Uma nova constituição foi publicada em 4 de novembro de 1848. Ela concedeu o direito ao voto a todos os cidadãos do sexo masculino, mas seu preâmbulo agora definia seus direitos *e deveres*. O Artigo IV declarou a família, o trabalho, a propriedade e a ordem pública como a base da república. O Artigo VII afirmava o dever de todos os cidadãos de trabalhar, poupar para o futuro e ajudar os outros, obedecendo às leis morais e escritas.

Em 10 de dezembro de 1848 aconteceu algo totalmente imprevisto. Em uma vitória esmagadora, os eleitores, na primeira eleição presidencial da França baseada no sufrágio universal masculino, escolheram como seu líder Luís Napoleão Bonaparte, sobrinho do ex-imperador. Duas vezes durante a Monarquia de Julho ele sofreu golpes de estado, mas ambos falharam. Quando estourou a Revolução de Fevereiro, ele vivia exilado em Londres.

Entretanto, desde a morte de Napoleão I, a lenda napoleônica havia sobrevivido, e seu sobrinho a alimentou e lucrou com ela. Ele voltou a Paris, se candidatou e venceu.

O segundo Napoleão se inspirou deliberadamente no primeiro. Apresentou-se como alguém acima da política, que uniria o país. Para os da direita, ele se fez passar por defensor da ordem e da estabilidade. Para os de esquerda, autodenominou-se defensor dos trabalhadores, um lutador contra a pobreza e um líder que defenderia os valores da revolução. A todos prometeu prosperidade e glória.

Como presidente, Luís Napoleão alinhou-se ao Partido da Ordem. Os símbolos da Revolução Francesa tornaram-se ilegais; os chapéus vermelhos foram proibidos, as árvores da liberdade cortadas. A liberdade de reunião e de imprensa foi restringida. Seu governo perseguiu jornalistas e ativistas políticos, levando muitos à clandestinidade. Os manifestantes foram presos sumariamente. Uma nova lei de sufrágio, aprovada em 1850, vetou o direito de voto de 30% da população masculina adulta e da maioria dos trabalhadores parisienses. Alguns historiadores chamam a forma de governo que ele instalou de uma versão inicial do moderno estado policial.

O medo da revolução levou membros importantes do liberal Partido da Ordem a mudarem de opinião sobre a Igreja Católica. Eles agora notavam que precisavam da Igreja na batalha contra o socialismo. Thiers, que nunca antes tinha sido particularmente amigo da Igreja, dirigiu-se à Assembleia em janeiro de 1849. "Quero tornar a influência do clero todo-poderosa", declarou ele; "peço que o papel do *curé* seja fortalecido, e mais importante do que é, porque conto com ele para propagar a sólida filosofia que ensina ao homem que ele está na terra para sofrer".[9] Os padres devem dizer ao povo que seu sofrimento não é culpa dos ricos, mas sim da vontade de Deus, que deseja, assim, incitá-los a trabalhar mais arduamente para o seu próprio bem, continuou Thiers.[10] Um ano depois, as tropas francesas reintegraram o papa em Roma, onde permaneceu sob sua proteção até 1870.

Enquanto isso, o liberal Partido da Ordem aprovou as chamadas Leis de Falloux, em março de 1850. Essas leis permitiram que os católicos abrissem suas próprias escolas e também introduziram o ensino religioso católico nas escolas públicas. "Hoje, quando o comunismo violento ameaça nossa sociedade, é essencial que a educação convoque o sentimento religioso para ajudá-la em uma guerra comum para repelir os bárbaros", explicou Thiers.[11] O objetivo da educação cristã era "preparar as crianças a submeter-se à obediência... para resistir às suas paixões, aceitar por sua própria vontade a lei do trabalho e do dever, e contrair hábitos de ordem e regularidade".[12]

Thiers foi nomeado para um comitê de bem-estar público e, em 1850, redigiu um relatório sobre a situação da questão social na França. Em princípio, a ajuda aos pobres era louvável, mas para que essa ajuda fosse "virtuosa", tinha que ser voluntária e espontânea, escreveu ele. A caridade nunca deve ser obrigatória, porque então se tornaria autodestrutiva e corrupta. Isso removeria qualquer sentimento de gratidão nos pobres. A conclusão do relatório foi que o estado deveria sempre permanecer confinado aos limites mais estritos possíveis.[13]

Também na Alemanha, as primeiras vitórias, em 1848, foram seguidas por medos liberais, discórdias e fracassos. Assim que sua batalha inicial foi vencida, os liberais começaram a discutir entre si. Seu desânimo piorou quando foram confrontados por manifestações de trabalhadores que, às vezes, levavam à violência. Todos os liberais queriam reformas, mas tinham opiniões e prioridades diferentes sobre elas. Alguns achavam que unificar a Alemanha sob uma única constituição era o objetivo mais importante; outros queriam estabelecer repúblicas; e, ainda, outros queriam uma grande mudança social. Alguns favoreciam o sufrágio universal masculino; outros, não.

A percepção da ameaça à propriedade também gerou medo em muitos liberais alemães, levando-os a defender pautas em comum com os conservadores. O que John Stuart Mill disse sobre a burguesia francesa provavelmente também se aplicava às classes médias alemãs: elas foram tomadas por tal "terror insano" ao pensar em grandes mudanças sociais que se dispuseram a aceitar qualquer governo que pudesse protegê-los de uma revolução socialista.[14]

Recuo e Reação

As Revoluções de 1848 deixaram os liberais em toda a Europa atemorizados e desmoralizados. Assustados com o ativismo da classe trabalhadora e enfraquecidos por sua incapacidade de concordar entre si, eles foram levados a comprometer — alguns diriam abandonar — seus princípios e, assim, preparar o caminho para a ascensão de dois governantes autoritários, Napoleão III, na França e, alguns anos depois, Otto von Bismarck, na Alemanha. Os liberais na Alemanha e na Itália abandonaram as esperanças de unificação. As tropas francesas permaneceram em Roma até 1870, impedindo, assim, a unificação da Itália com sua capital natural. Na Europa Central, o poder dos Habsburgos foi restaurado, acompanhado por uma repressão brutal.

Seguiu-se um período de reação que durou cerca de dez anos. Os governantes revisaram ou removeram as constituições liberais que haviam concedido e substituíram os ministros liberais por conservadores. Em alguns lugares, as autoridades retaliaram com força brutal. No Grão-Ducado de Baden, um décimo dos revolucionários que se renderam foram julgados por tribunais militares e executados. Outros receberam longas penas de prisão e muitos foram forçados ao exílio ou fugiram para evitar o julgamento. Somente em Baden, cerca de 8 mil *"Forty-Eighters"** escaparam para os Estados Unidos, a Suíça e outros países. Governos reacionários censuraram a imprensa, dissolveram clubes políticos e sujeitaram os liberais suspeitos à vigilância. Todos eles estreitaram relações com a ortodoxia religiosa. O retorno do papa ao poder em Roma foi seguido por uma repressão punitiva.

Muitos concluíram que o liberalismo havia acabado. Alguns disseram que, de qualquer modo, ele havia sido um coquetel de ideias incompatíveis e ultrapassadas. Os liberais deveriam desistir de seus devaneios e aceitar um homem forte, um "César".[15]

Os franceses logo tiveram essa oportunidade. Em 2 de dezembro de 1851, aniversário da coroação de Napoleão I em 1804 e da vitória em Austerlitz em 1805, seu sobrinho orquestrou um golpe de Estado contra a República Francesa. Luís Napoleão prendeu os principais líderes da oposição, dissolveu a Assembleia e prometeu uma nova constituição baseada no modelo de seu tio. Por fim, governou durante um período por decreto, durante o qual as leis normais foram suspensas. Milhares foram presos e enviados para colônias penais, outros milhares forçados ao exílio. Um plebiscito, em 2 de dezembro de 1852, aniversário de seu próprio golpe, tornou o presidente Luís Napoleão Bonaparte imperador dos franceses.

Seguindo o precedente de seu tio, Luís Napoleão criou outro regime pseudodemocrático. Pode-se dizer que foi o pior pesadelo de Constant e Tocqueville se tornando realidade: mais uma ditadura disfarçada de democracia. Embora baseada na soberania popular e no governo representativo, a nova constituição deu a Napoleão poderes muito maiores do que os de qualquer um de seus predecessores.

---

* Os Quarenta Eighters eram europeus que participaram ou apoiaram as Revoluções de 1848 que varreram a Europa. Nos estados alemães, os Quarenta Eighters favoreceram a unificação do povo alemão, um governo mais democrático e garantias de direitos humanos; (N. da T.).

Os melhores interesses da democracia, disse Napoleão III, sempre foram mais bem atendidos por uma pessoa do que por um corpo político.[16] Ele minimizou o real poder das assembleias representativas. Manipulou as eleições e usou a censura da imprensa e a vigilância policial para evitar a propagação de qualquer oposição. Também empregou uma quantidade inigualável de propaganda para influenciar a opinião pública e plebiscitos para registrar a aprovação popular ostensiva por suas ações. Tocqueville, profundamente abatido, chamou isso de "despotismo imperial".[17] Repugnado pelo imperador, Mill praticamente não disse nada sobre a política francesa por mais de uma década.[18]

Observadores do exterior notaram a natureza peculiar do regime: Leopold von Gerlach, o conselheiro político mais próximo de Frederick William, chamou-o de "casamento vil do absolutismo e do liberalismo".[19] Os jornais britânicos o declararam uma nova forma de autocracia: democracia e imperialismo combinados. Neologismos foram inventados para designá-lo: "Bonapartismo", "Napoleonismo" e, porque o novo imperador gostava de se intitular Júlio César, "Cesarismo".

Alguns chamaram Napoleão III de socialista. Enquanto estava na prisão, na década de 1840, escreveu *L'Extinction du Paupérisme* [*A Extinção do Pauperismo*, em tradução livre]. Nele, declarou seu desejo de ajudar as classes trabalhadoras. Como imperador, lançou uma série de reformas sociais aparentemente destinadas a melhorar suas vidas. Ele abriu duas clínicas em Paris para doentes e feridos, criou um programa de assistência jurídica para aqueles que não podiam pagar e estendeu subsídios para empresas que construíam moradias de baixo custo para seus trabalhadores. Lançou um programa de obras públicas em grande escala, contratando dezenas de milhares de trabalhadores para melhorar o saneamento, o abastecimento de água e a circulação do tráfego em Paris. Os liberais ficaram desesperados, porque ele estava apenas tentando comprar a lealdade dos trabalhadores e afastá-los da política liberal e republicana. Também construiu canais, promoveu o desenvolvimento de ferrovias e fomentou a extensão de instituições bancárias e de crédito.

Para desgosto de muitos, Napoleão concedeu mais concessões à Igreja Católica em troca de seu apoio. Aumentou o orçamento dedicado à religião de 39 para 4 milhões de francos. O número de padres aumentou de 46 para 56 mil. A missa passou a ser obrigatória nas escolas públicas às quintas e aos domingos, com confissão uma vez por semestre. Pouco antes da restauração do império, Napoleão lançou a pedra fundamental da nova catedral em Marselha e, logo depois, a Igreja de Saint-Geneviève, em Paris, anteriormente o Panteão, foi inaugurada com grande ostentação. A cerimônia incluiu o retorno das relíquias da santa à igreja na primeira grande procissão religiosa em Paris desde a Restauração.[20] Enquanto isso, as tropas francesas permaneceram em Roma para proteger o papa.

Pio IX

Eleito para o papado em 1846, Pio IX prontamente sinalizou sua disposição de instituir reformas liberais. Ele libertou vários presos políticos, afrouxou as restrições à imprensa e estabeleceu um comitê consultivo leigo para ajudá-lo a governar. Prometeu reformas adicionais e logo foi celebrado em todo o mundo como um "papa liberal".

Mas as Revoluções de 1848 foram um grande choque e mudaram sua opinião para sempre. Atordoado com a violência das multidões e indignado com o que considerava suas exigências ultrajantes, Pio se voltou contra o liberalismo e se tornou uma força de reação pelo resto de seu longo pontificado. Estabeleceu um relacionamento próximo com os jesuítas, que simpatizavam com seus pontos de vista cada vez mais reacionários. Eles e outros porta-vozes católicos produziram uma enxurrada de livros, panfletos e artigos culpando o liberalismo pelas Revoluções de 1848. O povo havia ficado perplexo e enfeitiçado pelas falsas filosofias da era moderna e o liberalismo era a principal delas, diziam. Ele corroeu a religião e a moralidade. Sob sua influência, as massas tornaram-se egoístas e materialistas. "A sociedade está doente, muito doente",[21] escreveu um jornalista católico. O liberalismo era "puro mal".[22]

Uma guerra santa contra o liberalismo era necessária, disseram os defensores do papa, ou o resultado seria um estado de licenciosidade e barbarismo. Liberalismo e socialismo eram praticamente a mesma coisa ou um sempre levava ao outro, diziam. Ambos significavam a própria negação da religião. Uma reeducação no dogma católico era urgentemente necessária, ou o liberalismo destruiria tudo — patriotismo, inteligência, moralidade e honra. Uma linguagem apocalíptica foi adotada para incutir medo. Em um livro traduzido para várias línguas, o autor católico Juan Donoso Cortés anunciou que a civilização ocidental estava à beira de uma crise cataclísmica, a "maior catástrofe da história".[23] Tudo devido ao liberalismo.

O Vaticano, em parceria com governos reacionários, lançou novas iniciativas para reeducar a população europeia no catolicismo. Formas emocionais de piedade popular, enfatizando a obediência, o sofrimento e o milagroso, foram planejadas para atrair especialmente as mulheres. Em 1854, Pio anunciou a doutrina da Imaculada Conceição, pela qual a Virgem Maria foi declarada livre de pecado. Isso ajudou a gerar uma grande explosão de fervor religioso, em que especialmente as mulheres desempenharam um grande papel. As aparições marianas ocorreram em La Salette (1846), Lourdes (1858) e Pontmain (1871). Os liberais, horrorizados, se desesperaram com a tendência para a superstição das massas e principalmente das mulheres.

Na Alemanha, também, o Estado e a Igreja estreitaram sua parceria ainda mais após as Revoluções de 1848. Juntos, eles atacaram incessantemente o racionalismo, o liberalismo e "as ideias de 1789". Destinaram mais recursos às missões católicas, que visitaram milhares de aldeias, vilas e grandes cidades. Os padres das missões denunciaram os levantes de 1848 como obra de Satanás e prometeram a condenação eterna para os pecadores impenitentes. A angústia liberal aumentou com o fato de as missões serem tão populares. Na Alemanha, uma delas atraiu 20 mil fiéis. Exasperados, os liberais reclamaram que elas induziam à "insanidade religiosa" e à doença mental. Eram uma peste em guerra com as crenças liberais mais essenciais. Os liberais denunciaram a Igreja Católica por sua campanha implacável "contra *Bildung*... contra a luz e o esclarecimento, contra o bem-estar das pessoas, contra o bem-estar do Estado e a felicidade da família".[24]

Para não ficarem para trás, os clérigos protestantes de toda a Alemanha também intensificaram seu apoio à reação com mais propagandas antiliberais. A igreja protestante estatal lançou uma campanha massiva para convencer a população de que as revoluções haviam sido um ataque à ordem dada por Deus e ao próprio Deus. O recém-fundado *Neue Preussische Zeitung* juntou-se ao *Evangelische Kirchenzeitung* em um esforço comum para destruir o liberalismo. Praticamente todas as edições do *Evangelische Kirchenzeitung*, em 1848, atacaram os revolucionários como rebeldes ímpios e imorais contra a ordem dada por Deus.

Como seus colegas em outros países, os liberais alemães tinham uma sensação desanimadora de que o liberalismo havia fracassado e acabado. Eles haviam lutado por um governo constitucional e representativo em uma Alemanha pacificamente unida, mas não garantiram nenhuma dessas coisas. Em vez disso, seus inimigos pareciam ter ficado mais fortes do que nunca. E agora os liberais haviam adquirido novos inimigos; os primeiros entre eles eram os socialistas. A edição de 1853 da *Brockhaus Encyclopedia* relatou que, desde a revolução, o rótulo político "liberal" e o termo "liberalismo" "caíram um pouco em desuso".[25] Friedrich Engels declarou o liberalismo "impossível para sempre na Alemanha".[26]

O Problema do Egoísmo

As revoluções fracassadas de 1848 levaram os liberais europeus a se reexaminarem e refletirem profundamente sobre o que dera tão errado. Por que não tiveram sucesso? Por que as pessoas foram atraídas pelas ideias socialistas? Por que as massas francesas eram tão propensas à revolução?

A maioria dos liberais rejeitou a ideia de que a culpa era de um sistema social injusto. Em vez disso, eles se convenceram de que o fracasso de 1848 foi o resultado de um colapso catastrófico da moralidade pública. Por conta disso, um pequeno grupo de agitadores conseguiu enganar o povo, doutrinando-o com o socialismo. As Revoluções de 1848, disse Tocqueville, foram provocadas por "alguma doença geral da mente dos homens", uma predileção perigosa por teorias socialistas "estranhas".[27] O público não tinha capacidade intelectual e qualidades morais para tomar decisões responsáveis. Em vez disso, eram atraídos por filosofias egoístas e materialistas como o socialismo. A revolução foi a prova do que Tocqueville dissera em *Da Democracia na América*: os franceses não tinham as ideias e os costumes necessários para sustentar um regime liberal.

Observadores na Inglaterra e nos Estados Unidos concordaram sobre o estado deplorável da moral francesa. Na verdade, a revolução apenas confirmou dúvidas antigas sobre o caráter nacional francês ou a falta dele. Os jornais relataram que os cidadãos franceses estavam em um estado de degradação moral e mental.[28] Eles careciam de autocontrole básico. Relatos de viagens enfatizavam o ponto. Os franceses eram implacavelmente ridicularizados por não possuírem as qualidades viris de independência e fortaleza moral.

De certa forma, então, os liberais concordaram com os cristãos conservadores e ultramonarquistas: o problema subjacente era moral. O público era ignorante, egoísta e materialista, e foi isso que o levou a abraçar as ideias socialistas. Entretanto, ao contrário dos conservadores, a maioria dos liberais não achava que a resposta de longo prazo fosse um retorno às igrejas tradicionais, católicas ou protestantes. Eles não acreditavam que a resposta para o problema estava em ensinar doutrina religiosa à população ou mais respeito pela autoridade. Em vez disso, acreditavam que as populações precisavam adquirir *caráter*. Na verdade, depois de 1848, o problema do caráter tornou-se uma das principais obsessões dos liberais.

Na Grã-Bretanha, a descrição depreciativa do caráter francês costumava ser acompanhada por uma visão muito favorável do seu próprio. Os britânicos encontraram motivos para se orgulhar de *não serem franceses*. A *Edinburgh Review* observou que, para funcionar, um sistema liberal de governo precisava de cidadãos patrióticos.[29] Os britânicos eram patrióticos; tinham um senso de comunidade e responsabilidade inexistente na França. Os britânicos também demonstraram uma capacidade de pensamento independente, o que os salvou de serem enganados pela propaganda dos déspotas. Em suma, se a Grã-Bretanha evitou a revolução, foi em grande parte devido ao seu caráter nacional. "Graças a Deus! Somos saxões!", exclamou um jornalista.[30]

A Ascensão do Partido Liberal Britânico

Mais ou menos nessa época, e como para confirmar essa superioridade anglo-saxônica, o Partido Liberal surgiu na Inglaterra e continuou a prosperar. O que esse Partido Liberal representava? O que tornava o partido "liberal"? Afinal, na Grã-Bretanha, os liberais não tiveram que lutar por um governo constitucional ou representativo, uma vez que estes eram geralmente aceitos até mesmo pelos conservadores. Ser liberal na Grã-Bretanha significava, em grande parte, o que significara durante os anos que antecederam as Revoluções de 1848, ou seja, favorecer "melhoria", "reforma" e "progresso" — palavras cada vez mais ouvidas durante esses anos. Porém, foi apenas em 1859 que vários grupos parlamentares se uniram e criaram oficialmente o Partido Liberal Britânico. Sob a liderança de William Gladstone, ele dominaria a política britânica pelo resto do século.

Na Grã-Bretanha de meados do século XIX, o progresso e a reforma geralmente significavam a supressão dos privilégios aristocráticos, monopólios e interesses adquiridos — incluindo o da Igreja Anglicana. Os liberais frequentemente reclamavam que os conservadores só queriam defender ideias e práticas que perderam sua utilidade. Os *Tory* eram pessoas que protegiam seus privilégios e símbolos de status, diziam os liberais. Eles se sentiam especiais e consideravam as outras pessoas subalternas e inferiores. O liberal, por outro lado, tinha uma inclinação mais democrática. O *Bristol Gazette* explicou a diferença entre liberais e conservadores da seguinte forma: "Os primeiros são a favor de ampliar os privilégios do povo, os últimos, de reduzi-los".[31] No entanto, como sabemos, isso não significava que os liberais defendiam o sufrágio universal.

Além desse compromisso com a reforma, havia acentuadas divisões entre os membros do Partido Liberal. Ainda não existia uma organização liberal nacional, nem um programa legislativo específico. Havia liberais que defendiam a expansão do direito de voto, e os que a combatiam. Embora os liberais muitas vezes defendessem um comércio mais livre, o Partido Liberal nunca foi doutrinário sobre o *laissez-faire*. A maioria dos liberais continuou a apoiar a intervenção em algumas áreas, mas não em outras. Em retrospecto, e como outros teóricos argumentaram, o que identificava os liberais não era tanto uma plataforma unificada de partido, mas a ênfase que colocavam na melhoria da moral da população britânica.

O dever de um estado era disseminar religião e moralidade entre a população, declarou a *Edinburgh Review*. Era responsabilidade do governo aumentar a energia, o tom e o caráter moral da população britânica. Este, então, foi um ingrediente essencial na autodefinição do Partido Liberal: a importância que atribuía à doutrinação da responsabilidade cívica, do espírito público e patriotismo. Apesar de todo o discurso confiante sobre o caráter, a capacidade de autodisciplina e autogoverno da raça anglo-saxônica, parece que essas qualidades precisavam de incentivo e encorajamento. A virilidade do anglo-saxão exigia manutenção e fortalecimento constantes. E esse era um papel importante do governo.

Laissez-Faire versus Bildung

Depois de 1848, os liberais europeus ficaram obcecados em educar e moralizar o público, e debateram como fazê-lo. Alguns defendiam a disseminação e implementação dos princípios do *laissez-faire*. Na verdade, alguns se tornaram muito doutrinários sobre isso. Esses eram os liberais que, após a experiência de 1848, afirmaram que os trabalhadores se comportaram mal porque não entendiam as "leis da economia". A ignorância dos trabalhadores os tornara vulneráveis a ideias fantasiosas e absurdas propagadas por charlatães.[32] Portanto, uma das tarefas mais urgentes dos economistas políticos era disseminar uma compreensão adequada da economia para o público em geral. Era crucial evitar que as ideias socialistas se propagassem e combatê-las com as lições salutares do *laissez-faire*. Os trabalhadores precisavam saber que os esforços do governo para superar, ou mesmo domar, as leis da economia estavam sempre fadados ao fracasso. A "caridade legal" *causava* o pauperismo, ao invés de impedi-lo. E, assim, vários economistas políticos decidiram fazer exatamente isso em jornais, revistas, dicionários, panfletos e livros. O *Dicionário Francês de Economia Política* é um exemplo. Era uma grande ilusão pensar que o socialismo poderia abolir a pobreza, dizia. A intervenção do Estado na economia era ineficaz e poderia ser perigosa. Talvez os liberais devessem até parar de usar a palavra "social", porque inspirava muitas ideias malucas.[33]

Depois de 1848, o ideólogo do livre-comércio e *laissez-faire*, Frédéric Bastiat, dedicou todos os seus esforços à luta contra o socialismo, descrevendo suas ideias anteriores com veemência cada vez maior. Ceder às demandas dos trabalhadores não deve ser chamado de caridade legal, uma vez que, na realidade, era "pilhagem legal", escreveu. O problema da pobreza não se devia à pouca intervenção governamental, mas à muita. O governo deveria fornecer apenas proteção física e justiça. Além disso, deveria permitir o livre jogo das "leis da harmonia", que o próprio Deus providenciou para o progresso da humanidade. A competição destituída de interesses individuais geraria a riqueza que fluiria para os pobres. No meio tempo, os trabalhadores deveriam aprender a aceitar que sua dor e sofrimento eram "parte do plano providencial".[34]

Economistas políticos franceses como Bastiat continuaram a propagar a ideia de que culpa da pobreza e a miséria das classes trabalhadoras era principalmente delas. Elas eram preguiçosas, irresponsáveis e propensas à prodigalidade. Para sair da pobreza, precisavam aprender bons hábitos: regularidade, diligência e sobriedade. Precisavam aprender o valor do trabalho árduo, da responsabilidade e da autossuficiência — tudo isso ensinado pelo mercado e pela religião. Mais importante ainda, os trabalhadores precisavam entender que o governo nada tinha a ver com suas dificuldades. A natureza atribuiu a cada pessoa sua posição na sociedade, e a única maneira de melhorar sua condição era melhorando seu próprio caráter.

John Smith Prince era um grande admirador de Bastiat e traduziu *Economic Harmonies* [*Harmonias Econômicas*, em tradução livre] para o alemão, em 1850. Smith negou que houvesse até mesmo uma "questão social". A economia estava sujeita a certas leis inalteráveis. Ignorá-las em busca de uma solução para o descontentamento social faria mais mal do que bem. A única maneira de diminuir o nível de sofrimento era fazer a economia crescer por meio do livre funcionamento do mercado. Os trabalhadores deveriam ser informados de que sua aflição se devia principalmente às suas próprias falhas. Autoajuda e responsabilidade pessoal eram a única solução.

Mas essas ideias de *laissez-faire* extremas estavam longe de ser representativas da opinião liberal na Alemanha. Os liberais preocupavam-se mais do que nunca com a possibilidade de o desenvolvimento industrial em condições de *laissez-faire* levar ao surgimento de um proletariado, isto é, a um grupo de pessoas mergulhadas na pobreza material e na degradação espiritual. A maioria deles rejeitou o *laissez-faire* doutrinário e continuou a usar os termos pejorativos "smithianismo" e "manchesterismo" para indicar que tais ideias eram impraticáveis, ineficazes e até imorais.

John Stuart Mill também rejeitou qualquer adesão doutrinária ou extremista aos princípios do *laissez-faire*. Sempre francófilo, ele até escreveu ao socialista Louis Blanc para expressar simpatia por certas ideias socialistas em 1848. Como Mill explicou mais tarde, ele e sua esposa dedicaram muito tempo "ao estudo dos melhores escritores socialistas do continente".[35]

A atração de Mill por aspectos do socialismo só cresceu com o tempo, como pode ser visto nas mudanças que fez na segunda e na terceira edições de *Princípios de Economia Política*. Ele se tornou cada vez mais sensível aos problemas sociais e receptivo à ideia de que a pobreza tinha pouco a ver com as falhas morais dos pobres, e mais com o "grande fracasso do arranjo existente da sociedade". Mill passou a acreditar que era necessário uma "transformação social".[36] Em 1866, entrou no Parlamento como liberal e lutou arduamente contra qualquer política baseada nos princípios do *laissez-faire*.[37]

Ao longo das décadas de 1850 e 1860, os comentaristas franceses difundiram cada vez mais a ideia de que era necessário forjar um meio-termo entre o *laissez-faire* e o socialismo. O liberalismo dos economistas do *laissez-faire* era um *falso* liberalismo que apenas encorajava o atomismo social, declarou um autor.[38] O que era necessário era o "socialismo liberal".[39] O estado deve se tornar um "instrumento de civilização".[40]

Charles Dupont-White, tradutor francês amigo de Mill, usou o termo depreciativo "individualista" para se referir àqueles que pregavam o *lais-*

sez-faire. Um sistema baseado exclusivamente na competição e no interesse próprio era, em sua opinião, completamente insustentável. O estado deve intervir para proteger e promover o bem público. O progresso exige mais ação do governo, não menos. O que era necessário agora era "caridade legal", afirmou. E, embora, em princípio, ele fosse favorável ao livre comércio, insistiu em que "não há liberdade sem regulamentação".[41]

Como muitos outros liberais da época, Dupont-White se preocupava menos com a intervenção do governo do que com os tipos de seres humanos que a sociedade moderna estava criando. *Da democracia na América*, de Tocqueville, advertia seus leitores que a sociedade democrática tinha uma tendência a encorajar o egoísmo. Mill, que revisou os dois volumes do livro de Tocqueville, concordou. A democracia tinha uma propensão natural para corroer o caráter. Os homens modernos eram suscetíveis a se tornarem mesquinhos e egoístas, escreveu ele. Era importante cultivar um espírito diferente para combater essa tendência à degradação moral. Essa foi a proposição de seu famoso ensaio *A Liberdade* (1859), em que Mill expressou preocupações não tanto sobre os perigos do intervencionismo estatal, mas sobre como estimular a educação moral da humanidade.

O Papel da Família

Falar da moralização da humanidade significava invariavelmente falar das mulheres. Durante séculos, teólogos, juristas e pensadores políticos afirmaram que as mulheres desempenhavam papéis cruciais como socializadoras e moralizadoras de suas famílias. Dizia-se que ter esposa e família domava e civilizava os homens que, de outra forma, eram propensos a comportamentos egoístas, irritáveis e até violentos. Um consenso generalizado sustentava que as mulheres eram mais amorosas, compassivas e generosas do que os homens, e que ensinavam os valores dos quais dependia qualquer ordem social: autossacrifício, disciplina e compaixão pelos outros. Esses valores eram importantes nas democracias, onde os homens corriam um risco especialmente alto de perder seu caráter. "Nenhuma comunidade livre jamais existiu sem moral", disse Tocqueville: "a moral é obra da mulher".[42] Na verdade, as mulheres eram um dos segredos do sucesso da América, escreveu ele em *Da democracia na América*.

Portanto, era especialmente perturbador para os liberais ver mulheres participando de levantes. Durante as Revoluções de 1848, jornais de lugares tão distantes quanto os Estados Unidos mostraram-se chocados com o envolvimento de mulheres na revolta. Foi relatado que elas haviam se tornado tão indignadas, violentas e vingativas quanto os homens, uma clara reversão da ordem moral e natural. As mulheres francesas haviam se "tornado" assexuadas por meio de sua conduta.[43] Os jornais também relataram que mulheres e meninas foram estupradas e torturadas nas ruas, o que reforçou a mensagem de que sua participação em conflitos políticos era desastrosa para a moral pública.

Pessoas de todo o âmbito político concordavam que a saúde moral de uma nação dependia, em grande medida, do desempenho das mulheres em seu designado papel doméstico. Onde havia desacordo não era importante para as mulheres, mas sim quais valores morais elas deveriam ensinar a suas famílias. A Igreja Católica decretou que as mulheres ensinassem os valores cristãos tradicionais: humildade, piedade e obediência à autoridade. Os liberais disseram que deveriam ensinar caráter e virilidade, qualidades essenciais para uma cidadania responsável. Ter esposa e família ensinava aos homens sobriedade, diligência e responsabilidade pessoal. No seio da família e sob a influência de suas esposas, os homens adquiriam o hábito de se autorregular. Eles aprendiam o autocontrole.

Muitos liberais também defendiam um tipo diferente de casamento, baseado não no patriarcado, mas no companheirismo. Giuseppe Mazzini chamou a família de "o berço da Humanidade", mas disse que ela apenas inspiraria os valores corretos se fosse baseada no amor e respeito mútuos, não na autoridade masculina. Ele pediu aos homens que pensassem nas mulheres como parceiras, não como subordinadas.[44] Para John Stuart Mill, a família, conforme definida na época, era uma "escola de despotismo"; como tal, nunca poderia transformar as crianças em cidadãos responsáveis. A única maneira de a família ensinar moral era por meio de uma parceria de iguais.[45]

A maioria das mulheres com inclinações liberais não negava sua diferença "natural", nem seu papel principal como esposa e mãe. Nisso, elas não eram diferentes de seus antepassados do século XVIII. O jornal parisiense *Voix des femmes*, lançado em 1848, fez eco a Tocqueville quando disse que a moralidade de uma nação dependia da moralidade das mulheres. Quando pediam reformas, era para melhor cumprir seus deveres; elas queriam participar mais plenamente na "regeneração da humanidade". Como esperar que elas educassem suas famílias adequadamente se suas próprias mentes eram "degradadas e escravizadas"?[46] Para fazer seu trabalho, elas precisavam primeiro se educar intelectual e moralmente.

Os liberais, sejam homens ou mulheres, divergem sobre a questão do voto. Muito poucos seguiram o exemplo das feministas americanas Elizabeth Cady Stanton e Lucretia Mott, que fizeram campanha pelo sufrágio feminino. Sem se deixar abater pelos relatos negativos dos jornais sobre a participação feminina nas revoluções europeias, Stanton e Mott organizaram a primeira convenção nacional de mulheres em Seneca Falls, Nova York, menos de um mês após os notórios Dias de Junho em Paris. Elas publicaram uma Declaração de Sentimentos baseada na Declaração de Independência, alegando que "todos os homens e *mulheres* são criados iguais", e adicionaram uma lista de queixas à segunda parte da declaração.

A filósofa britânica e defensora dos direitos das mulheres, Harriet Taylor, também foi uma defensora declarada do voto feminino. Seu ensaio sobre *"The Enfranchisement of Women"* [*A Emancipação das Mulheres*, em tradução livre], publicado na *Westminster Review* em julho de 1851, apoiou a plena igualdade para as mulheres em todos os direitos, políticos, civis e sociais. Até que possuíssem tais direitos, afirmou, permaneceriam escravas dos homens. Nenhum indivíduo deve ter permissão para decidir por outro o que está em seu devido território. Cada ocupação deve ser aberta a todos, com total liberdade de escolha. Seguindo Taylor, seu marido, John Stuart Mill, também defendeu a plena igualdade das mulheres, incluindo ao direito de voto. Ele foi além e questionou se a natureza das mulheres era, de fato, tão diferente da dos homens. "O que agora é chamado de natureza das mulheres, é uma coisa extremamente artificial — o resultado da repressão forçada em algumas direções, do estímulo não natural em outras", ponderou.[47]

Mill teve muitos discípulos e admiradores, incluindo Louis Dittmar na Alemanha. Dittmar concordou em que uma família devidamente constituída era essencial para a saúde de um estado liberal, e que manter as mulheres em um estado de subordinação legal não funcionaria para moralizar a sociedade. Elas precisavam do voto, bem como de acesso a uma educação melhor e independência econômica. Só então poderiam existir famílias felizes e moralmente saudáveis das quais dependia uma sociedade liberal de sucesso. As "amarras da escravidão" das mulheres tinham que ser quebradas.

No entanto, os liberais que defendiam o voto feminino eram clara minoria. A maioria dos liberais da época ridicularizava a ideia. O jurista e político liberal alemão Johann Bluntschli falou por muitos quando declarou que conceder direitos políticos às mulheres seria "perigoso para o estado e prejudicial para as mulheres".[48] As mulheres eram seres sentimentais e seu julgamento era falho. Sua saúde seria arruinada se deixassem o confinamento de seu lar. A suposta emotividade, fraqueza e irracionalidade das mulheres levaram liberais como Bluntschli a sustentar que precisavam ser governados por homens.

A Religião da Humanidade

As questões morais também estavam, como sempre, intimamente ligadas às da religião. O fracasso das Revoluções de 1848 apenas reforçou a crença liberal de que uma reforma religiosa era necessária antes que qualquer progresso político real pudesse ser feito.

Para Mill, uma das principais lições das revoluções foi que as mentes da comunidade tinham de ser mudadas antes que qualquer ideia nova e socialista tivesse chance de sucesso. Era necessária uma "melhora real no estado intelectual e moral" da humanidade. Uma maneira era por meio de casamentos mais igualitários; outra era uma educação liberal que ensinasse aos alunos "ética e política, no sentido mais amplo".[49] Mas Mill também acreditava que mudar as mentes dos homens modernos exigia uma mudança na religião. O Cristianismo fixou os pensamentos das pessoas em sua própria salvação, tornando-as egoístas e desconectadas de qualquer senso de dever para com seus semelhantes. Era necessária uma "Religião da Humanidade" que cultivasse nos indivíduos "um profundo sentimento pelo bem geral", escreveu Mill.[50]

Como vimos, desde a própria concepção do liberalismo, reformar a religião era uma preocupação liberal. Constant e de Staël defenderam a necessidade de uma versão nova e iluminista do protestantismo. Agora, um número crescente de liberais em toda a Europa adotava o termo "Religião da Humanidade" para o que eles tinham em mente. Segundo eles, era necessário "um evangelho novo e benigno" para inspirar devoção ao bem comum.[51] Bluntschli também a chamou de "Religião de Jesus", despojada de dogmas e dedicada ao ensino da moral.[52]

Os liberais franceses, que viviam em um país predominantemente católico, foram os mais prolíficos no assunto. O historiador e professor Edgar Quinet, um admirador dos escritos de Benjamin Constant sobre religião, concordou com ele que uma forma liberal de protestantismo seria o melhor. Isso ajudaria a França na transição da saída do catolicismo. Em seu livro de 1856, *Letter on the Religious and Moral Situation in Europe* [*Uma Carta sobre a Situação Religiosa e Moral na Europa*, em tradução livre], Quinet argumentou que séculos de catolicismo em conluio com o governo absoluto haviam tornado os franceses indolentes, servis, egoístas e materialistas. Eles nutriam um respeito doentio pela autoridade e um completo desprezo pela responsabilidade individual. Mas o problema era que dificilmente desistiriam de seu catolicismo por completo. Seria impossível convertê-los à "pura luz da razão" da noite para o dia. O que era necessário, então, era uma religião provisória que ajudasse os franceses na transição. Essa religião, Quinet pensou, poderia ser o unitarismo do pregador americano William Ellery Channing.

Outros liberais franceses falaram o mesmo sobre a necessidade de uma religião de transição. Em *Letters on the Religious Question* [*Cartas sobre a Questão Religiosa*, em tradução livre], o popular romancista Eugene Sue escreveu que não se podia esperar que a população renunciasse ao catolicismo de uma só vez. O unitarismo era uma fé provisória aceitável porque ensinava virtude cívica, patriotismo e ódio ao despotismo. Poderia ser um caminho para a religião natural.[53] Alguns liberais disseram que o unitarismo poderia levar as pessoas a uma religião ainda melhor, isto é, a "Religião da Humanidade"; outros disseram que *era* a Religião da Humanidade.[54] Os admiradores de Channing começaram a disseminar suas ideias por meio de artigos em periódicos como o *Journal des Débats* e pela tradução de seus escritos para o francês.

Vários liberais em outras partes da Europa também permaneceram muito críticos a respeito do catolicismo. O *Staats-Lexikon* alemão costumava ser hostil e, quando se tratava da Ordem dos Jesuítas, absolutamente ofensivo. Os jesuítas declararam uma guerra total "contra o *Bildung** e a

---

* A palavra alemã Bildung significa, genericamente, "cultura" e pode ser considerada o duplo germânico da palavra Kultur, de origem latina. Termo de caráter bastante dinâmico, Bildung se

humanidade de nosso tempo, contra a luz e o esclarecimento, contra o bem-estar do povo, contra o bem-estar do Estado e a felicidade da família", dizia.[55] Eles eram uma doença que colocava em perigo as mais sagradas crenças liberais. Declarados inimigos do progresso humano, os jesuítas eram "criminosos contra a humanidade".[56] Dificilmente alguém poderia ser mais hostil.

Entretanto, os liberais alemães não apenas abominavam o catolicismo; as versões ortodoxas do protestantismo eram quase igualmente horríveis para eles. Em 1863, Bluntschli ajudou a formar a Associação Protestante, cujo objetivo era combater a religião reacionária, católica ou protestante. A cada um ou dois anos, sua associação realizava conferências para promover a separação entre igreja e estado. Um palestrante definiu o alvo da associação como "Jesuitismo das variedades católica *e protestante*".[57]

Por outro lado, Bluntschli foi relativamente receptivo aos judeus liberais. Seu artigo sobre o judaísmo no *Staatsworterbuch* afirmava que os judeus modernos "deixaram de ser um povo diferenciado". Por seu recente comportamento, eles demonstraram o desejo de pertencer à população europeia. Os judeus, portanto, não eram mais estrangeiros na Alemanha, mas sim compatriotas.[58] Claro, nem todos os liberais foram tão amigáveis.

Muitos liberais pensavam que a Maçonaria era outra forma de ensinar a Religião da Humanidade. Por toda a Europa e América, eles se juntaram às lojas maçônicas em massa. Os discursos da loja muitas vezes alardeavam o objetivo da irmandade de inculcar virtude interior e integridade. O objetivo da Maçonaria, dizia-se, era *"Bildung* moral". Nas lojas maçônicas, os homens aprendiam a se governar e adquiriam a "verdadeira masculinidade". Bluntschli chamou as lojas de "escolas da humanidade". Os maçons defendiam uma religião humana que ensinava "a moral nobre", disse ele.[59] Embora fossem muito anticatólicos, as lojas em Hamburgo, Leipzig e

---

impõe a partir da segunda metade do século XVIII, exprimindo, ao mesmo tempo, o elemento definidor, o processo e o resultado da cultura. (N. da T.)

Frankfurt começaram a admitir judeus na década de 1840, e logo lojas em outros lugares seguiram seu exemplo.

Os rituais maçônicos foram descritos como uma espécie de batismo durante o qual os homens renasciam espiritualmente. Um maçom contou: "Percebi que fui levado a uma comunidade de homens, de irmãos, de almas magnânimas... Eu me tornei outro ser humano".[60] Esta é, sem dúvida, uma das razões pelas quais o Papa Pio IX condenou severamente as lojas maçônicas, chamando-as de "Sinagogas de Satanás". No total, a Igreja Católica condenou a Maçonaria oito vezes durante o século XIX (em 1846, 1849, 1854, 1863, 1864, 1865, 1873 e 1875).

Nem todos os liberais buscaram novas religiões para promover seus objetivos moralizantes e educacionais. Na Inglaterra, muitos liberais pensavam que poderiam trabalhar dentro da Igreja Anglicana estabelecida. Também havia católicos que acreditavam que o catolicismo e a política liberal podiam ser compatíveis e se reforçar mutuamente. O historiador e político John Acton, mais tarde Lord Acton, foi um desses católicos. Ele pertenceu ao que chamou de "partido liberal" católico e tornou-se amigo íntimo e conselheiro de William Gladstone. Acton admirava os liberais católicos como Montalembert. Mas se esperava permanecer vital no mundo moderno, o catolicismo deveria ser reformado, disse Acton. Deveria ser mais aberto à ciência e a novos conhecimentos. Alguns elementos temporários, ou meramente externos, do dogma deveriam ser revisados e a obrigação de obedecer cegamente ao papa deveria ser rejeitada.[61]

As revoluções de 1848 foram um grande choque e retrocesso para os liberais. Isso os forçou a perceber que tinham inimigos novos e poderosos. Monarquistas absolutos e contrarrevolucionários católicos continuaram sendo uma grande ameaça. Mas agora eles também enfrentavam novas ameaças da esquerda: uma série de tendências políticas, como democracia radical, republicanismo e até socialismo.

Assim que se recuperaram, os liberais refletiram muito sobre por que as revoluções ocorreram. Não colocaram a culpa em um sistema político injusto nem em uma economia exploradora. Em vez disso, eles culparam a moral — ou a falta dela — do público. Os pobres foram seduzidos pelo socialismo; foram enganados para acreditar em uma ideologia egoísta e materialista que ameaçava toda a ordem social e política, incluindo suas próprias vidas e meios de subsistência. Nisso, os liberais de fato concordavam com os conservadores: os problemas sociais eram essencialmente problemas morais. Mais do que nunca, eles ficaram obcecados com a necessidade de moralizar e educar o público. Isso os levou a dar uma nova ênfase à família e à necessidade de reforma religiosa.

CAPÍTULO CINCO

Cesarismo e Democracia Liberal

NAPOLEÃO III, LINCOLN, GLADSTONE E BISMARCK

O primeiro dever imposto aos que hoje dirigem a sociedade é educar a democracia.

— ALEXIS DE TOCQUEVILLE, 1835

TOCQUEVILLE FOI APENAS um entre muitos liberais que culparam as Revoluções de 1848 pela degeneração moral generalizada. A revolução foi causada pelo materialismo, pelo egoísmo e pela irracionalidade do povo francês, concluíram eles. As massas eram presas fáceis para demagogos que propagavam ideias malucas.

Essas visões negativas do público foram a razão pela qual o termo "democracia liberal" pareceria contraditório para a maioria dos liberais no século XIX. As sucessivas revoluções e os reinados de dois Napoleões deixaram claro como a democracia poderia facilmente se aliar ao despotismo. A democracia, evidentemente, era naturalmente *antiliberal*.

Mas os liberais também sabiam que o problema não era apenas o público. Havia, ao mesmo tempo, uma questão de liderança. O primeiro dever daqueles que dirigiam a sociedade, escreveu Tocqueville em *Da Democracia na América*, era "educar a democracia". Os líderes da Monarquia de Julho abdicaram dessa responsabilidade; eles foram indiferentes e egoístas, o que levou a uma revolução desnecessária seguida por outra ditadura.

As democracias estavam condenadas a ser antiliberais? Elas poderiam, com a liderança certa, tornar-se liberais? Nas décadas de 1850 e 1860, o surgimento de quatro líderes poderosos despertou reflexões sobre essa questão.

Napoleão III e Cesarismo

Como pessoa e líder, Napoleão III foi alvo de muita zombaria e desdém. Karl Marx o chamou de "uma mediocridade grotesca" e ridicularizou seu reinado como uma farsa patética. Outros o chamaram de "anão", "anão nojento", "canalha", "ladrão", "tirano" e até mesmo "assassino". Talvez o insulto mais famoso tenha vindo de um dos maiores escritores da França, Victor Hugo, que ridicularizou o imperador com o título de "Napoleão, o Pequeno". O político liberal Charles de Rémusat disse que ele era um "idiota" abaixo do desprezo. Mas Rémusat também reconheceu que Napoleão III "mudou o curso da história".[1]

O segundo regime napoleônico, deliberadamente modelado pelo primeiro, atraiu muitos comentários em todo o mundo. Observadores estrangeiros notaram com consternação que uma revolução seguida por uma eleição democrática havia mais uma vez produzido um ditador. O *Living Age*, um jornal da cidade de Nova York, argumentou que o sufrágio universal na França era impossível, já que a única coisa em que os franceses votavam era na "própria submissão a um novo mestre".[2] O secretário de Estado dos EUA, Daniel Webster, chamou o governo de Luís Napoleão de uma catástrofe que enfraqueceria a fé de todos no futuro da democracia.[3] Mais uma vez, o público votou em um ditador e demagogo.

O regime de Luís Napoleão era basicamente o tipo de governo que Benjamin Constant tentara tanto impedir 50 anos antes: um governo autoritário, baseado no sufrágio universal masculino. Afirmando representar o povo, o imperador explorou seus piores instintos em benefício próprio. Foi uma espécie de *déjà-vu*, embora, em alguns aspectos, ainda pior. Desta vez, uma eleição popular serviu para estabelecer um despotismo mais absoluto do que qualquer outro na história francesa. Isso apenas confirmou a percepção de Tocqueville de que as sociedades democráticas eram especialmente vulneráveis a novas e mais insidiosas formas de opressão. Com o tempo, e graças, em parte, ao segundo Napoleão, Tocqueville tornou-se mais pessimista sobre as perspectivas da democracia.[4]

O interesse pela forma de governo de Napoleão III foi especialmente intenso, porque parecia constituir um tipo novo e híbrido de regime — economicamente progressista, mas socialmente conservador, popular, mas autoritário. Os estudiosos modernos o compararam tanto a um estado policial quanto a um estado de bem-estar, embora esses termos e conceitos ainda não existissem. Embora o imperador impusesse novas medidas autoritárias e usasse censura e vigilância para sufocar qualquer oposição, ele ofereceu aos trabalhadores uma gama de medidas de alívio sem precedentes: sopa comunitária, controle de preços do pão, planos de seguro, planos de aposentadoria, orfanatos, berçários e hospitais. Ele subsidiou banquetes, festivais e cerimônias de entrega de prêmios para os trabalhadores. Ofereceu incentivos fiscais e subsídios para incorporadores dispostos a construir moradias de baixo custo. Patrocinou a ida de uma delegação de trabalhadores franceses à Exposição de Londres de 1862. E tudo isso foi amplamente divulgado na imprensa controlada pelo Estado. Tocqueville considerou as palavras "despotismo" e "tirania" inadequadas para esse tipo de governo. "A coisa em si é nova", disse ele, preparando-se para analisá-la.⁵ No final, a palavra adotada para descrever esse tipo de despotismo foi "cesarismo".

Cesarismo tornou-se o nome de uma forma moderna de ditadura democrática, o governo de um homem-forte militar, que centralizava o poder nas próprias mãos enquanto afirmava personificar a vontade do povo. A palavra foi usada alternadamente com "napoleonismo" ou "bonapartismo", e não era necessariamente um termo de abuso. Na verdade, a primeira teoria sustentada do cesarismo foi desenvolvida por Auguste Romieu, um admirador de Napoleão III, em um pequeno tratado chamado *The Age of Caesars* [*A Era dos Césares*, em tradução livre] em 1850. Alguns conservadores agradeceram ao cesarismo de Napoleão III por restaurar a ordem. Alguns socialistas também o elogiaram por seu cesarismo.

O cesarismo era um rótulo apropriado para a forma de governo de Napoleão III por várias razões. O primeiro Napoleão se inspirou no ditador romano, e o segundo imitou o tio de todas as maneiras possíveis. Ele devia seu poder e prestígio ao nome do tio e ao mito que evocava, então, usou alusões a Napoleão I e a César para se descrever como um líder igualmente heroico e inspirador. Seu golpe de Estado, em 2 de dezembro de 1851, foi denominado "Operação Rubicão". Ele até publicou *History of Julius Caesar* [*História de Júlio César*, em tradução livre], em que descreveu o ditador romano como um "homem superior" guiado por "motivos elevados", cuja regra era o "caminho que os franceses deveriam seguir".⁶

As referências a César e ao cesarismo multiplicaram-se durante a década de 1860. Criticar César, lamentar o declínio da República Romana ou apenas evocar o nome de Brutus tornaram-se formas de criticar Napoleão.

Na década de 1860, após uma série de contratempos pessoais, o imperador começou a liberalizar seu regime. Ele deu à Assembleia Nacional o direito de revisar e aprovar o orçamento e permitiu que Adolphe Thiers, que havia sido exilado em 1851, voltasse para a França. Relaxou os controles de imprensa e isso desencadeou uma enxurrada de artigos, panfletos e livros pedindo mais reformas. Eles carregavam títulos como Política Liberal, A Oposição Liberal, O Programa Liberal ou O Partido Liberal.[7] Thiers tornou-se o líder do que algumas pessoas novamente chamaram de União Liberal. Nas eleições de 1869, os liberais receberam quase 45% dos votos. O liberalismo, ao que parecia, havia retornado.

Mas o que exatamente isso queria dizer? O que ser liberal significava na França, na década de 1860? Mais uma vez, o Partido Liberal não estava unificado. Alguns achavam que não era muito mais do que um termo genérico para as pessoas que queriam reformas. "Todo mundo se considera liberal",[8] reclamou Jules Simon, um importante político liberal. As divergências tornavam difícil chegar a um consenso sobre uma plataforma. Havia liberais bonapartistas, orleanistas e republicanos. Houve até legitimistas liberais. Quando se tratava de política econômica, havia nítidas divisões. Alguns eram a favor de tarifas; outros não. Alguns eram antissocialistas; outros tinham pontos de vista com diferenças sutis. Alguns defendiam reformas para as mulheres, mas debatiam quais. É por isso que os liberais se autodenominavam coalizão ou sindicato flexível. Edouard de Laboulaye, que surgiu como um dos teóricos liberais mais influentes da época, referiu-se a eles como "uma igreja universal onde há espaço para quem acredita na liberdade".[9]

Para Laboulaye e muitos outros, ser liberal significava trabalhar com o imperador para introduzir reformas. Eles insistiram que não desejavam provocar uma revolução ou derrubar o governo. Buscaram reformas graduais para instituir um sistema genuinamente representativo, com eleições reais e um ministério responsável. Queriam o poder descentralizado e os direitos individuais consagrados por lei, entre os quais a liberdade de imprensa era particularmente importante.

Os liberais frequentemente apontavam as constituições inglesa e americana como modelos com os quais os franceses deveriam aprender. "Temos diante de nossos olhos duas grandes nações que possuem instituições verdadeiramente liberais, Inglaterra e Estados Unidos", dizia um panfleto. Não importava que uma fosse uma monarquia e a outra uma república; a França poderia aprender com ambas.[10] Como sempre, a maioria dos liberais era desconfiada e frequentemente até hostil à democracia; mas agora eles também estavam resignados com sua inevitabilidade. Como dissera Tocqueville, não havia como impedir o que a Providência desejava. Essa percepção tornou cada vez mais urgente canalizá-lo, contê-lo e torná-lo *seguro*. E tornar a democracia segura significava educar e moralizar o público.

Foi para educar o eleitorado que Auguste Nefftzer fundou o jornal *Le Temps*, em 1861. Nefftzer, um protestante liberal da região francesa da Alsácia, havia trabalhado anteriormente em vários jornais e ficou preso um mês por publicar um artigo crítico sobre Napoleão III. Nefftzer também estudou teologia na Alemanha e, em 1858, foi cofundador da *Revue Germanique*, de língua francesa, cujo objetivo era levar o pensamento e a cultura alemães para a França.

Conforme declarado na primeira página da primeira edição do *Le Temps*, o objetivo do Partido Liberal era explicar a democracia, elevá-la e dar-lhe "capacidade". Esse também foi o ponto principal de um notável artigo sobre liberalismo escrito por Nefftzer e publicado em seu jornal. A instrução pública era o objetivo mais importante de qualquer agenda liberal, disse Nefftzer.[11] Sem ela, a democracia inevitavelmente desceria pela ladeira escorregadia do cesarismo.

Uma democracia liberal era um tipo especial de democracia, explicou Nefftzer. Uma democracia que colocaria limites constitucionais no poder do Estado e garantiria certas liberdades individuais fundamentais. A mais importante dessas garantias era a liberdade de pensamento, da qual derivavam todas as outras liberdades: de religião, ensino, associação e imprensa. Essas eram as liberdades que salvariam a democracia de suas tendências inerentemente despóticas.

Foi principalmente para transmitir essa mesma lição que Edouard Laboulaye lançou uma nova edição do *Curso de Política Constitucional* de Benjamin Constant, em 1861. Hoje, Laboulaye é mais conhecido como a pessoa que organizou a doação da Estátua da Liberdade para a América. Em 1861, foi professor de direito comparado no *Collège de France* e a maior autoridade do país em questões dos Estados Unidos. Como Tocqueville, por quem ele tinha muita admiração, Laboulaye achava que a França tinha muito a aprender com a América.

Disponibilizar uma nova edição dos principais escritos de Constant ao público em geral fazia muito sentido. Afinal, o liberalismo de Constant foi concebido em reação ao despotismo do primeiro Napoleão, e ele ajudou o imperador a liberalizar seu regime em 1815. Talvez Laboulaye esperasse convencer o segundo Napoleão a aceitar os princípios liberais de Constant, como seu tio fizera cinquenta anos antes.

Não é por acaso que a introdução de Laboulaye continha longas passagens sobre o imperador romano Júlio César. Sua ascensão ao poder, afirmou Laboulaye, foi facilitada pela degradação moral do povo romano. Em contraste, Laboulaye lembrou oportunamente o "espírito alemão" exibido pelos bárbaros bravos e amantes da liberdade que resistiram ao imperador. Qualquer leitor saberia com facilidade a quem ele se referia.

Foi neste contexto que surgiu a expressão "democracia liberal". Uma das primeiras pessoas a usá-la foi Charles de Montalembert. Como lembramos, Montalembert era o nobre católico que havia sido repreendido pelo papa por seu liberalismo, em 1830. Em 1858, ele foi preso por Napoleão por um artigo que elogiava o sistema constitucional da Inglaterra. Agora, em 1863, Montalembert desafiou mais uma vez as autoridades, tanto políticas quanto religiosas, ao proferir dois discursos públicos e polêmicos em Malines, na Bélgica. Os discursos foram então publicados e amplamente divulgados.

Depois da França, a Bélgica foi talvez a única outra história de sucesso das Revoluções de 1830. Uma revolta em agosto daquele ano levou à criação de um país independente, com uma monarquia parlamentar constitucional duradoura. E, apesar do fato de a Bélgica ser predominantemente católica, sua constituição garantia a liberdade religiosa e reconhecia a separação entre Igreja e Estado.

A primeira coisa polêmica que Montalembert fez em seu discurso foi pedir aos católicos de todo o mundo que prestassem atenção ao exemplo da Bélgica. Eles deveriam abrir mão de seu apoio à monarquia absoluta e aceitar a separação entre Igreja e Estado. O Antigo Regime estava morto e os católicos deveriam parar de sonhar com sua restauração, disse Montalembert. Uma "igreja livre em um estado livre" deveria ser seu objetivo. Não havia uma única liberdade moderna que não pudesse ser útil à Igreja Católica, ele insistia, chegando a dizer que a liberdade de consciência era o direito mais necessário, precioso e "sagrado" de todos.[12]

Montalembert também falou aos liberais. A democracia era incontrolável, então não fazia sentido tentar resistir a ela. Em vez disso, eles deveriam lutar para *tornar* a democracia liberal, lutando pelo reconhecimento das liberdades essenciais, como a de pensamento, imprensa e ensino, bem como a separação entre Igreja e Estado. Resistir a uma democracia "antiliberal" e lutar para ajudar a "democracia a se tornar liberal" deve ser o objetivo dos liberais. Transformar uma "democracia imperial" em liberal era a tarefa crucial em mãos.

Para Montalembert, o termo "democracia liberal" era claramente um termo aspiracional e não descritivo. Era algo pelo qual os liberais deveriam lutar, uma meta a ser alcançada. Era diferente da democracia pura ou da democracia imperial por ser uma forma genuinamente representativa de governo, que colocava limites aos poderes do governo e reconhecia certas liberdades essenciais. Entre essas, mais uma vez as mais importantes foram a liberdade de pensar, ler, criticar e publicar livremente. Mas essas liberdades eram necessárias não por causa da liberdade em si, nem pela mera proteção dos direitos ou interesses dos cidadãos, mas por possibilitar sua educação e aprimoramento moral. Tornar a democracia liberal significava lutar contra o egoísmo e o materialismo que tantas vezes a acompanhavam e que a tornavam vulnerável ao cesarismo.[13]

Montalembert achava que os liberais também precisavam aprender outra lição. O catolicismo não precisava ser seu inimigo, disse ele. Ao contrário, o catolicismo era perfeitamente adequado para ajudar as democracias a se tornarem liberais porque encorajava as pessoas a levarem uma vida moral. O catolicismo serviu como um antídoto para a "paixão pelo bem-estar" que oprimia e acabou corrompendo as sociedades democráticas.

Nos anos seguintes, o conceito de cesarismo ajudou os liberais a compreenderem e enfrentarem os perigos da democracia moderna. Intimamente identificado com o reinado de Napoleão III, fez com que se concentrassem, mais uma vez, nos problemas interligados de educação e moral pública. Em um artigo de 1865 para o *Economist* intitulado "*Cesarianism as It Now Exists*" [Cesarismo como Existe Agora, em tradução livre], um jornalista britânico foi ao cerne da questão. Napoleão III estava deliberadamente impedindo a divulgação de informações ao público para manter os franceses em um estado de imaturidade política e intelectual. Esse era o aspecto mais perigoso e, na verdade, trágico de sua forma de governo. Napoleão não permitia nenhum pensamento individual, nenhuma crítica.[14]

Um verbete sobre cesarismo no *Larousse Dictionary* de 1867 reiterou o ponto. O cesarismo era uma forma de governo que tanto encorajava quanto lucrava com a ignorância das massas. De acordo com o *Littré's Dictionary* de 1873, a palavra se aplicava "àquelas pessoas que não podem ou não sabem como se governar".[15]

Na verdade, Montalembert estava apenas reiterando o que os liberais de Constant e Madame de Staël a Mill e Tocqueville haviam enfatizado repetidamente: a necessidade de educação e aprimoramento moral. Laboulaye admirou o fato de que Constant, como outros protestantes liberais de sua época, via a liberdade como conectada à ideia de "perfectibilidade" humana. A liberdade que esses liberais buscavam não tinha nada a ver com egoísmo, ou a busca de prazeres materiais, pelos quais Laboulaye, Montalembert e muitos deles mostraram apenas desprezo. É por isso que eles falavam com tanta frequência sobre a necessidade de promover a "individualidade" em vez do "individualismo". A verdadeira fonte do direito do homem à liberdade era o dever de melhorar a si mesmo. Isso também significava absorver os valores do patriotismo, da dedicação e do autossacrifício, em suma, o que um liberal como Nefftzer chamava de virtude cívica, e de que os franceses tanto careciam. Só então eles poderiam esperar governar-se em uma "democracia liberal".

"O objetivo supremo, o objetivo mais elevado que um homem pode propor aqui embaixo, é desenvolver todas as suas faculdades; melhorar a si próprio, mesmo à custa de sofrimento", escreveu Laboulaye. Na mesma linha, Nefftzer escreveu que o liberalismo dependia da generosidade e do espírito público. O liberalismo dependia da consciência de que "um homem livre tem direitos, mas também deveres".[16]

Os discursos de Montalembert geraram uma resposta imediata e contundente de Pio IX. O papa reagiu da mesma forma que seus predecessores: publicando uma encíclica de denúncia severa. Seu *Quanta Cura*, com seu *Sílabo dos Erros* em anexo, condenou o liberalismo em sua totalidade. Ele decretou, como uma questão de doutrina católica oficial, que o liberalismo era fundamentalmente incompatível com o catolicismo. Denunciou explicitamente a separação entre Igreja e Estado, soberania popular, liberdade de consciência e liberdade de imprensa. Rejeitou oitenta dessas proposições liberais, declarando ser um "erro monstruoso" acreditar que a Igreja pudesse se conciliar ao liberalismo. Não poderia haver acordo entre a Igreja e culturas, ideias ou políticas modernas. O catolicismo *não* deve ser convocado para tornar as democracias liberais.

Com o tempo, o *Quanta Cura* e o *Sílabo dos Erros* se tornariam os documentos católicos mais citados e discutidos de todos os tempos. Os divulgadores católicos reforçaram sua mensagem, muitas vezes em termos veementes e implacáveis. Eles proclamaram em voz alta a oposição implacável da Igreja a qualquer compromisso com os valores liberais, denunciando incessantemente os liberais como anticristãos e imorais. Ao enfraquecer a Igreja *vis-à-vis* o Estado, foram os próprios católicos liberais os responsáveis pelo cesarismo, afirmou um desses divuvlgadores.[17]

Os pronunciamentos do papa foram mais um golpe para muitos católicos que se consideravam liberais. Um deles era o americano Orestes Brownson, notório vira-casaca quando o assunto era religião. Batizado na Igreja Presbiteriana quando adolescente, converteu-se ao universalismo, e mais tarde, abraçou o unitarismo, seguido pelo transcendentalismo, antes de se converter ao catolicismo, em 1844. A partir daí, Brownson foi um defensor incansável e categórico da Igreja Católica. Mas ele também apoiou as tentativas dos liberais católicos da Europa de demonstrar a relação mutuamente sustentável entre o catolicismo e o liberalismo político.

Brownson tentou explicar que o problema era que a maioria dos católicos não entendia a diferença fundamental entre o liberalismo *religioso* e o *político*. Erroneamente, rejeitaram o liberalismo por completo. Brownson concordou que o liberalismo religioso era algo muito ruim. Baseado no racionalismo, inevitavelmente levava à negação da revelação, o que por sua vez encorajava um desrespeito pecaminoso por toda autoridade. O liberalismo do tipo religioso inevitavelmente levava à permissividade, ao caos moral e, por fim, à ruína da sociedade. Por outro lado, o liberalismo político era outra palavra para o sistema constitucional americano, pelo qual Brownson expressou apenas aprovação e até reverência.

O *Sílabo dos Erros*, de 1864, reforçou a convicção de muitos liberais de que o catolicismo estava entre seus maiores adversários. Isso desencadeou uma enxurrada de publicações que defendiam a separação Igreja-Estado e promoviam o cristianismo e o protestantismo liberais. As obras do pregador unitarista americano William Ellery Channing foram traduzidas e divulgadas.

Um dos principais defensores da separação entre Igreja e Estado foi Edouard de Laboulaye. Em sua série de palestras de abertura no Collège de France, em 1849, ele havia elogiado a "liberdade absoluta de religião", que acreditava ser garantida pela Constituição Americana e que contrastava fortemente com a situação na França. Laboulaye traduziu e divulgou as obras de Channing, ajudando, assim, a iniciar uma onda de entusiasmo pelo unitarismo americano entre os intelectuais liberais franceses. Trechos com as ideias mais radicais de Theodore Parker, discípulo de Channing, também foram traduzidas e publicadas. O que a França precisava era de uma religião totalmente não dogmática e heterodoxa que promovesse a moralidade, disseram admiradores de Channing e Parker. Essa religião deveria aceitar todos em seu rebanho, católicos, protestantes, judeus e talvez até ateus, desde que estivessem comprometidos com o propósito mais elevado de aperfeiçoar o homem e a humanidade. Alguns chamaram essa religião ecumênica de "Religião de Jesus Cristo".

O teólogo protestante Albert Réville, professor de História da Religião no prestigioso *Collège de France*, recomendou a religião liberal de Parker, que ele disse ser iluminista e moralizante, em harmonia com as instituições, liberdades e novas necessidades de sociedade moderna. Era uma religião eminentemente prática, que encorajava os homens a serem trabalhadores, inspirava as virtudes domésticas e sociais e apoiava os valores republicanos e democráticos, disse Réville. Citando Parker, Réville escreveu que uma religião como o unitarismo era "um instrumento maravilhoso de liberalismo político", porque "todos os liberalismos estão inter-relacionados".[18]

A época deve ter parecido propícia para os liberais franceses. Não apenas Napoleão estava liberalizando seu regime político, mas suas relações com o papa estavam se degradando. Durante a primeira década de seu governo, os laços entre a Igreja e o Estado se fortaleceram. A Igreja apoiou fortemente seu golpe de Estado e foi recompensada com concessões significativas. No entanto, por volta de 1860, as tensões começaram a aparecer. Os liberais aproveitaram a divisão crescente para fazer lobby pela separação entre Igreja e Estado, e com o tempo tornaram-se mais insistentes.

Entretanto, como seu tio, Napoleão não estava disposto a promover o protestantismo liberal. De qualquer forma, a Guerra Franco-Prussiana logo o removeu do poder. O projeto de moralizar a França e liberalizar a democracia foi suspenso, mas apenas temporariamente.

Abraham Lincoln e Seus Amigos Liberais em Todo o Mundo

Enquanto os liberais franceses lutavam para liberalizar sua democracia cesariana, um líder emergiu do outro lado do Atlântico e passou a simbolizar o tipo de governante por quem ansiavam. Esse líder foi Abraham Lincoln, um dos presidentes mais admirados da história dos Estados Unidos.

Não que Lincoln não tenha sido acusado de cesarismo, porque ele foi. Houve quem o acusasse de acumular deliberadamente poderes despóticos, violar as liberdades civis, provocar a Guerra Civil e destruir a república. Por causa disso, foram feitos apelos para que as pessoas aprendessem com a história romana, resistissem às usurpações de poder de Lincoln e até mesmo o assassinassem. Depois de disparar sua arma no camarote presidencial do teatro e saltar para o palco, o assassino John Wilkes Booth acenou com sua arma e gritou para o público: "*Sic sempre tyrannis*. O Sul está vingado."

Também houve europeus que acusaram Lincoln de cesarismo. Eles viam os Estados Unidos sob Lincoln como outro exemplo de democracia se degenerando em despotismo militar. Muitos na Grã-Bretanha — incluindo vários liberais — consideravam o presidente americano nada mais do que um aspirante a tirano, um demagogo que hipocritamente usou a questão da escravidão para exercer a autoridade do Norte sobre o Sul. Pela história, eles sabiam que as democracias estavam destinadas ao fracasso.

Por outro lado, havia também muitos liberais europeus que admiravam o presidente americano, vendo nele o oposto de um demagogo ou déspota. Para eles, ele foi um líder que refutou a noção de que as democracias modernas estavam condenadas e que mostrou, em vez disso, que as democracias podiam ser liberais.

A admiração dos liberais franceses por Lincoln teve muito a ver com seu abolicionismo. Voltando a Benjamin Constant e Madame de Staël, eles viam a escravidão como uma mancha no caráter nacional da América, e muitos trabalharam para acabar com ela unindo-se a várias sociedades antiescravistas, fazendo discursos e publicando livros e artigos. Na verdade, todos os liberais franceses mencionados neste livro se opunham veementemente ao comércio de escravos e à própria escravidão, que havia sido abolida em território francês em 1848.

Bem antes do início da Guerra Civil, Lincoln estava ciente do apoio dos liberais europeus à abolição. Ele lia jornais europeus e se interessava pelas atividades dos reformadores europeus. Em um discurso proferido em Peoria, Illinois, em 1854, ele reconheceu aqueles que chamou de "o partido liberal em todo o mundo", que desaprovavam a escravidão e acreditavam que ela contrariava os princípios da Constituição Americana. Suas reprovações "não são provocações de inimigos… mas o aviso de amigos", disse Lincoln.[19]

Lincoln pode muito bem ter lido a carta aberta que Tocqueville publicara no jornal abolicionista americano *Liberty Bell*, em 1856. Descrevendo-se como "o inimigo perseverante do despotismo em todos os lugares", Tocqueville disse que se sentia magoado pelo fato de que as pessoas mais livres do mundo mantinham a escravidão. Dizendo-se um velho e sincero amigo da América, ele esperava ver o dia em que a lei concederia liberdade civil igual a todos. O proeminente jornalista e abolicionista americano William Lloyd Garrison reimprimiu a carta em seu jornal, o *Liberator*.

Lincoln também se correspondeu com o liberal francês Agénor de Gasparin. Em 1861, Gasparin publicou um livro perguntando como era possível que um povo liberal como os americanos mantivesse a escravidão. No ano seguinte, ele seguiu com outro livro, que foi traduzido para o inglês. Ao eleger Lincoln, disse Gasparin, um povo liberal e generoso havia abandonado o autointeresse material para lutar pela nobre causa da emancipação. A batalha de Lincoln contra a escravidão foi, para Gasparin como para muitos liberais franceses, "a maior disputa liberal de nossos tempos".[20] Lincoln respondeu com uma carta de agradecimento, dizendo a Gasparin que era "muito admirado na América... e muito amado por sua generosidade para conosco e sua devoção aos princípios liberais em geral".[21] Os dois homens se corresponderam durante a guerra.

Esses valores liberais compartilhados foram a base de uma rede transatlântica de homens que admiravam muito Lincoln e viam a Guerra Civil de forma semelhante. Os membros incluíam John Stuart Mill, Edouard de Laboulaye, Charles de Montalembert e vários conhecidos jornalistas, editores e intelectuais norte-americanos e britânicos influentes. Charles Eliot Norton, editor do mais influente jornal transatlântico, o *North American Review*, era membro do grupo, assim como o amigo de Norton, Goldwin Smith, professor de história na Universidade de Oxford. Mais tarde, Smith tornou-se presidente da Associação Histórica Americana. Outro amigo de Norton, Edwin L. Godkin, editor do *The Nation* da cidade de Nova York, também pertencia ao círculo. O pai de Godkin foi conselheiro de William Gladstone, o primeiro-ministro liberal britânico. Finalmente, deve-se incluir George William Curtis, editor da *Harper's Weekly*.

Unidos pelo que chamavam de "liberalidade política de pensamento", esses senhores, da Grã-Bretanha, França e América, acreditavam que homens como eles eram os curadores do progresso político. Apoiaram Lincoln e o Norte na Guerra Civil, mas para eles a batalha não era apenas sobre a abolição da escravidão. Tratava-se da viabilidade das democracias. Como um membro da rede lembrou mais tarde, antes da Guerra Civil Americana, era comum pensar nas democracias como "incapazes do sentimento de lealdade, de esforço concentrado e prolongado, de concepções de longo alcance". Todos sabiam como eram vulneráveis aos déspotas. Havia uma crença generalizada de que o Norte não apenas perderia a guerra, mas seria vítima de uma espécie de Bonaparte, um César.

A questão central colocada pela Guerra Civil assemelhava-se, portanto, àquela que Tocqueville destacara vários anos antes e que agora se tornava tão oportuna na França: a democracia poderia se tornar liberal? Em outras palavras, poderia proteger as liberdades individuais e perseguir objetivos elevados e nobres — ou se mostraria materialista e ignóbil por permanecer atraída pelo despotismo? Será que os norte-americanos se dedicariam a um ideal tão nobre como a abolição da escravidão e o perseguiriam até o fim? Eles eram capazes de sustentar a coragem, o patriotismo e o autossacrifício? Por meio de sua liderança inspiradora, Lincoln provou que sim. Sob a liderança certa, uma democracia liberal era possível.

A Guerra Civil, para os liberais em toda a Europa, foi um conflito importante não apenas para a América, mas para todo o mundo. Os liberais na Grã-Bretanha, França e em outros lugares acreditavam que as perspectivas de democracia em seus próprios países estavam ligadas ao destino da União Europeia. Norton declarou que o triunfo do Norte "será compartilhado por nossos amigos estrangeiros, que estão lutando na batalha dos princípios liberais e da igualdade de direitos no Velho Mundo". Smith respondeu que "o efeito do exemplo da América permitirá que a sociedade europeia finalmente saia do feudalismo". Outro membro da rede liberal acreditava que o exemplo e as ideias dos Estados Unidos "acelerariam de modo incalculável o progresso da equalização em toda a terra". Por outro lado, se o Norte perdesse, "a democracia europeia seria silenciada e ficaria perplexa para sempre". Em 1865, em meio às comemorações da vitória da União, Curtis saudou os amigos estrangeiros do Norte. A guerra havia mostrado que "todos os crentes em um verdadeiro governo popular... em qualquer país em que vivessem" eram membros do "grande partido liberal do mundo".[22] Por seu exemplo, Lincoln provou que, com a liderança certa, uma grande democracia pode ser liberal. Ele estava educando a população americana, moralizando-a, elevando-a, da maneira que um líder verdadeiramente liberal deveria fazer.

As publicações desses admiradores de Lincoln ajudaram a transformar o presidente em uma figura transnacional engajada em uma luta nobre em nome de todas as pessoas contra o privilégio e o despotismo. Os liberais europeus admiravam sua força moral e estadista. Eles respeitaram o fato de que ele sabia como inspirar o povo americano com uma linguagem edificante.

Lincoln ofereceu um forte contraste com Napoleão III. Ele falava com os norte-americanos não como um demagogo, mas de uma forma que apelava a seus melhores instintos e qualidades mais admiráveis. Ao fazer isso, encorajava o povo a ser liberal como ele, ou seja, a amar a liberdade, a ser generoso, moral e viril.

Os liberais sabiam que seu inimigo irreconciliável, o Vaticano, favorecia o Sul. Oficialmente, a hierarquia da Igreja era neutra, mas as simpatias do papa não eram secretas. Como muitas pessoas, ele via o Sul como uma sociedade mais tradicional e aristocrática em comparação com o Norte, que parecia mais moderno e democrático, propenso à anarquia e a todos os problemas associados ao liberalismo. A publicação jesuíta *Civilta Cattolica* traçou as origens da Guerra Civil até o desejo de liberdade e o desrespeito por toda autoridade endêmica na cultura política democrática. A questão da escravidão, argumentou este jornal católico, não era uma causa humanitária, mas um pretexto para motivos egoístas subjacentes.

Após a Proclamação de Emancipação de 1863, a *Civilta Cattolica* mostrou ainda mais hostilidade ao Norte, chamando Lincoln de político traiçoeiro e seu governo de ditadura política. Ela o acusou de se envolver em uma guerra injusta por "motivos incivilizados".[23] Em uma carta que foi amplamente divulgada no mesmo ano, o papa reconheceu Jefferson Davis como o "Ilustre e honorável presidente dos Estados Confederados da América".[24] Em 1866, ele divulgou uma afirmação na qual declarou que, dependendo de certas condições, "não era de forma alguma contrário à lei natural e divina que um escravo fosse vendido, comprado ou trocado".

Muito poucos católicos proeminentes externaram apoio a Lincoln, ao Norte ou ao abolicionismo. Mas a maioria dos que o fizeram também era francesa e incluía não apenas Tocqueville, mas Laboulaye e Montalembert. O católico americano Orestes Brownson, partidário do Norte, notou esse fato. Em uma resenha muito positiva dos discursos de Montalembert na Bélgica, Brownson observou como raramente os católicos europeus apoiavam a abolição e agradeceu aos católicos liberais da França, "os únicos católicos na Europa que simpatizam com o povo leal da União".[25]

A morte de Lincoln, em 1865, desencadeou outro aumento em sua popularidade em toda a Europa. Homenagens vinculavam sua liderança e a vitória da União às perspectivas da democracia liberal em todo o mundo. Laboulaye escreveu um discurso de elogio comovente que foi amplamente divulgado. Ele celebrou os serviços do presidente não apenas para os Estados Unidos da América, mas para a causa de toda a humanidade. Goldwin Smith escreveu que os liberais ingleses também tinham motivos para ser gratos pelo heroísmo e determinação do povo norte-americano.

A vitória sindical demonstrou que o "grande partido liberal do mundo" triunfava sobre as forças do antiliberalismo.

Esses sentimentos tiveram ampla repercussão e, às vezes, em termos eloquentes. Montalembert foi efusivo — Lincoln agiu não apenas como um defensor da liberdade, mas como um verdadeiro cristão. Sua liderança e a vitória do Norte mostraram que os Estados Unidos eram agora superiores à maioria das sociedades europeias e deveriam se posicionar entre os primeiros povos do mundo.[26] Giuseppe Mazzini acreditava que os feitos heroicos dos Estados Unidos provavam que seu destino era se tornar a luz que guia o mundo inteiro. "Você se tornou uma nação líder. Você deve vir e tomar sua parte nesta batalha. É a batalha de Deus", proclamou.[27]

Norton resumiu esse otimismo liberal sobre a vitória da União em um artigo intitulado "Ideias políticas americanas" para a *North American Review*, em 1865.[28] A Guerra Civil provou que o egoísmo, a ignorância e a corrupção podem ser derrotados, escreveu ele. Os Estados Unidos demonstraram ser uma verdadeira comunidade, uma república liberal. Era isso que "Nós, o povo" significava. O país estava agora pronto para aceitar "a ideia mais inspiradora e mais promissora da civilização cristã moderna — a verdadeira fraternidade do homem". Nesse mesmo ano, Laboulaye concebeu a ideia de um monumento aos Estados Unidos — a Estátua da Liberdade.

Vale considerar o fato de que as credenciais liberais de Lincoln tinham pouco a ver com os princípios do "pequeno governo", ou *laissez-faire*. Em vez disso, elas tinham tudo a ver com seus princípios morais e a capacidade de inspirar patriotismo, coragem e devoção a objetivos nobres. Seus admiradores na Europa aparentemente não estavam muito preocupados com o fato de ele suspender o recurso de *habeas corpus*, ordenar a prisão e detenção militar de suspeitos de traição, gastar dinheiro sem a aprovação do congresso e ignorar muitas disposições constitucionais, justificando tais ações ao citar poderes de emergência concedidos a ele pelo povo.[29]

Na verdade, o uso que Lincoln fez da autoridade de emergência foi analisado cuidadosamente por Laboulaye. Foi o próprio modelo de governo de crise, concluiu ele. Lincoln respondeu à emergência sem abalar a Constituição ou o Estado de direito. Ele suspendeu o *habeas corpus*, mas apenas para salvar a Constituição. Mais importante ainda, Lincoln havia se engajado na elevação moral. Portanto, em todos esses aspectos, Lincoln foi um grande líder da democracia liberal. Ao nomear tal homem presidente, os Estados Unidos reivindicaram não apenas sua Constituição, mas também a liberdade, a democracia e a própria humanidade.

O Partido Republicano Liberal

A euforia não duraria muito. Poucos anos depois de publicar seu glorioso tributo aos ideais políticos norte-americanos, Charles Norton ficou profundamente desapontado com seu país. Ele estava angustiado com o que considerava a baixeza da vida americana, a perda da honra, das boas maneiras e dos princípios morais. Verdadeiros cavalheiros não eram encontrados em lugar algum e o dinheiro governava. A liderança do presidente Ulysses Grant contrastou flagrantemente com a de Abraham Lincoln.

Como Norton, Charles Schurz ficou exasperado com o que viu como a desmoralização da vida política sob o presidente Grant. Emigrado da Alemanha, Schurz lutou nas Revoluções de 1848. Ao chegar aos Estados Unidos, gravitou para o Partido Republicano, tornando-se uma espécie de elo de ligação para a comunidade germano-americana. Nomeado agente diplomático na Espanha, mais tarde serviu como major-general no Exército da União. Depois da guerra, ele se tornou o primeiro membro do Senado dos Estados Unidos nascido na Alemanha e acabou ocupando o cargo de Secretário do Interior.

Inicialmente, tanto Schurz quanto Norton esperavam que Grant reformasse a burocracia que havia crescido durante a Guerra Civil e se livrasse da corrupção que a acompanhava. Mas logo ficou claro que nada disso aconteceria: Grant estava até agravando a situação. Vários escândalos amplamente divulgados forneceram provas de que ele estava usando o poder de seu cargo para obter vantagens pessoais. Havia até preocupações de que ele pudesse derrubar a república e instalar uma ditadura militar se perdesse as eleições em 1872. Seu governo era uma "espécie de cesarismo" totalmente repugnante para as instituições republicanas, declarou Charles Sumner, senador por Massachusetts, no plenário do Senado.

Esses sentimentos e medos fundamentaram a criação de um novo partido político, mas de curta duração, em 1872. Um desdobramento do Partido Republicano foi fundado por Schurz com o apoio de Norton e Sumner. Ele se autodenominou Partido Republicano Liberal, sem dúvida para sinalizar sua oposição ao cesarismo e devoção aos elevados princípios morais. Além disso, havia muita discordância sobre as políticas específicas que os republicanos liberais defendiam. Mesmo em questões-chave como o livre comércio e o papel-moeda, havia opiniões divergentes. Na verdade, as dissensões dos membros acabaram levando ao fracasso e à dissolução do partido.

Mas os republicanos liberais estavam unidos em um ponto importante: o desejo de "infundir um espírito moral superior em nossa vida política".[30] Eles denunciaram ruidosamente os "políticos gananciosos", que tratavam o eleitorado como um rebanho de ovelhas e praticavam truques sujos para encher seus próprios bolsos. Clamavam por mais integridade, patriotismo e virilidade na vida pública. Essas eram as qualidades de liderança necessárias para que a democracia americana sobrevivesse aos perigos representados pelo cesarismo. Essas eram as características do liberalismo.

Gladstone, Ícone Liberal

Como Lincoln, William Gladstone se tornou um símbolo internacionalmente famoso dos princípios e valores liberais. Líder do Partido Liberal Britânico e primeiro-ministro quatro vezes entre 1868 e 1895, ele passou a personificar os valores do liberalismo vitoriano. Mas, e agora podemos perguntar, o que isso realmente significa? O que havia de liberal em Gladstone?

Não que ele tivesse apoiado Lincoln e o Norte durante a Guerra Civil, porque ele não o fez. Como a maioria dos liberais britânicos, Gladstone apoiou o Sul, fato que irritou muito John Stuart Mill e fez com que o jornal abolicionista americano *Liberator* denunciasse seu "liberalismo simulado".[31] No entanto, muitos liberais britânicos raciocinaram que o Norte não estava tão preocupado em emancipar os escravos, mas em submeter o Sul à autoridade do governo central. A escravidão era mais uma desculpa do que o verdadeiro motivo da guerra.

Com o tempo, Gladstone começou a lamentar sua simpatia inicial pela Confederação, chegando a chamá-la de "um erro de incrível grosseria". A guerra e a vitória da União acabaram tendo nele o mesmo efeito que nos demais liberais. Reduziu seu medo da democracia. Em um discurso em Liverpool sobre reforma eleitoral, em 1866, ele declarou que os Estados Unidos ilustraram as virtudes de um direito de voto mais amplo e expressaram admiração pelo "autocontrole, abnegação e premeditação" de seus cidadãos.[32] Em resposta, o *New York Times* relatou que "o nome do Sr. Gladstone é tido na mais alta estima pelos liberais inteligentes e nobres de todo o mundo".[33] Com o tempo, Gladstone tornou-se facilmente o inglês mais admirado dos Estados Unidos da América.

Como todos os liberais, Gladstone aderiu a uma série de princípios básicos. Ele estava profundamente comprometido com a igualdade civil e o governo parlamentar, e tinha uma profunda aversão aos privilégios e preconceitos aristocráticos. Acreditava na liberdade individual de religião, expressão e imprensa. Como outros liberais, também defendia reformas, melhorias e progresso; entretanto, e novamente como outros liberais, ele nem sempre foi claro ou consistente sobre o que essas crenças significavam na prática. Como vimos, o Partido Liberal Britânico estava repleto de disputas internas. Ele *não* estava comprometido, como às vezes se pensa, com uma política doutrinária de *laissez-faire*.

Alguns dizem que Gladstone era um defensor do "pequeno governo" e, de certa forma, isso é verdade, especialmente em seus primeiros anos na política; no entanto, na época, seu segundo mandato foi caracterizado por muitas pessoas como socialista. Os historiadores dizem que a própria política de Gladstone é, na realidade, muito difícil de definir. A verdade é que suas opiniões sobre questões legislativas específicas eram inconsistentes e mudavam com o tempo. Ele nunca conseguiu unir o partido por trás de uma agenda legislativa estritamente definida ou consistente. Então, o motivo de Gladstone ter sido visto como um grande líder liberal tem pouco a ver com qualquer legislação ou agenda política em particular que ele promoveu, mas mais com seu caráter e personalidade. O grande pioneiro da sociologia e liberal alemão Max Weber observou que Gladstone tinha grande carisma pessoal. Ele apelou para os elevados princípios morais da população britânica e ela, por sua vez, confiou na substância ética de sua política. O que levou Gladstone ao poder e o manteve lá foi "a firme crença das massas na justiça moral de sua política e, especialmente, nas próprias qualidades morais do homem".[34]

A reputação de Gladstone se deve muito ao que foi visto como seu compromisso em educar e elevar os cidadãos britânicos, tanto intelectual quanto moralmente. Ele era considerado um líder de princípios, que lutava por toda a comunidade e não se sujeitava a qualquer interesse egoísta. Isso era particularmente importante em uma época em que persistiam profundas preocupações com a democracia e sua tendência em se transformar em despotismo ou socialismo. Entre 1886 e 1914, Alemanha, França e Itália viram o surgimento de partidos socialistas e trabalhistas; em contraste, na Grã-Bretanha, os liberais continuaram sendo o único partido de massas da esquerda. Muitos atribuíram esse fato à liderança de Gladstone. Como Lincoln, ele era visto como um guia, educador e moralizador da democracia. Uma pessoa de elevados princípios morais, Gladstone trouxe trabalhadores para o Partido Liberal e poderia tornar a democracia segura. Como Lincoln, Gladstone era admirado pela maneira como se dirigia e inspirava as massas. Em incontáveis discursos altivos e semelhantes aos de um sermão, apelou a seu senso moral, razão e inteligência. Sempre os exortava à abnegação, patriotismo e devoção ao bem comum. Os trabalhadores vinham em grandes números e o ouviam por horas. Ele parecia ouvi-los, conhecê-los e respeitá-los — e eles respondiam com confiança e admiração. Desde o início de sua liderança do Partido Liberal, os trabalhadores apoiaram os liberais nas urnas.

O programa do Partido Liberal, Gladstone costumava dizer, visava "o benefício geral de todo o povo". Seu objetivo era "unir todo o país em harmonia e concórdia".[35] Ao mesmo tempo, Gladstone não era avesso a criticar os membros mais ricos da sociedade. Ele gostava de dizer que a ameaça mais perigosa que a Inglaterra enfrentava não era o advento da democracia, mas a probabilidade da plutocracia. O perigo não vinha das classes mais baixas, mas do egoísmo das classes mais altas, que, às vezes, tendiam a colocar seus interesses privados antes de seus deveres públicos.

A economia moderna e industrializadora estava piorando as coisas. "Vocês estão ameaçados, senhores, nas bases do caráter nacional pela rápida criação e extensão da riqueza neste país", disse ele a um grupo de trabalhadores em 1876. Mas *eles* não eram o perigo, disse; na verdade, eram as classes ricas que estavam se enriquecendo a uma taxa sem precedentes e mudando seus valores. Elas estavam se interessando mais por seus próprios prazeres às custas da "saúde interior, da virilidade, do vigor" do país. O século XIX foi uma "era de farsa", lamentou Gladstone em 1880. A riqueza, o lazer e a busca pelo luxo estavam corrompendo a nação.[36]

Esse tipo de moralismo populista enfureceu os críticos da classe alta de Gladstone. Eles o denunciaram por usar uma linguagem "ultrademocrática" e se comportar como um demagogo. A rainha Vitória o chamou de "incendiário meio louco". Até um admirador como Max Weber o comparou a um ditador e "plebiscatoriano cesarista". Mas Gladstone não era nenhum democrata, pelo menos não em nosso sentido da palavra, nem a Grã-Bretanha do século XIX estava perto de uma democracia. Até mesmo o chamado Terceiro Ato de Reforma de 1884, que acrescentou 1,7 milhão de eleitores às listas, excluiu pelo menos 40% dos homens ingleses e todas as mulheres do sufrágio.[37] A retórica de Gladstone sobre confiar "no povo" mascarou esse fato. Como quase todos os liberais, ele acreditava no conceito de capacidade.

Aqueles com direito de voto devem sempre mostrar evidências de "autodomínio, autocontrole, respeito pela ordem, paciência sob o sofrimento" e consideração por seus superiores, disse ele. Esses também foram os valores que ele buscava inspirar em seu público.

O caráter era particularmente importante para Gladstone. Ele frequentemente falava da necessidade de os eleitores exercerem o autocontrole, para não votar de maneira restrita e egoísta. Em um discurso proferido em 1877, admitiu que era legítimo que um homem perseguisse seus próprios interesses, mas ele deveria sempre "testar seus interesses por meio de seus deveres".[38] Ao votar, era necessário livrar-se de "todos os fins egoístas e restritos". E votar era uma experiência enobrecedora, um ato de responsabilidade individual diante de Deus, Gladstone gostava de dizer. "O exercício consciente de deveres importantes é uma função que tende a elevar o homem", disse Gladstone a um público da classe trabalhadora em 1890.[39] Mas exercer tais funções importantes exigia verdadeira virilidade. Na preparação, eles devem cultivar o espírito público e a virtude. Também devem se educar em questões de política. Gladstone encorajava seus ouvintes a lerem jornais, bem como seus discursos, que eram impressos em edições baratas e eram verdadeiros tratados políticos.

Embora nem todos apreciassem o estilo de liderança e o tipo de populismo de Gladstone, ele era enormemente admirado. Era um "grande estadista moderno", um homem honesto e sincero que sempre lutou "pelo bem público... especialmente das classes mais pobres", disse John Stuart Mill.[40] Max Weber, em seu famoso ensaio *A Política como Vocação*, o admirou como um dos primeiros mestres da "democracia de liderança" e o comparou a Lincoln. Pelo respeito que Gladstone demonstrou pelo trabalhador e pela maneira como este reagiu, ele parecia sugerir que uma democracia liberal — de cidadãos patrióticos e cívicos, cientes de seus direitos e deveres — era possível, e que a Grã-Bretanha, sob a liderança certa, poderia cultivá-la gradualmente e com segurança.

Bismarck, Coveiro do Liberalismo

Certamente ninguém jamais pensou em Otto von Bismarck como um líder liberal. Muitos o descreveram como um déspota cínico que arruinou as perspectivas da democracia e do liberalismo na Alemanha. Ele praticou o que os liberais da época chamavam de bonapartismo ou cesarismo: manipulou a democracia para fins antiliberais.[41] Na história do liberalismo, Bismarck serve principalmente como um contraponto para aqueles líderes, como Lincoln e Gladstone, que trabalharam para iluminar, educar e elevar a democracia.

Ministro das Relações Exteriores e ministro-presidente da Prússia durante a década de 1860, arquiteto da unificação alemã em 1871 e chanceler de um Império Alemão unificado de 1871 a 1890, Bismarck foi uma figura grandiosa como Lincoln e Gladstone, mas não exibiu nenhuma de suas virtudes. O historiador e político Heinrich von Treitschke ficou chocado quando o conheceu: "Dos poderes morais do mundo, ele não tem a menor noção". Bismarck era traiçoeiro e vingativo, até demoníaco, segundo alguns. Um astuto diplomata austríaco comentou sobre sua maneira de governar: "Ele conta com as motivações mais baixas da natureza humana: avareza, covardia, confusão, indolência, indecisão e mesquinhez."[42] Nada poderia ser mais antiliberal.

Uma confluência de circunstâncias levou Bismarck ao poder. No final da década de 1850, as políticas reacionárias do governo prussiano começaram a afrouxar. O novo rei Guilherme I prometeu conceder mais liberdades e, mais importante, instituir o Estado de direito. Vários políticos liberais responderam criando o Partido Progressista Alemão e, entre 1861 e 1865, foram o maior grupo na Câmara Baixa da Prússia.

Um desacordo com o rei deu início a um impasse e a uma crise constitucional, em 1862. A situação foi provocada pelos planos do rei de promover reformas que teriam aumentado seu controle sobre o exército. Os parlamentares liberais se recusaram a aprovar os fundos necessários, resultando em um impasse. Recusando-se a fazer concessões, em 1862 o rei nomeou Otto von Bismarck como chefe de seu ministério. Bismarck era, na época, um absolutista convicto e membro dos *Junkers* prussianos (proprietários de terras), cuja maioria dos membros se opunha veementemente a reformas liberalizantes de qualquer tipo.

O primeiro ato de Bismarck foi anunciar que operaria sem autorização constitucional, e continuou a fazê-lo pelos próximos quatro anos. Ele simplesmente ignorou a oposição liberal e nunca escondeu seu desprezo por eles. Em um discurso que se tornou famoso, declarou que nunca os toleraria: "A posição da Prússia na Alemanha não será determinada por seu liberalismo, mas por seu poder... Não por meio de discursos e decisões da maioria serão as grandes questões do dia resolvidas — esse foi o grande erro de *1848 e 1849* —, mas com ferro e sangue."

Bismarck escolheu conselheiros que desdenhavam abertamente o liberalismo. Um dos mais importantes foi Hermann Wagener.[43] Wagener foi o fundador e editor-chefe de um jornal chamado *New Prussian Newspaper to Save the Monarchy (Kreuzzeitung)* e editor do *Staatsund Gesellschafts lexikon*, uma enciclopédia com forte viés conservador. Sua menção ao liberalismo foi mordaz. O liberalismo era uma força maligna totalmente negativa que causou um dano incomensurável à humanidade, disse Wagener. Em dívida com as "ideias de 1789", foi disseminado por maçons empenhados em causar estragos.

Wagener admitiu que a palavra veio do latim e originalmente tinha um significado nobre. Referia-se a qualidades pessoais louváveis, como benevolência, generosidade, tolerância e esclarecimento. Mas a Revolução Francesa mudou tudo isso. A palavra agora significava o afrouxamento de todas as restrições, o corte de todos os laços e a regra do interesse próprio ilimitado. Não significava nada mais do que individualismo vergonhoso. Para os governantes, abraçar o liberalismo seria indesculpavelmente imprudente.[44]

No mesmo ano em que Wagener publicou este artigo, Bismarck atacou o Partido Progressista ao restringir a liberdade de imprensa, recusar-se a confirmar a eleição de prefeitos progressistas e proibir a discussão de questões políticas nas reuniões do conselho municipal. Diante de tudo isso, pode-se perguntar por que um grupo considerável de liberais alemães concordou em apoiá-lo e trabalhar com ele, como muitos fizeram. Isso levou historiadores a questionar se os liberais alemães eram realmente liberais. O liberalismo alemão foi defeituoso, fraco, até mesmo *antiliberal*?

O artigo de 1861 de Heinrich von Treitschke sobre "liberdade" lança luz sobre a questão. Quando escreveu o artigo, von Treitschke era um professor universitário, político liberal e editor do jornal liberal *Preussische Jahrbucher*. Os liberais alemães, argumentou ele, não eram tão diferentes dos franceses ou britânicos. Eles compartilhavam muitos dos mesmos ideais e valores. Como John Stuart Mill e Edouard de Laboulaye, os liberais alemães acreditavam na inviolabilidade da liberdade pessoal. As diferenças entre os alemães e os outros tinham mais a ver com suas circunstâncias. Dada a situação, era compreensível para Von Treitschke que Laboulaye se preocupasse com o poder do Estado. Os liberais alemães, no entanto, não *tinham* um estado. E como poderiam quaisquer objetivos progressistas ser alcançados enquanto a Alemanha estava dividida em 39 estados separados, cada um com diferentes governos? Como criar um estado alemão era a questão mais urgente.

Frustrados por sua incapacidade de ver qualquer caminho eficaz seguir, alguns liberais alemães começaram a desejar um homem forte que pudesse realizar de cima o que eles não conseguiram de baixo. A Alemanha precisava de "um homem decisivo no topo", disse um liberal. Outro admitiu que "gostaríamos de seguir um César, se tivéssemos um". Usando alusões bíblicas, o liberal Karl Bollman expressou o que muitos outros liberais sentiram quando disse que a Alemanha precisava de um "redentor armado para conduzi-la à terra prometida de independência e unidade nacional". Os alemães deveriam aceitar tal líder, Bollman continuou, mesmo que isso significasse que teriam que "atravessar o Mar Vermelho de uma guerra total".[45]

Quando Bismarck apareceu e uniu com sucesso a Alemanha, muitos devem tê-lo visto como o tão desejado César. Duas guerras bem-sucedidas, a primeira com a Dinamarca, em 1864, a segunda com a Áustria e outros estados alemães, em 1866, levaram à criação da Confederação da Alemanha do Norte sob liderança prussiana, em 1867. Pouco depois, o chanceler pareceu estender uma bandeira branca aos liberais quando pediu ao Parlamento que aprovasse uma lei que reconhecesse o poder da bolsa. Tudo o que eles desejaram parecia estar se tornando realidade.

Mas não era tão simples. O projeto também aprovou seus gastos inconstitucionais entre 1862 e 1866. Essa parte da lei causou grande consternação a muitos liberais e, por fim, dividiu o partido liberal em dois. Apesar da euforia com a unificação, muitos simplesmente não podiam tolerar seu comportamento inconstitucional. Mas um grupo de liberais decidiu apoiar o projeto de lei e deixou o Partido Progressista para formar o Partido Liberal Nacional. O grupo restante manteve o nome do Partido Progressista e se recusou a fazer concessões. Durante os debates que se seguiram, as denúncias de cesarismo atingiram o auge. "Todo mundo fala agora de cesarismo", resmungou o membro do Partido Liberal Nacional, Ludwig Bamberger.[46]

Hermann Baumgarten foi fundamental para convencer os liberais a deixar o Partido Progressista e se juntar aos Liberais Nacionais em apoio a Bismarck. Nascido no Ducado de Brunswick, Baumgarten estudou história na Universidade de Jena antes de se tornar um jornalista liberal e, por fim, professor de história. Em 1866, publicou *A Self-Criticism of German Liberalism* [*Uma Autocrítica do Liberalismo Alemão*, em tradução livre], em que explicava seu ponto de vista. Os liberais deveriam ser mais pragmáticos do que no passado, disse ele. Eles deveriam encarar o fato de que antes que qualquer progresso pudesse ser feito, precisavam de uma Alemanha unificada. A mera retórica em oposição a Bismarck não os levava a lugar algum: "Para os homens trabalharem no Estado, eles devem, acima de tudo, ter um Estado". Era melhor trabalhar com Bismarck e obter ganhos graduais do que permanecer impotente em oposição perpétua. Em resposta, outros liberais questionaram se os princípios liberais poderiam ser obtidos por meios não liberais. Era possível chegar a um acordo com César?

A constituição promulgada por Bismarck em 1871 não era liberal nem democrática de acordo com sua época ou a nossa, mas combinava semelhanças de ambas. Em vez de ser elaborada por uma assembleia eleita, foi concedida ao povo alemão como um presente de seu imperador. Ela instituía um corpo representativo nacional, o Reichstag, que foi eleito por sufrágio universal masculino, mas seus poderes eram severamente circunscritos. No final das contas, era um sistema que tinha algumas características democráticas e algumas parlamentares, mas, na realidade, dava enorme poder a um pequeno grupo aristocrático. Não continha referências à liberdade de expressão ou pessoal.

Os nacionais liberais não alimentavam ilusões sobre como seria difícil trabalhar com Bismarck. A maioria pensava que estava se engajando em um compromisso tático e esperava acabar ganhando concessões. Afinal, eles tinham diante de si o exemplo da França, onde Luís Napoleão trabalhava com os liberais para reformar seu regime. Talvez eles esperassem que Bismarck se comportasse primeiro como Lincoln e unificasse a Alemanha, e depois como Napoleão III e liberalizasse seu regime. Em qualquer caso, os Liberais Nacionais não abandonaram sua batalha contra o autoritarismo prussiano. Durante sua colaboração com Bismarck, eles continuaram a lutar por muitas das mesmas coisas que os liberais na Grã-Bretanha e na França lutaram. Eles defenderam a ampliação e o fortalecimento dos poderes do Parlamento e tentaram aprovar uma legislação para garantir as liberdades pessoais, a igualdade perante a lei e uma longa lista de reformas econômicas, incluindo a abolição de regulamentações feudais antiquadas.

De certa forma, os liberais tiveram sucesso. No final, eles ganharam concessões substanciais. As liberdades de debate parlamentar, associação e imprensa foram ampliadas. Leis que garantiam os direitos pessoais e civis foram aprovadas e as restrições às viagens dentro do país foram removidas. O requisito de permissão oficial para mudar de residência ou casar foi eliminado. Um novo código penal foi aprovado e reformas judiciais instituídas. Os liberais também obtiveram cunhagem, pesos e medidas uniformes, um novo código comercial, um banco imperial e comércio mais livre. Eles não conseguiram tudo o que queriam, mas, por um tempo, sua decisão de colaborar com Bismarck pareceu justificada.

Porém, é indiscutível que os liberais cometeram alguns erros graves. Um deles foi seu apoio entusiástico ao Kulturkampf de Bismarck. A palavra, traduzida como "Guerra pela Civilização", refere-se a uma série de leis aprovadas entre 1871 e 1877, cujo propósito ostensivo era restringir o poder da Igreja Católica. Os críticos da época e de agora denunciaram a política como uma violação clara do princípio liberal de tolerância religiosa. Para sermos justos, a situação não era tão clara.

Em 18 de julho de 1870, o Vaticano anunciou a doutrina da infalibilidade papal. O dogma sustentava que, em virtude de uma promessa feita a Pedro por Jesus, o papa foi preservado do erro ao falar "ex cathedra", isto é, quando estava definindo uma doutrina a respeito da fé ou da moral. Na verdade, isso pode soar muito restritivo — o papa é considerado infalível apenas quando se trata da *doutrina* cristã. No entanto, a importância *política* da infalibilidade papal, se existe, tem sido debatida desde então. Os críticos da época, incluindo vários católicos, acreditavam que isso comprometia sua lealdade ao Estado ou poderia pelo menos ser interpretado dessa forma.

A infalibilidade papal atraiu a condenação generalizada de liberais em todos os lugares. O *New York Times* declarou que foi "uma negação dos princípios em que se fundamentam as liberdades de todas as nações livres do mundo". A aceitação da infalibilidade papal construiu uma "muralha da China entre o mundo do pensamento progressista moderno e a Igreja Católica Romana", raciocinou o *New York Tribune*.[47] A conclusão de muitos foi que os católicos mais uma vez rejeitaram a oportunidade de se reconciliar com a era moderna. O próprio Gladstone foi levado a escrever dois panfletos denunciando o "vaticanismo" e refutando a ideia de que os católicos britânicos poderiam ser leais ao papado e à nação ao mesmo tempo. Aceitar a infalibilidade papal seria renunciar à "liberdade moral e mental" e transferir a lealdade civil para Roma. O primeiro dos panfletos de Gladstone vendeu 150 mil cópias e foi traduzido para vários idiomas.

No mesmo período, a questão do status dos Estados Papais chamou a atenção à suposta busca da Igreja por dominação política. A questão era particularmente urgente para a França, cujas tropas haviam devolvido Pio IX à Santa Sé em 1849, e cuja guarnição continuou a manter seu controle sobre Roma até 1870. A recusa do papa em ceder autoridade sobre seu território restante a um movimento que proclama os princípios da unidade nacional e da democracia foi vista nos Estados Unidos como mais uma prova do cisma fundamental entre sua Igreja e a época. Em 1860, uma carta de Pio IX a Napoleão III, na qual o pontífice caracterizava os princípios dos defensores da unidade italiana como imorais, foi amplamente publicada na imprensa americana.

A primeira parte da legislação alemã anti-igreja foi o chamado parágrafo do púlpito, em dezembro de 1871. Proibia o "uso indevido do púlpito para fins políticos". Em 1872, a supervisão das escolas pela Igreja foi abolida. No ano seguinte, a primeira das "Leis de Maio" revisou a Constituição prussiana que, desde 1850, concedia às igrejas o direito de administrar seus próprios assuntos. Todos os aspirantes a clérigos agora eram obrigados a frequentar universidades alemãs ou passar em um exame cultural elaborado por funcionários do Estado. A aprovação do governo também era necessária para qualquer nomeação eclesiástica, e os padres católicos não tinham mais permissão para dar instrução religiosa nas escolas públicas. Foi estabelecido um Tribunal Real de Assuntos Eclesiásticos que reivindicou jurisdição final sobre todos os assuntos da disciplina da Igreja, e os Jesuítas foram expulsos do país.

Quando a hierarquia da Igreja Católica se recusou a aceitar essas leis, Bismarck impôs penalidades contra os violadores e medidas mais extremas. Duas leis em 1874 deram ao governo prussiano autoridade para expulsar todo clero que se recusasse a obedecer e confiscar a propriedade de uma paróquia que não tinha um padre legalmente nomeado. Milhares de integrantes do baixo clero foram multados ou presos. Em 1876, um total de 1.400 paróquias — quase um terço das da Prússia — não tinham padres.

A maioria dos liberais alemães deu apoio incondicional ao Kulturkampf. Johann Bluntschli denunciou o catolicismo como "uma ameaça à virilidade", afirmando que a Alemanha "deve se defender contra esse terrível poder... com todos os meios lícitos e *ilícitos*". Onde quer que a Igreja Católica exerça o poder, "o estado é castrado e desvalorizado", declarou ele. Aparentemente, o liberal Eduard Windhorst não viu nenhuma contradição ao argumentar que "o ódio ardente com que o Império Alemão persegue o jesuitismo" era justificado porque era "a terra da tolerância e do iluminismo".

Os liberais alemães insistiram que seu apoio ao Kulturkampf sustentava os princípios liberais de liberdade e progresso. Seu compromisso com a *Bildung*, o estado moderno e a unidade alemã exigiam isso. A liberdade, explicou Windhorst, "protege tudo, exceto a falta de liberdade, e a tolerância a tudo resiste, exceto à intolerância".[48] Essa foi a parte crucial de uma intensa luta pela civilização no interesse da humanidade, disse o deputado liberal Rudolf Virchow.

Inicialmente, o Kulturkampf também recebeu o apoio de liberais de outros países. Grande parte da imprensa britânica viu as leis como medidas essencialmente defensivas. Em março de 1872, o *London Times* concordou que o papado estava tentando derrubar o Império Alemão. Ele ofereceu ao povo alemão e ao governo o apoio "de todos os amigos da liberdade intelectual, moral e espiritual".[49] Os jornais britânicos apontaram os jesuítas como defensores do "absolutismo papal" e "missionários da insubordinação".[50] O dogma da infalibilidade papal foi descrito como uma tentativa descarada do papa de aumentar seu próprio poder por meio do uso de dogmas supersticiosos, obscurantistas e obsoletos. Como tal, ele constituía uma grande ameaça aos pilares da sociedade liberal.

Nos Estados Unidos, a doutrina da infalibilidade papal e do Kulturkampf desencadeou outra onda de sentimento anticatólico. Os críticos da Igreja disseram que a América agora estava ameaçada por um governo de padres. No auge do Kulturkampf, o embaixador americano na Alemanha, George Bancroft, enviou relatórios ao Departamento de Estado defendendo a "firmeza e moderação" de Bismarck e alertando que "a mesma influência maligna católica está em ação" em muitos países ao redor o mundo, incluindo os Estados Unidos. Os editores de Nova York reeditaram *Os Decretos do Vaticanos* de Gladstone, e a imprensa americana o aplaudiu por ter "atingido o despotismo romanista". O principal historiador da igreja americana, Philip Schaff, acrescentou um comentário a uma edição denunciando o "antagonismo direto do Vaticano às tendências liberais da época".[51]

Na mensagem de dezembro de 1871 do Presidente Grant ao Congresso, ele advertiu que os Estados Unidos tinham que se proteger contra "superstição, ambição e ignorância", um ataque óbvio à Igreja Católica. Ele pediu a aprovação de uma emenda constitucional proibindo a ajuda do governo às escolas religiosas, uma medida que afetaria especialmente as escolas católicas. Um jornal católico alemão concluiu que o presidente havia "inaugurado o Kulturkampf" na América. Os jesuítas condenaram a crescente influência do liberalismo nos Estados Unidos, equiparando-o a uma "guerra ao catolicismo".[52]

Os liberais divergiam sobre como e até que ponto o poder do Estado deveria ser usado para se opor ao papa e à sua Igreja. As medidas americanas contra o catolicismo estavam muito longe da prisão. Muitos liberais retiraram seu apoio ao Kulturkampf quando Bismarck começou a aplicar suas leis de maneira severa. Gladstone, em particular, observou que "as ideias e métodos de Bismarck não são os nossos".[53] O *Spectator* era antipapal e anti-infalibilista, mas também anti-bismarckiano, e considerava todo o Kulturkampf antiliberal. "Os chamados 'liberais' da Prússia", escreveu, parecem ter perdido toda a confiança no poder da luz para lutar contra o autoritarismo católico romano. O liberalismo não pode se dar ao luxo de trocar armas com seus inimigos e perseguir em nome do progresso." O *Guardian* declarou que "nos recusamos a considerar como política do liberalismo punir com perseguição até mesmo igrejas fanáticas e credos reacionários".[54] Com a aprovação das Leis Falk em maio de 1873 e sua aplicação ao longo dos três anos seguintes, os escritores britânicos começaram a se dividir sobre o assunto. A grande maioria deles continuou a ser antipapal e alguns eram pró-bismarckianos, mas muitos fizeram uma distinção entre os objetivos abstratos do Kulturkampf e o método de aplicação das Leis Falk.

No final, o Kulturkampf produziu um efeito indesejado para os liberais alemães. O Partido do Centro Católico da Alemanha apenas ficou mais forte e, por conta da animosidade que alimentou, uma futura coalizão católico-liberal tornou-se essencialmente impossível. Em 1879, o ditador inescrupuloso encerrou sua aliança com os Liberais Nacionais, chegando a um acordo sobre reformas tributárias com o Partido do Centro.

Em 1878, os liberais alemães foram levados a apoiar outra política que surtiu o efeito contrário, as infames leis antissocialistas de Bismarck. Em 1869, vários grupos de esquerda se uniram para estabelecer o SPD, o Partido Socialista da Alemanha. Alguns anos depois, traçou seu programa em um congresso do partido em Gotha. Ele exigia que o Estado assumisse o controle da indústria e que os lucros fossem repartidos entre os trabalhadores. Em 1878, o SPD tinha doze cadeiras no Reichstag. Naquele ano, houve dois atentados à vida do Kaiser.

Usando as tentativas de assassinato como desculpa, Bismarck introduziu suas leis antissocialistas. As medidas não baniram inteiramente o SPD, mas tornaram ilegal qualquer organização que divulgasse os princípios da social-democracia, proibiu sindicatos e fechou muitos jornais. Os liberais alemães, de forma geral, apoiavam as leis.

Como o Kulturkampf, as leis antissocialistas falharam catastroficamente. Apesar delas, o SPD continuou crescendo. As leis também dividiram, enfraqueceram e desacreditaram os liberais alemães e dificultaram em muito sua colaboração com os socialistas no futuro. O partido se dividiu repetidas vezes. Enquanto Gladstone levou trabalhadores para o Partido Liberal, os liberais alemães sob Bismarck não o conseguiram.

Uma aura de descrédito pairou sobre os liberais nacionais por muito tempo e, até certo ponto, mancha o liberalismo alemão até hoje. Em 1907, as duas facções de liberais ainda trocavam insultos, o Partido Progressista acusava os Liberais Nacionais de trair os princípios liberais devido à sua falta de caráter, covardia e virilidade.[55] Hoje, há quem diga que Bismarck *destruiu* o liberalismo.

Max Weber culpou o líder que nunca respeitou o governo parlamentar. Déspota cesarista, Bismarck destruiu partidos políticos e qualquer indivíduo que ameaçasse sua autoridade e usou demagogia para defender seus interesses. Em 1918, ao contemplar o legado de Bismarck, Weber fez uma observação que vale a pena citar: "Ele deixou uma *nação totalmente sem educação política...* acostumados a esperar que o grande homem no topo lhes fornecesse sua política... a Alemanha havia se acostumado a se *submeter paciente* e fatalisticamente a tudo que fosse decidido em nome do 'governo monárquico'." Bismarck legou aos seus sucessores "uma nação sem sofisticação política" e "sem vontade política própria". Ele criou uma pseudodemocracia, que manipulou para atingir objetivos antiliberais. "O egoísmo é a única base sólida para um grande estado", disse ele.[56]

CAPÍTULO SEIS

A Batalha para Secularizar a Educação

A serpente no Paraíso já falou sobre as tentações
e falsas promessas do liberalismo.

— CATHOLIC CHURCH LEXICON, 1891

EM 1870, BISMARCK incitou Napoleão III a declarar guerra à Prússia e o Segundo Império chegou a um fim repentino e humilhante. A Prússia levou apenas 6 meses para derrotar a França, que até então fora considerada a potência mais forte da Europa. Quando Napoleão III foi capturado em Sedan, em 2 de setembro de 1870, a França tornou-se uma república de fato.

O choque da derrota francesa foi agravado por uma rebelião em Paris, onde uma grande parte da população, recusando-se a aceitar os termos de paz impostos pela Alemanha e acordados por seu próprio governo, se revoltou e criou a Comuna.

Enquanto o governo nacional provisório em Versalhes reunia as forças necessárias para conter o levante, a Comuna empreendeu uma série de ações que chocaram o mundo. Adotou a bandeira vermelha como símbolo. Enviou representantes a outras cidades francesas, incentivando-os a estabelecer suas próprias comunas. Emitiu uma declaração ao povo francês, prometendo implementar medidas para melhorar o "bem-estar social" e passou a legislar em nome das classes trabalhadoras. Votou a separação da Igreja e do Estado e a eliminação do orçamento eclesiástico. Fechou muitas escolas e igrejas católicas. Cerca de 200 padres, freiras e monges foram presos. Um movimento feminista exigia igualdade de salários, o direito ao divórcio e educação profissional e secular.

A surpreendente derrota do exército francês, seguida pelo que parecia ser outra revolução e uma tomada comunista em Paris, enviou ondas de choque por toda a Europa e além. Os liberais foram mais uma vez forçados a contemplar o que havia dado tão terrivelmente errado. É claro que eles não tinham como saber que a humilhação da França nas mãos da Prússia ajudaria a preparála para o que os liberais lutaram por tanto tempo: um "sistema educacional liberal" e a separação entre Igreja e Estado.

O que Há de Errado com os Franceses?

Observadores horrorizados do levante parisiense de 1870 relataram que bárbaros e selvagens haviam novamente assumido o controle da cidade. A culpa era dos "vermelhos", que pregavam o ódio e a violência. Eles eram "bandidos", "foras da lei", "vermes". O papa os chamou de "escória bestial e esquecida por Deus".[1] Os jornais relataram o papel das mulheres no levante, chamando-as de "fúrias" degradadas e devassas.

Espalhou-se o medo de que essa revolução, como as anteriores, exportasse suas ideias para além das fronteiras da França. O *New York Times* previu que a Comuna era apenas "o primeiro murmúrio da tempestade social que ainda abalará todas as capitais da Europa".[2] Chamando repetidamente os insurgentes de "comunistas" empenhados em derrubar a ordem existente da sociedade, o jornal alertou sobre uma revolução que iria nacionalizar todas as propriedades.

O governo francês em Versalhes culpou a revolução por uma conspiração arquitetada pela Associação Internacional dos Trabalhadores e seu líder, Karl Marx, e essa ideia se espalhou. Edwin Godkin, editor do jornal americano *The Nation*, advertiu que a Comuna "causaria um forte abalo na civilização do mundo ocidental".[3]

Portanto, muitos ficaram aliviados quando, em 21 de maio de 1871, a Assembleia Nacional Francesa, liderada por Adolphe Thiers, ordenou a entrada de um exército em Paris para retomar a cidade. A batalha foi brutal, com muitas atrocidades cometidas de ambos os lados. As tropas de Versalhes mataram vários milhares de suspeitos sem julgamento, incluindo muitas mulheres e crianças. Os communards executaram reféns, incluindo o arcebispo, Monsenhor Darboy, e incendiaram símbolos do governo nacional, entre os quais estava a casa de Thiers.

Embora seja sempre difícil saber os números exatos, estima-se que até o final da "Semana Sangrenta", 20 a 25 mil pessoas foram mortas, a maioria delas integrantes da Comuna ou vítimas inocentes, e muitas por execução sumária. Cerca de 40 mil também foram presas, incluindo um grande número de ativistas sindicais e socialistas, bem como feministas, muitas das quais foram deportadas para uma colônia penal na Nova Caledônia.

A derrota militar, um levante "comunista" e uma repressão brutal provocaram mais um período de profunda reflexão e busca de consciência na França. O que ou quem foi o culpado? Os fiéis católicos disseram que era um castigo divino pelo pecado do liberalismo. O papa deu o tom ao denunciar o liberalismo como "o epítome da subversão satânica". Os liberais deveriam saber que banir Deus da sociedade levaria direto à desordem, anarquia e morte. Eles só podiam culpar a si mesmos pela maldição do socialismo, à qual suas ideias inevitavelmente levaram. Usando toda a propaganda à sua disposição, os monarquistas católicos desencadearam um feroz ataque aos princípios liberais, direcionando sua ira especialmente contra a soberania popular, o governo representativo e a liberdade de religião.

Os debates sobre as causas da derrota humilhante e da Comuna foram muito intensos em uma época em que campos opostos discutiam sobre que tipo de governo deveria ser estabelecido, uma monarquia ou uma república. Em 1871, as eleições baseadas no sufrágio universal masculino trouxeram de volta uma maioria de monarquistas, mas eles estavam divididos entre si. Legitimistas, orleanistas e bonapartistas não concordavam sobre quem deveria ser o rei. Só em 1879, depois que as eleições criaram uma maioria republicana e o presidente monarquista MacMahon renunciou, ficou claro que a França permaneceria uma república.

Católico devoto, famoso por ter esmagado a Comuna, o General MacMahon recebeu de braços abertos a ajuda da Igreja no combate ao liberalismo. O principal objetivo de seu governo era a restauração da ordem moral no país, disse ele. Para isso, ele precisava do catolicismo. Foram introduzidas orações públicas no Parlamento. A construção da Basílica do Sagrado Coração na zona de esquerda de Montmartre foi aprovada para expiar os crimes da Comuna. Desde 1789, o Sagrado Coração foi um símbolo da contrarrevolução real e católica. Foram organizadas peregrinações a Lourdes, nas quais eram cantados hinos monarquistas.

Tudo isso era extremamente frustrante para os que acreditavam que o catolicismo era o problema e não a solução para a França. Mas eles também concordavam com os monarquistas que uma profunda crise moral e intelectual causou a quarta revolução da França. Em um livro bastante lido, o historiador e teórico Ernest Renan colocou a culpa diretamente no catolicismo. Graças à Igreja Católica, a França havia se tornado um país de segunda categoria, uma sociedade de fracos, escreveu ele. Outros livros e artigos se seguiram. O fato de o exército francês ter sido derrotado pelo professor prussiano tornou-se um refrão ouvido com frequência. Era repetido incessantemente que o catolicismo tornava os soldados franceses não apenas supersticiosos e submissos, mas também antipatrióticos. Alfred Fouillée, um dos filósofos mais respeitados da França, disse que os soldados franceses eram egoístas e materialistas. A França precisava desesperadamente de uma reforma intelectual e moral.[4]

Os espectadores estrangeiros intervieram, mais uma vez atribuindo os problemas da França a um gigantesco fracasso moral. Os comentaristas britânicos culpavam os franceses de falta de virilidade. Eles estavam dominados pelo amor ao luxo e ao prazer material. John Stuart Mill achava que seus problemas tinham a ver com a fraqueza da mente francesa. Mais uma vez, os franceses mostraram sua falta de caráter.[5] Os americanos raciocinaram que os franceses eram "ignorantes, restritos aos sacerdotes e castrados",[6] e para os alemães, eram frívolos a um ponto incapacitante.

O desprezo generalizado pela Igreja Católica só foi ampliado pela declaração de infalibilidade papal do Vaticano, na véspera da Guerra Franco-Prussiana. Os críticos franceses viram nisso mais uma afronta ao pensamento racional e um incentivo à superstição. Como os liberais em outros lugares, eles interpretaram isso como um ataque à soberania de sua nação. O papa parecia estar exigindo que os católicos jurassem lealdade a ele e sua Igreja, em vez de ao seu próprio país. Isso enfraqueceu a França, como ficou demonstrado quando ela enfrentou um inimigo protestante no campo de batalha.

Charles Renouvier, outro influente filósofo francês, também deu sua opinião. Depois da guerra, ele fundou *La Critique philosophique* e seu suplemento *La Critique religieuse*, em grande parte para denunciar o perigo representado pela Igreja Católica e também promover o protestantismo e a educação cívica. Durante a curta Segunda República, serviu como ministro da instrução pública e produziu um manual para promover os valores republicanos. O que era necessário, ele agora exigia, era uma campanha para erradicar de uma vez por todas a "religião dos escravos", que havia enfraquecido a fibra moral da nação. Isso significava separar a igreja do estado e instituir um sistema educacional gratuito, obrigatório e secular. A educação cívica deve libertar os homens do jugo da teocracia, escreveu.

Renouvier era apenas uma voz entre muitas que afirmavam que a população francesa precisava desesperadamente ser desligada do catolicismo. A educação pública tornou-se, assim, uma questão essencial e ferozmente debatida da Terceira República. A batalha culminou nas chamadas Leis de Ferry, de 1881 e 1882, e na separação Igreja/Estado, em 1905, após a qual os vencedores republicanos se gabaram de que a França possuía "o mais liberal, o mais moderno sistema de educação do mundo civilizado".[7]

Um Sistema Escolar Público Liberal

Nomeado em homenagem ao primeiro-ministro e ministro da instrução pública Jules Ferry, as Leis de Ferry foram mais tarde vistas como a reforma mais significativa e duradoura da Terceira República. Elas tornaram a educação primária pública gratuita, obrigatória e secular. Os arquitetos e defensores desse sistema estavam certos de que ele criaria uma "revolução moral e social" muito necessária na França.[8]

As Leis de Ferry foram complementadas por uma terceira lei em 1886, às vezes chamada de Lei Goblet, em homenagem ao primeiro-ministro, René Goblet, que serviu como ministro do interior e ministro do culto entre 1886 e 1887. A lei proibia o emprego de membros de ordens de ensino religioso nas escolas públicas. Quando encontrou dificuldades no Senado, a Câmara Baixa retaliou, pedindo ao governo que dissolvesse a ordem dos Jesuítas. Os jesuítas foram obrigados a deixar suas casas dentro de três meses, enquanto as outras ordens nomeadas receberam seis meses para solicitar autorização do governo.

Não é difícil ver que o sistema liberal de educação defendido pelos reformadores educacionais era abertamente anticatólico. Seus autores nunca esconderam o fato de que seu propósito era separar a população dos padres. Tampouco fizeram segredo de estarem forçando uma espécie de Reforma Protestante. Um artigo do *Le Temps*, em 1879, explicou seu pensamento: "As sociedades católicas passam por momentos difíceis. A obra de secularização moral não realizada no século XVI por meio de uma reforma eclesiástica ou religiosa estava tentando ser alcançada por eles com a reforma escolar."[9]

Na aprovação dessas leis, ajudou o fato de tantos protestantes ocuparem cargos de destaque no governo — uma quantidade desproporcional à sua força numérica no país. Entre 1879 e 1890, cinco gabinetes tiveram premiês protestantes. Em um deles, o gabinete de Waddington de 1879, metade dos ministros eram protestantes. Muitos deles também eram maçons e admiradores da "Religião da Humanidade". Alguns não acreditavam mais em Deus.

O principal arquiteto das reformas escolares francesas foi Ferdinand Buisson, que se tornou diretor da educação primária em 1879 e manteve essa posição por dezessete anos. Buisson mais tarde presidiu a Liga da Educação, de 1902 a 1906, e a Liga dos Direitos Humanos, de 1914 a 1926. Em 1905, presidiu a comissão parlamentar que implementou a separação entre Igreja e Estado. Em 1927, recebeu o Prêmio Nobel da Paz (juntamente com Ludwig Quidde).

Buisson era um protestante liberal e, como Ferry e Goblet, um maçom. Durante o Segundo Império, publicou vários livros e artigos com títulos como *Liberal Christianity* [*Cristianismo Liberal (1865)*, em tradução livre] e *The Principles of Liberal Christiany* [*Os Princípios do Cristianismo Liberal*, em tradução livre] (1869), que explicavam suas opiniões religiosas. Também criou uma organização chamada União do Cristianismo Liberal para ajudar a propagá-las. A religião que Buisson professava não tinha dogmas, milagres ou padres. Subordinava tudo à moralidade e tinha como meta "o aperfeiçoamento espiritual do homem e da humanidade". Era uma igreja universal que acolhia todas as pessoas, de qualquer denominação, incluindo deístas e até ateus. Somente tal igreja poderia trazer o reinado de fraternidade e solidariedade humana que homens como ele buscavam, raciocinou Buisson.[10] O que era necessário, disse ele, era "uma igreja humana, laica e liberal". Seria "como uma vasta Maçonaria ao ar livre".[11]

Como diretor de educação primária, Buisson estava bem posicionado para implementar suas ideias religiosas e educacionais. Seu gigantesco *Dictionary of Pedagogy and Primary Education* [*Dicionário de Pedagogia e Educação Primária*, em tradução livre] (1880–87) foi concebido para servir como um guia para todos aqueles envolvidos na instrução primária. Um sistema de escola pública, disse Buisson, não deveria apenas ensinar as disciplinas usuais. Seu objetivo mais importante era produzir "bons homens e bons cidadãos". Deveria ensinar os meninos a "pensar e agir como um homem".[12] Para esse fim, deveria afastá-los do catolicismo e, em vez disso, ensinar-lhes os princípios educacionais defendidos pelos protestantes liberais. Mais importante ainda, as escolas francesas deveriam ensinar moral, em vez de obediência ao papa.[13]

Buisson admirava especialmente o sistema escolar público americano. Seu *Dictionary* contém artigos longos e complementares sobre os Estados Unidos e seu método de educar os cidadãos. Ele apreciava o fato de que nas escolas dos Estados Unidos não era ensinada nenhuma doutrina religiosa em particular, apenas o Cristianismo "em geral". O *Dictionary* inclui artigos elogiosos não apenas sobre o líder unitarista William Ellery Channing, mas também sobre Theodore Parker, o discípulo mais radical de Channing, e seu amigo em comum, o reformador educacional Horace Mann.[14]

É fácil entender por que Buisson admirava tanto esses norte-americanos. Eles compartilhavam sua aversão ao catolicismo e a preferência por um tipo liberal de protestantismo. O próprio Mann tinha uma simpatia pelo unitarismo. Parker, que estava familiarizado com os escritos de Benjamin Constant sobre religião, começou como unitarista, mas acabou deixando o movimento porque não o achava liberal o suficiente. Estava estagnado, disse ele, limitado e extremista. Todas as igrejas cristãs estavam se afastando muito dos ensinamentos de Jesus, argumentou ele. As religiões deveriam ensinar o autoaperfeiçoamento e o comportamento moral, não o dogma.

O catolicismo, conforme propagado pelo Vaticano, era o inimigo número um. Ele não permitia que os homens pensassem por si próprios. Quando o protestantismo surgiu, escreveu Mann, trouxe em seu rastro liberdade de pensamento e tolerância. Parker foi ainda mais direto. O catolicismo era positivamente prejudicial para os filhos de uma república porque era "o inimigo de todo o progresso e mortalmente hostil para uma democracia", disse ele. Aliado natural dos tiranos, era um inimigo irreconciliável da liberdade.[15]

Mann achava que as escolas públicas americanas deveriam ensinar às crianças uma forma generalizada de cristianismo que se concentrasse na moralidade. As crianças devem aprender os princípios comuns a todos os cristãos, e não aquelas doutrinas sobre as quais diferentes seitas discordam. Como secretário do Conselho de Educação de Massachusetts em 1837, ele projetou um sistema escolar livre e "não sectário" que ensinaria as virtudes cívicas e os valores necessários para sustentar uma república. Acima de tudo, era importante cultivar a autodisciplina e o julgamento. Moralidade e inteligência eram essenciais em uma república.

Buisson e seus colaboradores acreditavam que princípios semelhantes deveriam ser introduzidos na França. Paul Bert, por exemplo, concordou que um dos objetivos principais — talvez *o* principal — do sistema educacional da França deveria ser libertar as mentes dos meninos das crenças absurdas e aterrorizantes que eram ensinadas nas escolas católicas. Em vez disso, a educação pública deveria transmitir virtudes públicas e privadas básicas, os deveres de um menino para com sua família e sua pátria.[16] Bert, que era maçom, ocupou o cargo de ministro da educação por um período e foi o autor de um dos manuais usados no curso de educação primária sobre moral.

O objetivo do novo sistema escolar francês seria duplo. Primeiro, ao encorajar o pensamento livre e a discussão, ensinaria os meninos a pensar e julgar por si mesmos. Segundo, ao inserir o que Buisson chamou de "disciplina liberal",[17] ensinaria a eles autocomando e autodireção, que poderiam ser resumidos pelo termo "autogoverno". Para ser um adulto e um homem adequados, era amplamente proclamado que um menino devia aprender a governar a si mesmo. Mais uma vez, isso significava libertá-lo dos padres católicos e do dogma cristão e, em vez disso, ensinar-lhe os princípios morais cristãos liberais ou generalizados. Se a própria Bíblia fosse ensinada, deveria ser abordada estritamente como um documento histórico que poderia ajudar no ensino da moral.

Buisson admirou o fato de os americanos compreenderem a necessidade de propagar uma cultura intelectual apropriada. Eles sabiam o valor de ensinar aos jovens estudantes os preceitos morais de justiça e piedade, dos quais dependia toda constituição republicana. O patriotismo foi excepcionalmente importante. De acordo com o sistema educacional que ele ajudou a projetar, os pré-escolares franceses aprendiam canções e poemas patrióticos sobre temas morais. Entre as idades de 9 e 11 anos, eles aprendiam a obrigação de pagar impostos e servir no exército. Entre os 11 e os 13 anos, sua instrução enfatizava a importância do serviço militar, o respeito pela bandeira, a obediência à lei, bem como noções elementares de economia política.[18]

As reformas educacionais não afetaram apenas os meninos. Os reformadores acreditavam que as meninas também deveriam receber uma educação liberal. E aqui, também, eles se inspiraram na educação dos Estados Unidos. Em 1870, após uma visita ao país, o reformador educacional Célestin Hip peau publicou *Public Education in America* [*Educação Pública na América*, em tradução livre]. Nele, argumentou que os Estados

Unidos provaram os benefícios de dar às meninas uma educação liberal. Só assim elas poderiam se tornar contribuintes patrióticas para uma sociedade democrática. Ele lamentou que a França tivesse falhado totalmente em resgatar as mulheres das garras da Igreja, o que teve consequências devastadoras.

O teórico liberal Jules Simon considerava até os melhores internatos franceses completamente inúteis no modo como educavam as meninas. Os princípios que transmitiram eram frívolos; não havia nada de sério ou edificante neles.[19] Um longo artigo sobre meninas no *Dictionary* de Buisson concordou. Buisson lamentou que seus compatriotas deram tão baixa prioridade à educação das meninas e que ela tivesse sido tão focada na religião. Meninas e meninos têm o mesmo direito a uma educação primária elementar porque eles têm uma "inteligência igual e deveres equivalentes como membros do Estado e de uma família", disse. Ele deu uma longa lista de tópicos que meninas, assim como meninos, deveriam aprender, com instrução moral e cívica no topo, mas também incluindo língua e literatura francesa, geografia, um pouco de direito e economia política. O objetivo não era tornar as meninas "argumentativas (*raisonneuses*)", insistia; mas as meninas, como os meninos, deveriam ser levadas a compreender seus deveres para com a pátria, a constituição e as leis. As meninas não deveriam ser transformadas em pessoas eruditas, mas também não deviam "permanecer estranhas à vida intelectual do mundo moderno", afirmou outro reformador.[20]

Os reformadores educacionais não questionavam a ideia de que a vocação natural de uma menina era se tornar esposa e mãe. Seu principal objetivo era tornar as meninas esposas e mães *melhores*. Henri Marion, que na época era considerado um especialista em educação de meninas, compôs uma série de palestras sobre o tema, que proferiu na Sorbonne. As relações entre marido e mulher eram um exemplo da dependência mútua e da solidariedade que caracterizava todas as formas de vida social, explicou

Marion. Mulheres e homens tinham papéis diferentes a desempenhar na sociedade, mas eram complementares e iguais em importância: "o papel da mulher é aperfeiçoar e suavizar a vida, a vida privada acima de tudo, mas por meio disso, pelo menos indiretamente, também a vida pública".[21]

Reformadores como Marion frequentemente apontavam a forma como as meninas eram educadas nos Estados Unidos como um exemplo a ser seguido. Os casamentos lá eram mais justos, diziam eles, e a autoridade dos pais sobre os filhos mais razoável; era assim que as crianças americanas aprendiam os valores democráticos.[22] A ideia de que maridos e esposas eram mutuamente dependentes e trabalhavam em comum acordo era, obviamente, muito diferente da visão patriarcal do casamento geralmente propagada pela Igreja Católica.

A verdade é que, nos Estados Unidos, o sistema escolar público "não sectário", liberal ou secular também era polêmico. Como seus colegas franceses, os católicos americanos contestavam que ele não era verdadeiramente não sectário; as escolas, na verdade, ensinavam uma versão liberal do protestantismo. Os católicos, portanto, exigiram o direito de abrir suas próprias escolas com financiamento público.

Em 1876, um debate foi organizado sobre o assunto, anunciado como uma discussão entre "um cidadão americano católico" e "um cidadão americano liberal". Posteriormente, o debate foi publicado em forma de panfleto. O cidadão católico era o bispo McQuaid, de Rochester, um forte defensor da educação católica, e o cidadão liberal era Francis Ellingwood Abbot, um notório livre-pensador e autoproclamado "anticristão".

McQuaid expôs as objeções católicas às escolas públicas americanas. Primeiro, elas não eram, de fato, não sectárias. Elas faziam parte de uma forma de protestantismo liberal, que violava os direitos dos católicos de acordo com a Constituição e a Declaração de Direitos. Em segundo lugar, as escolas violavam o direito dos pais de decidir a religião de seus filhos. Finalmente, era errado para os católicos ter que pagar escolas destinadas a afastar seus filhos de sua religião. McQuaid também rejeitou a noção de que a moral pudesse ser ensinada sem religião, o que para ele seria o mesmo que basear a moral no egoísmo, uma clara contradição.

Em sua resposta ao bispo McQuaid, Abbot não negou que as escolas eram anticatólicas. O objetivo do sistema escolar público americano não era ensinar religião, mas desenvolver a "individualidade", disse ele. Os direitos dos pais aos quais McQuaid se referiu eram uma mera relíquia da "barbárie primitiva". Seu verdadeiro propósito era dar autoridade despótica aos pais e, além deles, ao papa. O catolicismo, e o tipo de família que ele propagava, prendia mulheres e crianças à servidão doméstica. Na América moderna, as pessoas estavam reconhecendo as mulheres como iguais aos homens perante a lei, observou Abbot com aprovação. O movimento da mulher "visa estabelecer e proteger seu direito ao gozo de sua própria individualidade livre", Abbot acrescentou, mais uma vez com aprovação.[23]

Essa discussão entre um católico e um liberal não deve levar ninguém a acreditar que apenas os católicos se opunham ao sistema escolar público americano. Muitos protestantes conservadores o denunciavam nos termos mais virulentos. Não vendo qualquer diferença entre o cristianismo liberal e a absoluta infidelidade, eles chamavam as escolas de Horace Mann de focos anticristãos de imoralidade. De acordo com o ministro Congregacionalista Noah Porter, o liberalismo era ainda mais perigoso do que o ateísmo absoluto, porque era muito sedutor. Uma conspiração contra a verdade bíblica era também um perigo claro e presente para as noções tradicionais da família. Se fosse permitido se espalhar ainda mais, invariavelmente derrubaria a sociedade e traria o caos para o mundo.

Os defensores tradicionalistas da ortodoxia religiosa, católica ou protestante estavam especialmente alarmados com a conexão entre religião liberal e feminismo. De Mary Woll-stonecraft, que veio de uma formação dissidente, a Louise Otto, que era próxima ao movimento católico alemão,[24] e as feministas francesas militantes anticlericais, as defensoras dos direitos das mulheres denunciavam "sacerdócio e superstição" e, muitas vezes, culpavam as igrejas tradicionais pelo baixo status das mulheres. Como seus homólogos masculinos, muitas delas também acreditavam que, para ocorrem reformas significativas, as igrejas cristãs teriam que se tornar mais liberais ou uma nova religião teria que ser inventada.

Poucas feministas foram mais radicais do que a americana Elizabeth Cady Stanton, que denunciou a própria Bíblia por seu sexismo flagrante e foi coautora da *Bíblia da Mulher* para substituí-la. "A Bíblia e a Igreja têm sido os maiores obstáculos no caminho da emancipação das mulheres", declarou ela. Entretanto, felizmente "mentes mais liberais" estavam agora produzindo "exposições mais elevadas e puras das Escrituras".[25] Stanton, como outros, esperava o advento de uma nova religião, mais tolerante, mais aberta à ciência e mais propícia a reformas políticas, econômicas e sociais — incluindo a emancipação das mulheres.

A Liga Liberal Nacional, o Pensamento Livre e o Amor Livre

O bispo McQuaid certamente teria ficado indignado com uma organização chamada Liga Liberal Nacional. Ela foi formada no mesmo ano em que ocorreu seu debate com Abbot, um de seus fundadores. O objetivo da liga era a separação total entre Igreja e Estado, algo que seus membros pensavam que não estava suficientemente claro na Constituição. Para atingir seu objetivo, a liga endossou as Nove Exigências do Liberalismo.

As Nove Exigências atacaram todas as apropriações governamentais de instituições religiosas educacionais e de caridade, e todos os serviços religiosos e usos de artefatos religiosos em procedimentos governamentais. Elas exigiam que o governo não reconhecesse mais as ocasiões e dias religiosos, que as leis dominicais fossem revogadas, que os juramentos fossem substituídos por uma simples afirmação, que as leis que reforçavam a moralidade cristã fossem revogadas e que o favoritismo do governo a qualquer religião chegasse ao fim.

A Liga Liberal Nacional acolhia homens de todas as origens religiosas, fossem cristãos, judeus, muçulmanos, budistas, brâmanes ou até ateus. Os judeus liberais passaram a ocupar posições de destaque em sua liderança. Em 1879, tanto o rabino Isaac Wise, do *American Israelite* e fundador do *American Reform Judaism*, quanto Moritz Ellinger, do *Jewish Times*, foram vice-presidentes nacionais.

Embora o propósito principal da liga fosse a separação da igreja e do estado, ela também almejava combater a "escravidão espiritual" e a "superstição", palavras-código para o catolicismo ou para qualquer religião baseada em dogmas imutáveis. A liga tinha como objetivo encorajar o pensamento livre e promover uma religião racional e não sectária, comprometida com a difusão de "um senso de fraternidade".[26]

Abbot e outros membros proeminentes da liga defendiam uma religião secular, ou o que chamavam de religião da humanidade. Claro que, para os tradicionalistas e conservadores religiosos e todos aqueles que se consideravam ortodoxos, esta "religião da humanidade" não era uma religião de forma alguma. Não é de admirar, então, que o bispo McQuaid, em suas comunicações com o Vaticano, tenha protestado contra o liberalismo que se disseminava.[27]

No final do século XIX, a palavra "liberal" em um contexto religioso poderia significar várias coisas diferentes nos Estados Unidos da América. Poderia significar tolerante, na forma como George Washington usava o termo. Poderia significar uma variedade de unitarismo, como a pregada por William Channing ou qualquer um de seus discípulos. Ou também poderia significar um defensor da separação estrita entre Igreja e Estado e um sistema de escolas públicas "não sectárias". E, finalmente, liberal também podia significar um livre-pensador, o que por si só poderia significar qualquer variedade de posições sobre religião.

No início do século XX, existiam muitos clubes com a palavra "liberal" em seus títulos, todos voltados para homens livres-pensadores. Em Nova York existia a *Harlem Liberal Alliance*, em Boston a *Friendship Liberal League*, em Los Angeles o *Liberal Club*. Havia até uma cidade no Missouri chamada Liberal. Fundada em 1881 para pessoas de mente liberal, ela cresceu em 1885 e se tornou uma cidade comercial ativa de 500 habitantes, que desejavam viver livres dos dogmas da Igreja. Havia também uma Universidade Liberal e vários jornais com a palavra em seus títulos. Na verdade, o *Kansas Liberal* achou que a palavra "liberal" havia sido explorada em excesso e mudou seu nome para *Lucifer, the Light Bearer*, em 1883. Aqueles que consideravam o liberalismo uma obra do diabo agora tinham um periódico com o nome adequado para atacar.

Alguns indivíduos autodesignados liberais religiosos rejeitaram completamente o Cristianismo. Abbot confessou que não era apenas um não cristão, mas um anticristão determinado. De acordo com um jornal de Boston, o *Free Religious Index*, "a palavra 'liberal' neste país hoje significa alguém que não reconhece a autoridade da Bíblia nem admite o caráter sobrenatural do sistema cristão". Robert Ingersoll, um advogado famoso, orador popular e membro da Liga Liberal Nacional, gostava de zombar da religião em suas palestras amplamente frequentadas.

David M. Bennett, o fundador da revista *Truth Seeker* e outro membro da Liga Liberal Nacional, chamou o cristianismo de "a maior farsa do mundo".[28] Era "uma maldição para a raça humana" porque "fomentava a ignorância, a superstição e a falsidade", disse ele. A missão declarada do *Truth Seeker* era se comunicar com "os liberais do país... informação, entretenimento e apoio contra o erro religioso e a escravidão mental". No cabeçalho de sua primeira edição, David Bennett e sua esposa, Mary, anunciaram que sua revista se dedicaria a propagar o liberalismo, identificando-o pelo nome, que significava "tudo o que tende a elevar e emancipar a raça humana". Uma longa lista de tópicos incluía ciência, moral, reforma trabalhista, pensamento livre, educação gratuita, igualdade sexual e amor livre.

A associação do liberalismo com o "amor livre" tornou-se uma questão particularmente controversa. Embora houvesse divergências entre eles, muitos defensores do amor livre defendiam o direito de voto para as mulheres, os direitos de propriedade e o direito ao divórcio. O que distinguia os defensores do amor livre de outros defensores dos direitos das mulheres era sua crítica aberta ao casamento. Alguns o chamaram de prostituição legalizada, outros de escravidão sexual, outros ainda de sistema de estupro. Nem a Igreja nem o Estado deveriam ter o direito de regular as relações sexuais, disseram eles. O divórcio deveria ser fácil de obter e os casamentos deveriam ser baseados no amor mútuo e na atração sexual. Antes de entrar em qualquer relacionamento, as mulheres, assim como os homens, deveriam ser ensinadas sobre a sexualidade e, então, encarregadas de regular sua própria conduta sexual. As mulheres deveriam ter permissão para controlar sua reprodução e recusar relações sexuais com seus maridos, se assim desejassem.

Os defensores do amor livre às vezes se referiam a ele como uma mulher com direitos sobre seu próprio corpo.[29] Ezra Heywood, a presidente da *FreeLove Association* da Nova Inglaterra, defendeu o "direito natural da mulher à propriedade e controle sobre seu próprio corpo, um direito inseparável da existência inteligente da mulher", disse ela.[30] Alguns defensores do amor livre até falaram sobre o direito da mulher ao prazer sexual.

Como se sua associação com o ateísmo e o amor livre não fosse ruim o suficiente, um julgamento altamente divulgado contaminou o liberalismo ainda mais aos olhos dos tradicionalistas. Ao mesmo tempo em que Bennett começou a publicar o *Truth Seeker*, a liberdade de expressão estava sendo atacada pelo inspetor postal e político norte-americano Anthony Comstock. Em 1873, o Congresso aprovou a chamada Lei Comstock, em sua homenagem, cujo propósito ostensivo era a "supressão do comércio e circulação de literatura obscena e artigos de uso imoral". O ato criminalizou o uso do Serviço Postal dos Estados Unidos para enviar qualquer item considerado "obsceno". Também ampliou radicalmente o poder do governo de regular o material impresso, expandindo os materiais que poderiam ser considerados obscenos para incluir jornais, anúncios e uma variedade de produtos relacionados à contracepção. Também definia obscenidade em termos vagos que incluíam qualquer tipo de informação sexual, incluindo fatos fisiológicos básicos. Os ataques do pensamento livre à Bíblia também poderiam ser considerados obscenos. Comstock usou as leis de obscenidade para deter e prender tanto livres-pensadores quanto defensores do amor livre.

Vários liberais proeminentes violaram intencionalmente as Leis Comstock para provocar uma batalha legal. Em 1877, David Bennett publicou uma "Carta Aberta a Jesus Cristo" no *Truth Seeker* e depois a vendeu por fora como um panfleto. Dirigindo-se diretamente a Jesus, a "Carta Aberta" perguntava: "A religião batizada com o seu nome não causou mais derramamento de sangue, mais perseguição e mais sofrimento do que todas as outras religiões do mundo?" Bennett foi preso, mas as acusações contra ele foram retiradas depois que Robert Ingersoll, um homem bem relacionado, intercedeu em seu nome. Mas Bennett foi preso uma segunda vez e depois uma terceira, e nesta última ocasião, o caso o levou a julgamento, condenação e prisão.

A segunda e a terceira prisões de Bennett diziam respeito ao panfleto de amor livre *Cupid's Yokes*, de autoria de Ezra Heywood. A publicação zombava da campanha antivício de Comstock como uma espécie de "fanatismo lascivo", e apoiou abertamente muitos princípios do amor livre. Ela exigia o fim de qualquer regulamentação da Igreja ou do Estado sobre casamento, adultério e controle de natalidade, que deveria ser substituída por "autogoverno sexual". O divórcio deveria ser fácil de obter; e tanto os homens quanto as mulheres deveriam poder amar a quem quisessem e pelo tempo que quisessem.

Logo a Liga Liberal Nacional se envolveu. Heywood e Bennett foram presos sob acusações de obscenidade, ela por escrever o panfleto, ele por vendê-lo. Mas pela primeira vez o caso de Bennett nunca foi a julgamento. Ele foi então detido por enviar uma cópia através das fronteiras do estado e, desta vez, foi para a prisão. Seus processos levaram a Liga Liberal Nacional a apresentar uma petição ao Congresso contra a Lei Comstock. Em fevereiro de 1878, ela apresentou uma petição, assinada por cerca de 50 a 60 mil pessoas, afirmando que a lei estava servindo como um instrumento de perseguição religiosa. Ela estava sendo usada para intimidar editores e escritores de obras antirreligiosas, injustamente rotuladas como obscenas. No entanto, um Comitê da Câmara defendeu a constitucionalidade da lei.

No final, o debate sobre a Lei Comstock produziu uma cisão dentro da convenção da Liga Liberal Nacional. Ingersoll, Abbot e outros líderes renunciaram. Eles consideravam a lei de obscenidade uma questão secundária, que os desviava das preocupações mais centrais da liga. Entretanto, para alguns liberais, a livre discussão de questões sexuais era de importância central.

Enquanto isso, a publicidade gerada pela campanha para revogar ou revisar as Leis Comstock ajudou a obscurecer a distinção entre liberalismo, ateísmo, liberdade sexual e obscenidade na mente do público. Críticos que compareceram às reuniões da Liga Liberal Nacional relataram que o ateísmo estava sendo pregado lá e que festivais de defensores do amor livre estavam ocorrendo. Eles acusaram o liberalismo de encorajar o "individualismo desenfreado" e de negar a Deus e a santidade do casamento. Um comentarista advertiu que se a tendência continuasse e os defensores do amor livre seguissem seu caminho, o prazer do indivíduo substituiria a estabilidade da família, e a desintegração da sociedade inevitavelmente ocorreria.[31] Os liberais eram ateus pecadores e lascivos, empenhados em vender obscenidades e destruir a família.

O Papa Contra-ataca

O Papa Leo XIII não estava errado ao ver as Leis Ferry como um ataque direto à sua Igreja e aos seus ensinamentos. Ele respondeu com duas encíclicas. Em 8 de fevereiro de 1884, publicou *On the Religious Question in France* [*Sobre a Questão Religiosa na França*, em tradução livre], que condenou as leis, categórico. Elas eram "perversas", "cruéis" e "criminosas". Dois meses depois, publicou *Humanum Genus*, no qual excomunga os maçons em termos idênticos; seus princípios, disse ele, eram perversos, perniciosos e criminosos. Os maçons, que foram muito proeminentes na Terceira República e especialmente na concepção e implementação das leis escolares, "atacam impunemente os fundamentos da religião católica". Sua irmandade era uma "praga infame rastejando nas veias do corpo político", e as reformas educacionais da França nada mais eram do que uma conspiração mal-intencionada que significaria o fim de toda a ordem social. Bispos franceses e divulgadores católicos repetiram essas acusações.

A Igreja ficou especialmente indignada com a reforma no sistema de educação para meninas.[32] Como sempre, a Igreja via seu controle sobre a educação das futuras esposas e mães como uma forma de recatolizar a nação. O sistema educacional liberal era claramente uma ameaça a esse objetivo. Enquanto a imprensa liberal celebrava a "libertação das mulheres do jugo de uma superstição ridícula", jornais conservadores e católicos declaravam as mudanças desastrosas. Os padres tentaram dissuadir as meninas católicas de se matricularem nos novos cursos, dizendo que elas poriam em perigo suas almas. Eles avisaram que se o Estado assumisse a educação de todas as meninas, iria expor cada uma à "impiedade radical, ao ateísmo, ao materialismo e às teorias mais subversivas de toda a moralidade".[33]

Porta-vozes católicos rejeitaram categoricamente a ideia de que mudanças na educação das meninas melhorariam os casamentos e produziriam famílias mais felizes, morais e patrióticas. Em vez disso, iriam "estimulá-las a um certo espírito de independência" e causar uma revolução na família francesa. As mulheres perderiam o gosto pela domesticidade e pela maternidade. Elas se tornariam indisciplinadas e desobedientes. Tragicamente, isso também significava que teriam dificuldades em encontrar um marido. Haveria perigos adicionais se as meninas frequentassem cursos ministrados por professores solteiros.[34]

Os divulgadores católicos reforçaram e espalharam o ataque do papa ao liberalismo, muitas vezes nos termos mais virulentos. Um panfleto do padre espanhol Don Felix Sarda y Salvany, intitulado *Liberalism Is a Sin* [*O Liberalismo É um Pecado*, em tradução livre] foi publicado pela primeira vez em espanhol, em 1886, e logo traduzido para outras línguas europeias. O livro declarava que o liberalismo era "um pecado maior do que a blasfêmia, o roubo, o adultério, o homicídio ou qualquer outra violação da lei de Deus". Era "o mal de todos os males", o "descendente de Satanás e inimigo da humanidade".[35]

Dois anos depois, em 1886, o papa publicou outra encíclica condenatória, *On the Nature of Human Liberty* [*Sobre a Natureza da Liberdade Humana*, em tradução livre]. Ele agora dizia que liberais que apoiaram a separação entre Igreja e Estado "seguem os passos de Lúcifer". Aqueles que aderiram ao princípio da soberania popular estavam negando a existência de Deus. Esses princípios liberais levariam inevitavelmente à corrupção, turbulência, confusão e, por fim, à derrubada de todos os Estados. De forma um tanto contraditória, o papa também disse que a separação entre Igreja e Estado levaria à tirania do Estado. Se não houvesse autoridade acima do indivíduo, exceto o Estado, o Estado se tornaria onipotente.

O ataque papal não se voltou apenas ao liberalismo, mas também ao "americanismo", que nessa época se tornou um sinônimo implícito de liberalismo no léxico do Vaticano. O americanismo era regularmente denunciado nos termos mais veementes por porta-vozes do papa. De acordo com o jornal jesuíta *Civilta Cattolica*, os Estados Unidos respiraram "o ar infectado" do liberalismo e o americanismo ameaçava o catolicismo em todos os lugares. Outro jornal romano atacou o "espírito satânico" dos americanos e as "teorias blasfemas".[36]

O papa e seus partidários próximos estariam, é claro, cientes da inspiração americana por trás das Leis Ferry e da batalha em curso na América por causa de suas escolas públicas. Ele também devia saber que muitos católicos na América — incluindo alguns líderes católicos proeminentes — não se opunham à democracia, nem à separação entre Igreja e Estado, nem a muitos outros princípios liberais. Exemplos são os arcebispos John Ireland, John Keane e Dennis J. O'Connell, bem como o cardeal James Gibbons. Alguns até se adaptaram ao sistema público de ensino. Em uma carta ao cardeal Miecislaus Ledochowski, prefeito da Propaganda do Vaticano, o bispo McQuaid caracterizou toda a tendência dentro da Igreja Católica americana como um pernicioso "liberalismo".[37]

Como sabemos, os liberais católicos existiam desde o início do liberalismo e durante todo o século XIX. Eles se viam como parte de um movimento internacional que desejava demonstrar a compatibilidade do catolicismo com a civilização moderna. Os chamados americanistas sentiam o mesmo. Irlanda, Kean e Gibbons foram bem recebidos na França, especialmente por aqueles que queriam recompor as relações entre seu governo republicano e a Igreja. Eles tiveram alguns dos discursos mais famosos da Irlanda traduzidos para o francês. Católicos mais conservadores, como o bispo McQuaid, se desesperaram com o "liberalismo que, se não for controlado a tempo, causará um desastre na Igreja".[38]

Em 1892, o papa provocou uma reviravolta repentina. Apenas quatro anos depois de sua encíclica condenando a soberania popular, ele voltou atrás em uma nova encíclica, *Inter innumeras sollici tudines*. Tinha como subtítulo "Igreja e Estado na França". Em uma grande revisão do ensino da Igreja, ele pediu aos católicos franceses que parassem de identificar a causa católica com a da monarquia e aceitassem a república. Essa política veio a ser conhecida como "aderir" à república — o *ralliement*.

No entanto, aderir à república não era a mesma coisa que aceitar o "liberalismo". Como o autor ultramontano de uma crítica rigorosa contra o catolicismo liberal repetiu em 1897, "o liberalismo é, em si mesmo, um pecado mortal".[39] Em vez disso, aderir à república significava usar meios republicanos e liberais para *combater* o liberalismo.

Ralliement certamente não significava aceitar o ensino não sectário nas escolas públicas — ou as leis secularizantes. Isso continuou a ser denunciado pelo papa e seus apoiadores próximos como um "americanismo" maligno.[40] Os católicos foram solicitados a adotar métodos modernos, como a imprensa e a propaganda, movimentos sociais e clubes, para transmitir e divulgar a mensagem católica e recatolizar a nação francesa. Então, em um sentido muito real, o papa estava pedindo aos franceses que usassem métodos liberais para combater o liberalismo religioso.

A capacidade ostensiva do Vaticano de aceitar certos princípios liberais, notadamente no domínio da política eleitoral, levou à formação, por sugestão do papa, de um partido político católico francês denominado *Action Libérale Populaire* (ALP), em 1901. Criado por dois ex-monarquistas, Albert de Mun e Jacques Piou, provavelmente foi financiado pelo Vaticano.[41] O partido publicou um jornal denominado *Bulletin Action Libérale*, cuja primeira edição foi lançada em 20 de novembro de 1901.

É interessante considerar o fato de que uma palavra historicamente usada para descrever um movimento contrário à Igreja Católica foi então apropriada para designar um partido pró-Igreja. O objetivo do ALP era usar o sistema liberal — suas eleições livres, imprensa e mídia — para defender os direitos da Igreja contra o que chamou de ameaça da "Maçonaria... Jacobin e a tirania socialista." O ALP defendeu com fervor a Igreja e a Concordata; lutou com unhas e dentes contra todas as leis de segurança e, especialmente, contra o projeto de separar a Igreja do Estado.

No entanto, se o ALP pensava que seria capaz de pressionar o governo a revogar as Leis Ferry, ficou profundamente desapontado. Seguiram-se mais leis secularizantes. Em 1901, a Lei das Associações ampliou a liberdade de grupos como sindicatos e partidos políticos para se organizar, mas limitou drasticamente a liberdade das congregações religiosas, forçando-as a obter autorização do governo se desejassem permanecer na França ou se expandir.

A administração de Émile Combes, primeiro-ministro de 1902 a 1905, e um maçom com ferrenhas convicções anticlericais, aplicou a lei com rigor, e as ordens religiosas acharam quase impossível obter autorização legal. Em 1903, mais de 14 mil escolas administradas por ordens não autorizadas foram fechadas. Em 1904, membros de ordens religiosas foram proibidos de ensinar, e quase todas as ordens religiosas na França foram proibidas e suas propriedades vendidas. Entre 30 e 60 mil padres e freiras foram exilados. E tudo isso culminou na Lei de Separação de 1905, que suprimiu todo financiamento público e reconhecimento da Igreja Católica.

Ao protestar ferozmente contra cada uma dessas medidas, o número de membros do ALP cresceu, chegando a 200 mil pagadores e 1.200 comissões eleitorais locais em 1906. No auge, o partido contava com setenta deputados na Câmara e constituía uma ameaça real à agenda liberal. A certa altura, Combes o escolheu para ser criticado com desdém em uma série de discursos, gritando *"L'Action Libérale Populaire*, aqui está o inimigo!"

Desde do surgimento da palavra na segunda década do século XIX, o "liberalismo" esteve intimamente associado à Revolução de 1789 e a uma postura explicitamente hostil à Igreja Católica. Ser liberal significava defender a liberdade de pensamento, religião e separação entre Igreja e Estado, princípios que o papado rejeitou firme e repetidamente ao longo do século XIX. A palavra também tinha outros significados, incluindo igualdade civil para as mulheres e o direito ao divórcio, princípios esses também rejeitados pela Igreja Católica.

No final do século XIX, essas causas liberais permaneceram controversas em todo o mundo, mas nos Estados Unidos elas haviam assumido uma direção particularmente radical. Lá, a palavra "liberal" também era usada para descrever alguém que era abertamente ateu, ou que defendia o direito à liberdade sexual e à contracepção, ou defendia o direito de publicar literatura obscena. Para os tradicionalistas, o que eles haviam previsto por mais de um século estava se tornando realidade: o liberalismo estava levando à degeneração moral completa e ao caos.

Enquanto isso, na França, os defensores da Igreja aproveitaram-se da associação da palavra com a liberdade e tolerância para estabelecer o ALP. Subsidiado pelo Vaticano, o partido lutou para proteger os direitos da Igreja contra as reformas secularizantes na Câmara dos Deputados da França. "O que realmente significa ser liberal?", perguntou o líder do grupo, Piou. "A palavra precisa ser definida", explicou ele, antes de oferecer uma definição que a limitou ao que era um movimento católico e essencialmente de direita. Ser liberal significava proteger os homens e mulheres franceses da ameaça do jacobinismo, da Maçonaria e da "tirania socialista", disse Piou. Curiosamente, então, na França do início do século XX, ser liberal podia significar ser social e religiosamente conservador, enquanto nos Estados Unidos geralmente significava o contrário.

CAPÍTULO SETE

Dois Liberalismos

O VELHO E NOVO

Não consideramos o bem-estar do Estado como uma medida de emergência ou como um mal inevitável, mas como o cumprimento de uma das tarefas mais importantes de nosso tempo e nação.

— VEREIN FÜR SOZIALPOLITIK, 1873

OS LIBERAIS ATRIBUÍRAM grande parte da culpa pela derrota da França na Guerra Franco-Prussiana ao seu pobre sistema educacional e à influência debilitante dos ensinamentos da Igreja. No entanto, eles perceberam que havia razões adicionais para a humilhação da França. Era fácil ver que os soldados alemães eram fisicamente mais fortes e saudáveis do que os franceses. Durante a guerra, o exército francês perdeu o equivalente a uma divisão inteira para a varíola e talvez cinco vezes mais adoeceram. O exército prussiano foi vacinado e, portanto, sofreu muito menos baixas. Aqui, então, os benefícios da intervenção governamental ficaram claros.

Após a guerra, o governo prussiano deu continuidade a mais iniciativas. Em 1874, ele impôs um programa de vacinação obrigatória contra a varíola a todos os cidadãos alemães. Criou um departamento de saúde para estudar doenças infecciosas e encontrar tratamentos eficazes. Em

1876, uma lei foi aprovada exigindo que todos os trabalhadores da indústria com mais de 16 anos se inscrevessem em um plano de saúde, a menos que cobertos de outra forma. Bismarck parecia estar engajado no "socialismo de estado", o que foi notado por liberais em todos os lugares.

Ao longo dos anos seguintes, o governo prussiano embarcou em vários outros empreendimentos pioneiros. Criou um sistema de seguro completo e obrigatório para os trabalhadores alemães, incluindo seguro contra doença, acidentes industriais, velhice e invalidez. O próprio Bismarck não hesitou em chamar essas medidas de socialistas e prometeu aos trabalhadores mais legislação. Alguns liberais denunciaram as medidas como mais um exemplo de cesarismo, mas outros as aprovaram. Logo, um debate transatlântico começou sobre a relação entre o "verdadeiro liberalismo" e o socialismo de estado.

Os historiadores tendem a negligenciar o papel que a Alemanha desempenhou na história do liberalismo. Mas as ideias alemãs tiveram um impacto enorme desde o início. A teologia liberal alemã influenciou a visão liberal da religião por mais de um século. E agora, no final do século XIX, as ideias alemãs de economia política fizeram com que o liberalismo se dividisse em dois, uma corrente favorecendo o *laissez-faire* e a outra a intervenção governamental. Ambos se autodenominavam liberais.

O Papel do Estado Reimaginado

As medidas alemãs em favor de seus cidadãos pobres foram especialmente marcantes em uma época em que muitos estudos revelaram os graves problemas que afligem todos os países em industrialização. Embora uma grande riqueza estivesse sendo criada e o padrão de vida em geral estivesse melhorando, um grande número de pessoas pobres estava sendo deixado para trás.

Favelas, superlotação e doenças aumentaram. A inquietação trabalhista estava crescendo e os trabalhadores, sindicatos e partidos estavam se organizando. O socialismo, em suas várias formas e manifestações, estava se espalhando. Isso fez com que um número cada vez maior de liberais acreditasse que os governos deveriam fazer mais para ajudar os pobres e encontrasse inspiração no que estava acontecendo na Alemanha.

Liberais preocupados na França, na Grã-Bretanha e nos Estados Unidos tornaram-se receptivos às ideias de uma nova escola de economistas alemães. Os pioneiros foram os professores de economia como Wilhelm Roscher, Bruno Hildebrand e Karl Knies, que foram influentes em sua época, mas esquecidos na nossa. Em meados do século, eles lançaram um ataque em grande escala à doutrina do *laissez-faire*, cujas ideias consideravam muito abstratas e teóricas para terem alguma utilidade. Elas também eram antiéticas, pois permitiam a exploração de trabalhadores e nada faziam para remediar a pobreza endêmica.

Era necessário adotar uma economia política mais prática e orientada para resultados, baseada em dados empíricos. E, então, começaram a coletar evidências que provavam que o *laissez-faire* estava tornando a vida da maioria dos habitantes dos países em industrialização pior, e não melhor. Eles previram que as condições só se deteriorariam e se espalhariam se os governos não agissem.

Para homens como Roscher, os erros do *laissez-faire* não eram apenas empíricos, mas morais. O homem não era apenas um indivíduo solitário e egoísta; ele era um ser social com obrigações éticas capaz de compreender e realizar. Era moralmente abominável alegar que o egoísmo e a competição ilimitada poderiam servir de base para qualquer economia viável e justa, disseram eles. Essas opiniões levaram algumas pessoas a ridicularizar Roscher e seus colegas, chamando-os de "economistas éticos" e "socialistas da cátedra", e os rótulos pegaram. Em troca, os economistas éticos continuaram a acusar seus adversários de "manchesterismo", um termo igualmente, se não mais, sarcástico.

Em 1872, os economistas éticos fundaram a Associação de Política Social (Verein für Sozialpolitik). Sua declaração de missão apresentava a visão de que o estado tinha a obrigação moral de cuidar do bem-estar comum. Ela afirmava claramente: "Não consideramos o bem-estar do Estado uma medida de emergência ou um mal inevitável, mas o cumprimento de uma das tarefas mais importantes de nosso tempo e nação. Na execução séria desta tarefa, o egoísmo dos indivíduos e o limitado interesse das classes serão subordinados ao destino duradouro e superior do todo."[1]

Lentamente, mas com segurança, as ideias dos economistas éticos se espalharam, desencadeando um debate acalorado por toda a Europa e fora dela. Filósofos, cientistas políticos, jornalistas e políticos intervieram, dividindo-se entre os que apoiavam a intervenção do governo ou o *laissez-faire*. Alguns liberais acolheram e absorveram as ideias com entusiasmo; outros as rejeitaram. Os observadores começaram a falar de uma crise na economia política. O futuro presidente Woodrow Wilson, conhecedor das ideias alemãs, chamou a situação de "guerra entre os economistas políticos".[2] As divergências resultaram na criação do que o filósofo americano John Dewey mais tarde chamaria de "duas correntes" de liberalismo, uma favorecendo o intervencionismo e a outra o *laissez-faire*.

Na França, os debates sobre a economia política alemã colocaram homens como Charles Gide e Alfred Fouillée contra Léon Say, filho de Jean-Baptiste, que serviu como ministro das finanças francês de 1872 a 1883. Say e outros economistas políticos próximos ao governo consideraram as ideias vindas da Alemanha um abominável "estatismo" e uma espécie de "idolatria".[3] "O verdadeiro liberalismo" significava aderir aos princípios do *laissez-faire*, disseram eles. Devido, em grande parte a homens como Say, a posição oficial do governo francês durante a década de 1870 era fazer o mínimo possível em termos de ajuda direta aos pobres. Exceto para a Lei Roussel, de 1874, que regulamentava a amamentação e os cuidados com crianças órfãs, muito pouco aconteceu no domínio da assistência aos pobres na França durante esse tempo. Funcionários do governo apresentavam os mesmos argumentos de antes: "caridade pública" era prejudicial, pois encorajava os trabalhadores a serem preguiçosos e irresponsáveis. Também os levava a pensar na ajuda como um direito e não como um ato de caridade. Paul Ceré, um intelectual proeminente que serviu brevemente como prefeito durante a Segunda República, chegou a propor o fechamento de albergues e outros "magníficos dormitórios para o pauperismo". Os idosos e os enfermos devem ser mandados de volta para suas casas, e os ociosos, alistados no exército.[4]

Mas uma nova classe de economistas políticos estava surgindo para desafiar a ideologia do *laissez-faire*. Charles Gide pertencia a este grupo. Professor nas Universidades de Bordéus e Paris, e mais tarde no Collège de France, Gide publicou um livro, em 1883, que defendia as novas ideias. Ele foi traduzido para o inglês como *Principles of Political Economy* [*Princípios de Economia Política*, em tradução livre], em 1892. Dois anos antes, um artigo resumindo as ideias de Gide para o público americano foi publicado no *Political Science Quarterly*.[5]

Já era tempo de buscar orientação na nova escola de economia política alemã, disse Gide. A Guerra Franco-Prussiana foi uma derrota não apenas dos militares da França, mas também de sua política de *laissez-faire*, argumentou. Em um passado distante a França, havia sido um líder no campo da economia política. Homens como François Quesnay, Dupont de Nemours, Turgot e Condorcet, a quem até Adam Smith reconheceu estar em dívida, estavam na vanguarda de seu campo. Mas agora, lamentou Gide, importantes economistas franceses como Frédéric Bastiat e Léon Say tornaram-se complacentes, conservadores e até mesmo insensíveis à miséria dos pobres. Talvez eles não devessem mais se considerar liberais, sugeriu Gide, já que defendiam um tipo repreensível de egoísmo que era cego para o bem público. Em vez disso, talvez devessem ser chamados de "hedonistas modernos". Gide resolveu chamá-los de liberais "clássicos" ou "ortodoxos", provavelmente cunhando esses termos. Os liberais ortodoxos estavam presos ao passado, sem vontade de enfrentar as novas realidades, disse ele. Felizmente, suas ideias estavam sendo substituídas por outras mais saudáveis vindas da Alemanha.

As ideias alemãs também avançavam na Grã-Bretanha. Embora a súbita derrota da França na Guerra Franco-Prussiana e a Comuna tenham servido como um aviso severo, uma forte crise econômica criou desemprego e miséria em massa. A concorrência da Alemanha e dos Estados Unidos também fez os britânicos se preocuparem com a posição de liderança de seu país como oficina do mundo, enquanto um número crescente de pessoas perdia a fé no "livre mercado".

As ansiedades liberais se intensificaram quando, em 1874, seu partido sofreu uma derrota inesperada nas eleições e os conservadores conquistaram a maioria parlamentar pela primeira vez em mais de trinta anos. Benjamin Disraeli substituiu Gladstone como primeiro-ministro. Disraeli, em sua campanha eleitoral vitoriosa, se fez ouvir pelos trabalhadores e prometeu-lhes novas leis. Uma vez no poder, os conservadores promoveram uma série de reformas, fazendo com que Alexander MacDonald, um dos primeiros membros da classe trabalhadora eleito para o Parlamento, notasse, em 1879, que "o partido conservador fez mais pelas classes trabalhadoras em 5 anos do que os liberais em 50".

Esses acontecimentos deixaram muitos no Partido Liberal Britânico sentindo-se desorientados e confusos. Eles começaram a reclamar da falta de objetivo do partido e pareciam não ter mais uma mensagem ou propósito unificador. Promessas vagas de melhoria e conversas sobre caráter e autossacrifício obviamente não funcionavam mais. Nem mesmo foi possível chegar a uma definição de liberal, reclamaram alguns. Panfletos e artigos com títulos como "O que são princípios liberais?" proliferaram.

A situação levou um número crescente de liberais britânicos a se tornarem receptivos às novas ideias vindas da Alemanha, como pode ser visto pela abundância de artigos e traduções de obras alemãs de economia política que começaram a aparecer. Já em 1875, a *Fortnightly Review*, uma das revistas mais influentes e reformistas da Grã-Bretanha do século XIX, anunciou com alegria a queda do "antigo credo ortodoxo", que provou ser incapaz de resolver os problemas que atormentavam nações em industrialização. Em 1879, a mesma revista publicou os "Capítulos sobre o Socialismo" de John Stuart Mill, nos quais ele argumentou que as ideias socialistas deveriam ser levadas em consideração, pois poderiam fornecer os princípios orientadores para a reforma.

Ao longo das décadas seguintes, um número crescente de liberais britânicos começou a aderir a um novo tipo de liberalismo, que defendia mais intervenção governamental em nome dos pobres. Eles pediram ao Estado que tomasse medidas para eliminar a pobreza, a ignorância e as doenças, e a excessiva desigualdade na distribuição da riqueza. Começaram a dizer que as pessoas deveriam ter não apenas liberdade, mas as *condições* de liberdade, e chamaram isso de "novo liberalismo".

Nos Estados Unidos, as novas ideias de economia política foram introduzidas por meio de muitos jovens que estudaram em universidades alemãs e voltaram para ocupar cargos de liderança em faculdades americanas. Na Alemanha, estavam imersos na economia ética e testemunharam em primeira mão o que o Estado pode fazer por seus pobres. Como seus colegas britânicos e franceses, eles se convenciam cada vez mais de que o *laissez-faire* era simplesmente errado, tanto moral quanto empiricamente, e começaram a defender mais intervenção governamental na economia.

Como em outros lugares, mudanças profundas estavam transformando a economia nos Estados Unidos. O país estava se industrializando rapidamente, de modo que, na virada do século XX, sua produção ultrapassou o total combinado da Grã-Bretanha, Alemanha e França. As mudanças na economia causaram disparidades de riqueza sem precedentes. As depressões prolongadas nas décadas de 1870 e 1890 fizeram com que milhões de americanos perdessem seus empregos.

Quando os trabalhadores norte-americanos e de outros países pediram ajuda ao governo, ela foi recusada. As autoridades usaram as forças armadas para acabar com a Grande Greve de 1877, a primeira disputa trabalhista nacional na história dos Estados Unidos. Observadores ansiosos pensaram que a Comuna de Paris havia cruzado o Atlântico.[6]

No ano seguinte, a Câmara dos Representantes decidiu que seria seu dever solene investigar as causas das dificuldades dos trabalhadores e criar soluções. No final, entretanto, nenhuma foi proposta. O consenso parece ter permanecido o mesmo: a intervenção do governo violaria as leis do mercado. Os trabalhadores deveriam aprender essas leis e adquirir os hábitos corretos: os valores do trabalho árduo, da economia e da virilidade.

Vários norte-americanos que estudaram economia ética na Alemanha tornaram-se figuras importantes nas disciplinas emergentes de economia, ciência política, história e sociologia. Eles fundaram uma série de associações acadêmicas profissionais, a American Historical Association (1884), a American Economic Association (1885), a American Political Science Association (1903) e a American Sociology Society (1905). Cinco dos seis primeiros dirigentes da American Economic Association haviam estudado na Alemanha, assim como 20 de seus primeiros 26 presidentes.

Um dos mais importantes divulgadores das novas ideias nos Estados Unidos foi o economista Richard Ely. Ely obteve um PhD em economia pela Universidade de Heidelberg, onde estudou com os economistas éticos Karl Knies e Johann Bluntschli. Ely voltou e aceitou um cargo de professor no Departamento de Economia Política da Universidade Johns Hopkins, em 1881. Logo escreveu vários livros e artigos. Os norte-americanos deveriam seguir o exemplo alemão e aprender com suas ideias, disse ele.

Foi sob a liderança de Ely que um grupo de jovens economistas norte-americanos fundou a American Economic Association, em 1885. Seu estatuto reiterava o ideal fundador da associação alemã. Ele dizia que o estado era "uma agência educacional e ética", cuja ajuda era necessária para o progresso da humanidade. A economia política não deveria mais ser usada como uma ferramenta nas mãos dos gananciosos ou como uma desculpa "para não fazer nada enquanto as pessoas morrem de fome".[7]

As enciclopédias britânicas e americanas testemunham a influência da economia ética alemã. A edição de 1885 do artigo da *Encyclopedia Britannica* sobre economia política informou seus leitores de que uma nova escola estava surgindo. A *Cyclopaedia of Political Science, Political Economy, and of the Political History of the United States* anunciou que a ciência política estava em um estado caótico. Ela atestou que uma rebelião estava ocorrendo contra a doutrina do *laissez-faire*, que os alemães haviam provado ser totalmente falsa. A maioria das pessoas agora percebia que o Estado era moralmente obrigado a intervir em nome dos desamparados e oprimidos. Ele tinha fins mais nobres a perseguir do que a mera criação de riqueza material. A melhoria da "inteligência e felicidade" dos cidadãos tinha uma importância muito maior. Esse era o fator que distinguia a civilização da barbárie.[8]

As ideias alemãs exerceram um efeito poderoso na história do liberalismo. Elas desencadearam um intenso debate — muitas vezes ofensivo — entre os defensores das ideias "antigas", "clássicas" ou "ortodoxas" de economia política e as "novas", "progressivas" ou "construtivas". Como resultado, a economia política foi dividida em duas. Os dois lados lutariam durante o século seguinte e, até certo ponto, continuam a lutar até hoje.

A resistência ao novo liberalismo foi considerável. A escola ortodoxa reagiu. Uma de suas vozes mais fortes e influentes foi Herbert Spencer, talvez o filósofo de língua inglesa mais lido de sua época. Agora mais conhecido pela expressão "sobrevivência do mais apto", Spencer era uma autoridade em uma ampla variedade de campos, incluindo ética, biologia, filosofia e economia.

Em 1884, Spencer apresentou uma obra altamente polêmica intitulada *Homem versus Estado*. Os defensores do "novo liberalismo" não eram realmente liberais, acusou ele. O "verdadeiro liberalismo" nada mais significava do que liberdade em relação a restrições ou interferências. No passado, o liberalismo se opôs à autoridade ilimitada dos monarcas; no presente, o liberalismo deveria se opor ao poder ilimitado dos parlamentos.[9]

O discípulo norte-americano mais importante de Spencer, William Graham Sumner, descartou as ideias alemãs como nada além de "charlatanismo social". Sumner ensinava ciências sociais na Universidade de Yale e, como seu mentor, acreditava em uma política rígida de *laissez-faire*. Simplesmente não existia uma "questão social", disse ele; o que o trabalhador precisava era ser deixado em paz.[10] Ideias semelhantes foram apresentadas por J. Laurence Laughlin, na época da Universidade de Harvard. Em 1884, Laughlin publicou uma versão resumida dos *Princípios de Economia Política* de John Stuart Mill para uso em escolas americanas, da qual, no entanto, removeu as referências de Mill aos benefícios da intervenção do Estado.[11] Cinco anos depois que os Ensaios Socialistas de Mill foram publicados na Inglaterra, ele se tornou um defensor dos mercados livres irrestritos na América do Norte.

Nem Sumner nem Laughlin conseguiram conter a tendência. Em 1903, Charles Merriam, professor de ciência política da Universidade de Chicago, proclamou a vitória das ideias alemãs. Seu *History of American Political Theories* [História das Teorias Políticas Americanas, em tradução livre] rastreou a evolução do pensamento político americano desde o início. As ideias modernas sobre o propósito do Estado haviam mudado radicalmente, disse ele. Cientistas políticos dos Estados Unidos agora estavam prontos para que o Estado assumisse poderes mais amplos. Segundo eles, o governo não deveria mais se limitar a desempenhar um papel negativo, mas promover o bem-estar geral. O próprio Merriam havia sido treinado na Alemanha.

Enquanto os liberais britânicos discutiam entre si sobre a natureza do verdadeiro liberalismo, Gladstone continuou a mostrar pouca liderança sobre a questão. Ele recorreu ao movimento *Home Rule for Ireland* como uma questão em torno da qual todos os liberais poderiam se unir. No entanto, em vez disso, o partido se dividiu e os liberais perderam o cargo em 1885. Naquele ano, a desunião e a confusão liberal atingiram o auge. Os liberais permaneceram fora do poder pelos próximos 20 anos, exceto por um curto período entre 1892 e 1895. De acordo com o *Daily Chronicle*, o Partido Liberal estava em crise; era "incoerente, apático, desorganizado e burro".[12] Os liberais não tinham mais ideia do que apoiavam.

Enquanto isso, muitos jornais britânicos exigiam que mais atenção fosse dada às questões sociais e econômicas. Com um senso crescente de urgência, eles disseram que os liberais deviam descartar o "velho liberalismo" para dar lugar ao novo. Em 1906, um dos teóricos políticos mais originais da época, John A. Hobson, anunciou categoricamente que "o velho liberalismo do *laissez-faire* está morto". Medidas mais progressivas devem ser aprovadas para extirpar as raízes da pobreza e as doenças que a acompanham. Só então poderia existir uma verdadeira "igualdade de oportunidades econômicas e intelectuais".[13]

Socialismo Liberal

Muitos proponentes do novo liberalismo admitiam que poderiam ser vistos como pregadores do socialismo, mas não se importavam. Em 1893, um importante semanário liberal da Grã-Bretanha escreveu que "se for socialismo ter sentimentos generosos e esperançosos em relação à sorte dos que trabalham... então somos todos socialistas".[14] Alguns anos depois, o futuro primeiro-ministro, Winston Churchill, fez um discurso no qual pedia especificamente aos liberais para não se preocuparem com o rótulo socialista. "A causa do Partido Liberal é a causa dos milhões de excluídos" e deve favorecer a intervenção do Estado em seu nome, disse ele. Foi por meio de uma forma nova e "socialista" de liberalismo que a sociedade evoluiu "para uma base mais igualitária".[15]

Com certeza, a receptividade ao socialismo também dependia da forma como era definido. Aqui também havia divergências. A palavra significava coisas diferentes para pessoas diferentes. Para Churchill, ser "socialista" não significava defender uma revolução ou algo tão radical como a nacionalização da indústria privada. Ele era favorável a reformas graduais e sem violência. O economista americano Francis Amasa Walker afirmou que o termo "socialista" poderia ser aplicado a "todos os esforços, sob o impulso popular, para ampliar as funções do governo" para o bem público.[16] O *Staatsworterbuch* de Bluntschli também reconhecia que o socialismo significava coisas diferentes para pessoas diferentes, mas que era, em sua opinião, perfeitamente apropriado usar o termo para se referir à reforma social gradual.[17]

Na França, o meio-termo entre o liberalismo e o socialismo costumava ser chamado de "solidarismo". Seu principal defensor foi Léon Bourgeois, que se tornou primeiro-ministro em 1895 e publicou um livro intitulado *Solidarity* [*Solidariedade*, em tradução livre] no ano seguinte. Alguns preferiram chamá-lo de "socialismo liberal"[18] e, na verdade, Bourgeois gostava de se chamar de "socialista liberal".[19] A República Francesa tem o dever de promover a solidariedade entre seus cidadãos, não apenas ensinando-lhes patriotismo nas escolas públicas, mas reduzindo a desigualdade que os dividia, disse ele. Em resposta, Léon Say e seus colegas insistiram que o governo devia permanecer fiel ao *verdadeiro* liberalismo, ou seja, ao *laissez-faire*.

O solidarismo forneceu a justificativa para uma colaboração entre o partido republicano radical francês e um grupo de socialistas no Parlamento. Juntos, eles promoveram um programa de reformas, incluindo a limitação da jornada de trabalho e a provisão de pensões e assistência pública a serem pagas por um imposto de renda progressivo. O dever de solidariedade social exigia a intervenção do Estado, disse Bourgeois. Uma república não deveria ser apenas um certo tipo de instituição política, mas o instrumento do progresso moral e social, declarou ele. Essas ideias enfureceram economistas políticos liberais como Say.

A crescente simpatia dos liberais pelo socialismo, sem dúvida, teve algo a ver com a crescente simpatia dos socialistas em relação a eles. Os socialistas do final do século XIX não defendiam necessariamente a revolução ou a abolição do capitalismo. O primeiro partido socialista do país, a Federação dos Trabalhadores Socialistas da França, fundado em 1879, defendia reformas graduais aprovadas pelo Parlamento. Também na Alemanha, o sucesso eleitoral de seu partido fez com que muitos social-democratas acreditassem que o socialismo poderia ser alcançado por meio de reforma e legislação pacíficas. Esses avanços encorajaram os liberais a acreditar que poderiam colaborar com os socialistas para aprovar leis progressistas. Em 1901, o líder liberal Friedrich Naumann propôs uma grande coalizão eleitoral de "Bassermann a Bebel", ou seja, da direita nacional liberal à esquerda social-democrata.

Eduard Bernstein, um teórico político alemão e membro do Partido Social-democrata, surgiu como um líder nesta revisão da doutrina socialista. Em uma série de artigos no *Die Neue Zeit*, Bernstein propôs que os socialistas diminuíssem sua retórica contra o liberalismo, uma vez que o liberalismo estava evoluindo na direção certa. O socialismo era o herdeiro e a realização do liberalismo, e a democracia possibilitou a realização do socialismo por meios pacíficos e graduais, disse ele. Uma revolução não era necessária.

Essas atitudes socialistas ajudam a explicar por que Leonard Hobhouse, um importante autor inglês do novo liberalismo, afirmava que "o verdadeiro socialismo serve para completar, não destruir, os principais ideais liberais".[20] Seu amigo John Hobson chamou isso de "socialismo praticável".[21] Entretanto, não é de surpreender que os liberais da velha escola continuassem a denunciar qualquer conluio com o socialismo. Na França, os autointitulados "homens da ordem" e "conservadores sinceros" criaram uma União Republicana Liberal para lutar pelo "verdadeiro liberalismo".[22] Para esses homens, como para os membros da Action Libérale Populaire, ser liberal agora significava ser conservador.

Um Modo de Vida Moral

Desde o início do liberalismo, os liberais viram sua causa como moral. Eles lutavam não apenas por seus direitos, mas pelos meios para melhor cumprir seus deveres morais. Os novos liberais também acreditavam nisso. Eles defendiam não os direitos individuais, mas o autodesenvolvimento moral como uma forma de promover o bem público. Um bom exemplo é a palestra de T. H. Green, "Legislação Liberal e Liberdade de Contrato", proferida em 1880 e posteriormente publicada e amplamente lida. Green, que estudou filosofia e teologia na Alemanha, era professor de filosofia moral na Universidade de Oxford. Sua palestra foi muito influente em sua época e, desde então, tem sido considerada a própria quintessência do novo liberalismo britânico.

Todo ser humano tinha a obrigação moral de dar o melhor de si, afirmava Green. E isso significava cumprir certos deveres para com seus concidadãos. Não apenas os ricos ou prósperos, mas todos tinham esses deveres. Mas como, perguntou, os pobres e doentes poderiam cumprir seus deveres para com a sociedade nas condições miseráveis em que se encontravam? Circunstâncias fora de seu controle, argumentou Green, impediam a maioria dos pobres de cumprir suas obrigações morais. Esse raciocínio o levou a defender uma série de medidas, incluindo leis sanitárias, inspeções de fábricas e educação pública. Outros liberais acrescentariam ideias a esta lista.

Na verdade, é impossível compreender o novo liberalismo sem considerar a importância que seus defensores deram à ética. Era a paixão por melhorar a humanidade que os movia. Os novos liberais sempre falaram da necessidade de os indivíduos desenvolverem suas "faculdades superiores". O autodesenvolvimento para o bem dos outros era o objetivo da ética social, acreditava Ely. Em sermões leigos no Balliol College, Green exortou as pessoas a se esforçarem para serem a melhor versão de si mesmas. Para isso, elas deveriam cultivar o espírito da abnegação, disse ele. A tarefa mais importante do liberalismo era ajudar os trabalhadores a levar um estilo de vida moral, disse um liberal alemão. Outros a chamaram de "vida humana" ou "a melhor vida".

A educação pública era uma maneira pela qual os governos dariam às pessoas a oportunidade de levar uma vida moral. Vimos quanto esforço os liberais devotaram a isso. De acordo com o solidarista francês Léon Bourgeois, cabia ao sistema de ensino público "elevar os homens à noção de dever social".[23] As novas escolas francesas assumiram a missão de transformar os alunos em bons cidadãos — em outras palavras, ensinar-lhes a solidariedade. Era um sistema de educação pública aprimorado, disse Hobson, que precipitaria a necessária "revolução... nas mentes dos homens".[24] Woodrow Wilson declarou que os sentimentos de generosidade e humanidade precisavam ser cultivados e acreditava que o papel da educação em artes liberais deveria ser o de desenvolver tais sentimentos.[25]

A reforma educacional e moral estava, como sempre, intimamente relacionada à religião. Não é de surpreender que muitos dos novos liberais eram protestantes ou tinham formação protestante, e a maioria deles era favorável a uma variedade de "protestantismo liberal" que vimos antes.

T. H. Green era filho de um ministro evangélico e estudou teologia liberal em Tübingen.[26] A American Economic Association incluía 23 clérigos entre seus membros fundadores, muitos dos quais haviam estudado na Alemanha. Protestantes e maçons liberais desempenharam um grande papel no movimento francês do Solidarismo. Hobson e Hobhouse absorveram muito de seu ponto de vista moral no trabalho nas sociedades éticas britânicas.

De acordo com seus defensores, o "cristianismo liberal" mostrou ser capaz do altruísmo e das boas obras. No final do século XIX, o inglês o chamou de "cristianismo generalizado" ou "comum". O MP [membro do parlamento] liberal e ministro Congregacional Edward Miall queria que os alunos britânicos absorvessem um "credo doutrinário mais amplo, mais liberal e, talvez em alguns aspectos, mais *indistinto*".[27]

O amplamente lido manual unitarista, *Our Liberal Movement in Theology* [*Nosso Movimento Liberal em Teologia*, em tradução livre] descreveu esse cristianismo "generalizado". Acima de tudo, ele deveria disseminar um sistema de moralidade que exercesse um efeito prático na vida.[28] A ideia de que a religião deve ser prática foi repetida com frequência. Friedrich Naumann o chamou de "cristianismo prático".[29] Para Richard Ely, um "cristianismo que não é prático não é cristianismo de forma alguma".[30] Esses protestantes liberais eram de opinião que a religião cristã deveria descartar o que consideravam uma atitude mesquinha, negativa e excessivamente individualista, que se concentrava em salvar a alma de cada pessoa e se dedicar, em vez disso, a melhorar a vida de todas as pessoas.

Eugenia Liberal

Palavras tão nobres sobre a melhora do ser humano e o autoaperfeiçoamento nos deixam despreparados para um fato surpreendente: muitas pessoas que defendiam um papel ampliado do Estado para ajudar os pobres também eram entusiastas da "ciência racial" e da eugenia. Por mais chocante que pareça hoje, muitos liberais as viam como inteiramente consistentes com a missão de promover o bem comum.

O termo "eugenia" foi cunhado em 1881 pelo naturalista e matemático britânico Francis Galton, primo de Charles Darwin. O líder da eugenia americana, Charles B. Davenport, descreveu-a como "a ciência do aprimoramento da raça humana por meio de uma melhor reprodução". Houve uma eugenia "positiva", que visava encorajar a procriação mais prolífica dos aptos. As medidas positivas geralmente envolviam legislação para favorecer mães e recém-nascidos saudáveis. Existia também a eugenia "negativa", que visava encorajar aqueles considerados "inaptos" a procriar menos ou, melhor ainda, não procriar.

Muitos eugenistas esperavam que seu programa de melhoria racial, positivo ou negativo, fosse voluntário. Enfatizavam a educação, injunção moral e contracepção. Alguns também defendiam a esterilização forçada ou a proibição do casamento para os "inaptos". Estes incluíam, entre outros, os insanos, os débeis mentais e os epilépticos. E porque se acreditava que existia uma relação entre baixa inteligência, imoralidade e crime, e que criminosos criavam criminosos e indigentes criavam indigentes, alguns defendiam a restrição do casamento também a eles.

Os liberais não foram os únicos defensores entusiastas da eugenia. A crença na eugenia e na "ciência racial" era generalizada em todo o espectro político, em todos os países que consideramos. Ela foi alimentada pelo medo de degeneração que crescia nos países em industrialização, não apenas na França após a Guerra Franco-Prussiana, mas também nos Estados Unidos, na Grã-Bretanha e na Alemanha. Na França, a preocupação com a degeneração da "raça" levou à formação de uma Liga de Regeneração Humana, em 1896. Alguns anos depois, Léon Bourgeois tornou-se presidente honorário da recém-criada Sociedade Eugênica Francesa. Os historiadores observaram que os franceses tendiam a preferir métodos positivos aos negativos.

Em 1903, o Parlamento britânico foi levado a estabelecer uma comissão sobre a degeneração nacional. Acreditava-se que a "fibra" da nação — seu caráter moral, inteligência e capacidade de competir no mundo — estava em declínio. Para combater o problema, as reformas sociais e políticas eram insuficientes.

Hobson, um dos teóricos liberais mais respeitados de seu tempo, apoiou a prevenção da "procriação antissocial". "A seleção do mais apto, ou, pelo menos, a rejeição do menos apto" era essencial para todo progresso: "Abandonar a produção de crianças à iniciativa privada irrestrita é a mais perigosa renúncia às suas funções que qualquer governo pode praticar."[31]

Também nos Estados Unidos, progressistas de Richard Ely e Herbert Croly a Woodrow Wilson eram entusiastas da eugenia. Ely exortou a adoção da seleção artificial para evitar o nascimento de "descendentes viciosos" e defendeu leis que negam a certas pessoas o direito de se casar. Havia seres humanos "que são absolutamente inadequados e deveriam ser impedidos de dar continuação a seus iguais", escreveu ele. Ely também apoiou a segregação dos "desempregados" nas colônias de trabalho e, quando isso não bastou, propôs soluções mais drásticas. "Os moralmente incuráveis" e aqueles "que não trabalham e não obedecem não devem ter permissão para propagar sua linhagem", afirmou Ely.[32] Em 1911, Wilson, o então governador de Nova Jersey, assinou a lei de esterilização forçada do estado, que visava "as classes irremediavelmente criminosas e imperfeitas".[33]

Muitos, senão a maioria, dos eugenistas também eram abertamente racistas. Ely escreveu que os negros eram, "em sua maioria, filhos crescidos e deveriam ser tratados como tal". O racismo de seu aluno, Wilson, é bem conhecido. Como professor, Wilson disse a seus leitores do *Atlantic*

Monthly que escravos libertos e seus descendentes eram "indolentes e agressivos, cansados do trabalho e cobiçosos de prazer".[34] Mas essas ideias eram comuns. Dizia-se que os negros não tinham capacidade de governar a si próprios e, portanto, não deveriam ser autorizados a votar.

Feminismo e Liberalismo no Final do Século XIX

A eugenia também disseminou atitudes liberais em relação às mulheres. Como o sexo biologicamente mais fraco, dizia-se que as mulheres precisavam de proteção especial contra os rigores do trabalho fora de casa. É principalmente por esse motivo que os legisladores liberais favoreciam ideias como restrições às horas de trabalho ou proibições de trabalho noturno para mulheres. Afinal, as mulheres desempenhavam um papel especialmente importante na preservação da hereditariedade humana e não deveriam arriscar a saúde da raça com excesso de trabalho e fadiga. Qualquer tipo de emprego "prejudicial ao organismo feminino" deve ser proibido, escreveu Ely.[35] Essas ideias também eram comuns entre os liberais franceses, especialmente no início da Guerra Franco-Prussiana, quando os temores de declínio populacional e degeneração aumentaram. Em seu *On the Female Laborer* [*Sobre a Operária*, em tradução livre], Jules Simon escreveu que as mulheres que trabalhavam fora de casa produziam bebês fracos e malformados. Seu leite era corrompido. Preocupações como essas basearam as reformas liberais da previdência social na França, voltadas especialmente para as mulheres. As novas leis tinham muito a ver com o incentivo à procriação saudável.[36]

Quando se tratava de estender o voto às mulheres, a maioria dos liberais continuava a se opor. Como os afro-americanos, dizia-se que as mulheres não tinham a capacidade necessária. Elas eram não apenas fisicamente mais fracas, mas mais impressionáveis e menos racionais do que os homens. Sua natureza as tornava menos capazes de formar julgamentos sólidos. Elas não tinham bom senso. É claro que essas ideias apenas reforçavam a opinião de que seu papel apropriado era dentro de casa, onde podiam ser supervisionadas por seus maridos e encorajadas a produzir filhos saudáveis.

Na França, havia o medo adicional de que dar o voto às mulheres favoreceria os candidatos católicos. As mulheres eram naturalmente supersticiosas e, portanto, suscetíveis à manipulação de padres, disseram os liberais. Esta foi a principal razão pela qual Alfred Fouillée, de outro modo um defensor do que ele chamava de um liberalismo "progressivo" e "reformador", se opôs à emancipação das mulheres. Elas precisavam de mais educação antes mesmo de a possibilidade ser considerada. Nesse ínterim, sua contribuição para o bem público era produzir descendentes saudáveis e manter um lar feliz.

Os liberais ofereceram razões adicionais para privar as mulheres do voto. Por serem tão emocionais e irracionais, dar às mulheres o direito de voto incentivaria o excesso de legislação. O membro liberal do Parlamento, Herbert Samuel, admitiu que o governo talvez pudesse se tornar "mais humano", mas seria à custa da eficiência, do princípio e da "verdadeira liderança". Se o direito ao voto fosse concedido às mulheres, o governo seria esmagado por um "idealismo nada prático". Um espírito de feminilidade se infiltraria no governo, "minando silenciosamente as bases da grandeza nacional e imperial". O gênero "fixa uma linha de capacidade política além da qual não é seguro ir", concluiu Samuel.[37]

Apesar do crescimento dos movimentos a favor do sufrágio feminino, William Gladstone se opunha categoricamente a ele. O mesmo fez a Federação Liberal Feminina, formada em 1886 sob a presidência da Sra. Gladstone. O objetivo da federação era promover os interesses do Partido Liberal ou, como disse a Sra. Gladstone, "ajudar nossos maridos".[38] Alguns liberais continuavam a dizer que dar às mulheres direitos iguais não melhoraria, mas colocaria em risco o casamento e a família, instituições importantíssimas que moralizavam e preparavam os homens para a cidadania.[39] Na Alemanha, o manual do Partido Liberal Nacional de 1897 falava por muitos liberais ao declarar que a vida doméstica "só pode se desenvolver de maneira saudável... quando o homem é o chefe da família".[40] Ecoando um dos pontos de Samuel, convidar mulheres para o governo pode "afeminar" o Estado.[41]

Alguns argumentos eram descaradamente contraditórios. Embora tenha sido dito que conceder o voto às mulheres causaria "legislação excessiva" em favor de causas humanas e idealistas, também foi dito que ele era desnecessário, uma vez que seus maridos votavam por elas. Conceder às mulheres o sufrágio simplesmente dobraria o número de votos, o que seria inútil. Por outro lado, divergências políticas entre um casal criariam desarmonia dentro da família. Samuel acrescentou que as várias queixas das mulheres em questões de divórcio, herança "e assim por diante" realmente "não eram sérias" e estavam sendo tratadas. Os problemas restantes poderiam ser corrigidos por seus maridos.[42]

Alguns liberais achavam que as mulheres poderiam *acabar por* obter o voto. "Vamos esperar um pouco", sugeriu Samuel, já que com o tempo as mulheres poderiam adquirir o preparo necessário.[43] Na verdade, muitos liberais disseram que não era o momento certo para seu direito ao voto. As mulheres precisavam primeiro adquirir e mostrar sua "capacidade". Quando feministas alemãs apelaram a Friedrich Naumann por apoio, ele respondeu que as mulheres "deveriam primeiro demonstrar suas realizações em assuntos públicos" antes de solicitarem o voto. Sua primeira prioridade deveria ser a reforma do sufrágio para os homens prussianos. As mulheres deveriam ajudar os homens a obterem sua "virilidade política plena" e então "a questão do sufrágio feminino se resolverá".[44]

Um número crescente de mulheres e homens liberais contestava tais argumentos, insistindo que os liberais estavam contradizendo seus próprios princípios. Feministas alemãs reclamaram que o recente e muito alardeado "novo liberalismo" não trouxe nada às mulheres, ou quase nada. Alice Salomon tentou convencer os liberais de que o feminismo "brotou no mesmo terreno" que o liberalismo e compartilhava uma visão de mundo semelhante.[45] O que as mulheres pediam era simplesmente um "liberalismo ampliado" que as incluísse.[46]

Muitas feministas começaram a dizer que o "verdadeiro liberalismo" deveria apoiar o direito de voto para as mulheres. Entre a nova geração de homens, como os jovens liberais alemães, havia um número crescente de vozes que concordavam. O teólogo protestante Rudolf Wielandt foi um deles. "O movimento das mulheres em seus motivos mais nobres e positivos é irmão do liberalismo", declarou ele. "A mulher só quer o direito de... utilizar sua natureza particular" para o bem público, e as mulheres devem ser encorajadas a fazê-lo.[47]

Por sua vez, a Federação Liberal Feminina Britânica ficou insatisfeita com a limitada missão de "ajudar seus maridos" e exigiu que elas mesmas tivessem direito ao voto. Em 1911, o *Manchester Guardian* proclamou que a exclusão das mulheres era "um ultraje. Nenhum governo que se autodenomine liberal poderia trair os princípios liberais sem incorrer em descrédito profundo e duradouro e, por fim, no desastre."[48]

Algumas mulheres afirmaram que era precisamente sua "natureza" especial que tornava sua plena participação política tão importante para o Estado. Um exemplo é a feminista alemã Gertrude Bäumer que, em 1910, foi convidada a fazer um discurso intitulado "Mulheres e o Futuro do Liberalismo" em uma conferência de progressistas alemãs. A singularidade das mulheres tornava imperativo que elas tivessem o direito ao voto, disse ela. O sufrágio feminino garantiria a influência do "talento e da energia feminina" na sociedade. Isso, no entanto, é precisamente com o que os adversários de Bäumer se preocupavam: a efeminização do estado. A posição oficial do Liberal Nacional, em 1908, rejeitou seus argumentos, continuando a acusação, repetida incessantemente por mais de cem anos, de que conceder às mulheres o voto era negar "a diferença entre os sexos determinada pela natureza".[49]

Argumentos baseados em direitos permaneceram raros entre ativistas pelo sufrágio feminino do final do século XIX. As sufragistas americanas Susan B. Anthony e Elizabeth Cady Stanton foram verdadeiras — e atípicas — pioneiras nesse aspecto. Em 5 de novembro de 1872, Anthony e quinze outras mulheres em Rochester, Nova York, votaram na eleição presidencial, embora as mulheres fossem proibidas de fazê-lo. Duas semanas depois, elas foram presas; Anthony foi julgada e considerada culpada de votar ilegalmente. Dizia-se que suas ações ameaçavam o casamento, a família, a Igreja e a Constituição. Ela, por sua vez, acusou as autoridades de "passar por cima de todos os princípios vitais de nosso governo. Meus direitos naturais, meus direitos civis, meus direitos políticos, meus direitos judiciais, são todos igualmente ignorados. Privada do privilégio fundamental de cidadania, sou rebaixada da condição de cidadã para a de súdita; e não apenas eu individualmente, mas todo o meu sexo, pelo veredicto de sua honra, está condenado à sujeição política sob esta, assim chamada, forma de governo."

Esses argumentos, baseados nos direitos individuais da mulher, raramente eram ouvidos em outros lugares. Em seu manual do Partido Liberal, Samuel explicou que não fazia sentido que as pessoas falassem sobre um "direito natural" ao voto, uma vez que tal direito não existia. A boa forma era uma condição absoluta para o direito ao voto. Como a mulher inglesa, assim como a criança inglesa ou o homem indígena, não tinha a "boa forma" exigida, era ridículo pensar que ela deveria ter direito ao voto. Da mesma forma, o *National Liberal News* esperava que as mulheres alemãs evitassem ser "americanizadas". Boas mulheres alemãs rejeitariam qualquer "idiotice de sufrágio".[50]

Com mais frequência, as mulheres continuaram a argumentar que queriam uma mudança nas leis para que pudessem desempenhar melhor seus deveres como esposas, mães e cidadãs e produzir filhos mais saudáveis.

A maioria das feministas não negava sua natureza especial ou suas vocações domésticas. Elas acreditavam que homens e mulheres tinham naturezas e deveres diferentes, mas *complementares*; eles deveriam trabalhar juntos para criar famílias de maneira que contribuíssem para o bem público. Algumas até usavam argumentos eugênicos para promover sua causa. A famosa americana defensora do amor livre e sufragista Victoria Woodhull, que concorreu à presidência em 1870, argumentou que leis de divórcio mais liberais regenerariam "a raça". Os defensores do amor livre sempre diziam que tornar o divórcio mais fácil, os casamentos mais amorosos e o sexo mais prazeroso para as mulheres se traduziria em mães melhores, famílias melhores e bebês mais saudáveis.

No final do século XIX, quando se tratava do papel do governo, existiam duas variedades de liberais: os novos e os antigos, os intervencionistas e os adeptos do *laissez-faire*. Ambos insistiam que eram eles os *verdadeiros* liberais.

Por fim, os novos liberais abandonaram a palavra qualificadora "novo" e apenas se autodenominaram liberais. Como Green, muitos deles achavam que, de qualquer forma, havia poucas novidades sobre sua versão de liberalismo. Os liberais vinham lutando há cinquenta anos pela mesma coisa: o bem social, disse Green. Hobson insistiu que os liberais nunca subscreveram uma política de *laissez-faire* limitado ou conceberam a liberdade de uma forma puramente negativa. Incorporar as visões dos economistas éticos alemães era totalmente compatível com os princípios liberais, uma vez que eles eram constantemente ajustados para lidar com os problemas da época.

A batalha entre novos e velhos liberais também se voltou à interpretação dos fundadores da escola liberal. Os novos liberais alegavam que os adeptos do *laissez-faire* estavam interpretando mal economistas como Adam Smith. Eram eles que estavam "realizando o trabalho que Adam Smith começou".[51] Afinal, Smith tinha sido sensível às circunstâncias históricas, escreveu a *Encyclopedia Britannica*; no quinto livro de *Riqueza das Nações*, ele reconheceu a necessidade da interferência do governo. Da mesma forma, Alfred Fouillée rejeitou o "economismo do *laissez-faire*"; Smith não quis dizer nada disso.[52]

A socialista fabiana Beatrice Webb refletiu sobre a ironia de tudo isso: "A Economia Política de Adam Smith foi a expressão científica da cruzada apaixonada do século XVIII contra a tirania de classe e a opressão de Muitos por Poucos. Por qual revolução silenciosa de eventos e transformação inconsciente do pensamento ele se transformou no 'Evangelho dos Empregadores' do século XIX?"[53]

CAPÍTULO OITO

O Liberalismo Torna-se o Credo Norte-americano

Nos Estados Unidos, nesta época, o liberalismo não era apenas a tradição dominante, mas também sua única tradição intelectual.

— LIONEL TRILLING, 1950

COMO O LIBERALISMO se tornou um termo tão importante e onipresente no vocabulário político norte-americano? A *Encyclopaedia Americana* de 1831 não continha um verbete sobre liberalismo, e aquele sobre "liberal" explicava que seu significado político vinha da França. Apenas meio século depois o liberalismo recebeu uma entrada na *American Cyclopaedia of Political Science*, tradução de um artigo francês que equiparava o liberalismo aos "princípios de 89". Durante os anos finais do século XIX, "liberalismo" permaneceu uma palavra rara na linguagem da política americana e, quando usada, na maioria das vezes era para designar um agrupamento de ideias europeias, se não *francesas*.

Como, então, o liberalismo se tornou tão americanizado? De acordo com o renomado comentarista intelectual e político Walter Lippman, a palavra foi usada pela primeira vez graças a um grupo de reformadores que eram republicanos progressistas, em 1912, e democratas wilsonianos por volta de 1916.[1] Isso indica que Woodrow Wilson se autodenominou "progressista" em 1916 e "liberal" em 1917.[2] Mas o que o presidente quis dizer? O que ser liberal significava para Wilson?

Em 1917, o significado do termo tinha evoluído significativamente desde suas origens na Revolução Francesa e sua associação centenária com os avanços políticos franceses. No final do século XIX, a influência francesa havia diminuído e as ideias alemãs estavam exercendo uma influência crescente.

Na Inglaterra, isso levou à concepção do "novo liberalismo". Graças, em grande parte, aos esforços do Partido Liberal Britânico, jornais liberais e teóricos liberais como Leonard Hobhouse, essa nova forma de liberalismo se espalhou e, na segunda década do século XX, seus defensores se sentiram seguros o suficiente para abandonar o termo "novo" e apenas chamá-lo de liberalismo. O manual liberal de Herbert Samuel, publicado em 1902 com uma introdução do futuro primeiro-ministro H. H. Asquith, era intitulado *Liberalism: An Attempt to State the Principles and Proposals of Contemporary Liberalism in England* [*Liberalismo: Uma Tentativa de Apresentar os Princípios e as Propostas do Liberalismo Contemporâneo na Inglaterra*, em tradução livre]. Lyon Blease, outro político do Partido Liberal, publicou um livro em 1913 simplesmente intitulado *Short History of English Liberalism* [*Breve História do Liberalismo Inglês*, em tradução livre]. Esse liberalismo foi levado para os Estados Unidos por volta de 1914-17 por progressistas republicanos e democratas wilsonianos.

Herbert Croly, um dos mais influentes intelectuais públicos do movimento progressista e cofundador da emblemática revista progressiva *New Republic*, em 1914, foi um dos responsáveis pela disseminação do termo nos Estados Unidos. Seu relevante livro, *The Promise of American Life* [*A Promessa da Vida Americana*, em tradução livre], de 1909, apresentou uma crítica pungente contra a economia do *laissez-faire* e um forte argumento a favor da intervenção governamental. É mais do que provável que Croly tenha adotado o termo para mostrar solidariedade ao governo liberal e aos pensadores liberais da Grã-Bretanha, com quem simpatizava. Em 1914, Croly começou a chamar suas próprias ideias de liberais e, em meados de 1916, o termo era comum na Nova República como outra forma de descrever a legislação progressista. Afinal, como Woodrow Wilson explicou em seu *Constitutional Government in the United States* [*Governo Constitucional nos Estados Unidos*, em tradução livre] de 1908, os norte-americanos "pegaram emprestado toda a nossa linguagem política da Inglaterra".[3]

Um Império Liberal

O presidente Wilson também pode ter sido um dos primeiros norte-americanos a usar a palavra "liberal" para descrever uma certa agenda de política externa. Durante seu famoso discurso de Paz sem Vitória em janeiro de 1917, ele afirmou estar "falando pelos liberais e amigos da humanidade". Enquanto caminhava para a Conferência de Paz de Paris para promover seus Quatorze Pontos, declarou que "o liberalismo é o único sistema que pode salvar a civilização do caos".

Claro, o liberalismo sempre foi mais do que um sistema político doméstico. De Lafayette, que se gabava de que o liberalismo era um movimento significativo que se irradiava da França, a aqueles que temiam um "liberalismo universal" com repercussões até na Índia, a ideia de espalhar o liberalismo internacionalmente teve uma longa história, parte da qual o Presidente Wilson, com certeza, estava ciente. A caminho de Paris, ele visitou Gênova e prestou homenagem a Mazzini em frente ao seu monumento. Wilson confessou ter estudado os escritos de Mazzini com atenção e ter se orientado por eles. O presidente acrescentou que, com o fim da Primeira Guerra Mundial, esperava contribuir para "a realização dos ideais aos quais a vida e o pensamento de Mazzini foram dedicados".[4]

Wilson provavelmente também sabia que o liberalismo estava intimamente ligado à ideia do império. Muitos dos liberais britânicos com quem os progressistas norte-americanos simpatizavam falavam do império como uma forma de disseminar os valores liberais pelo mundo.

Na verdade, muitos deles não viam qualquer contradição em aprovar o império e, ao mesmo tempo, acreditar que "o princípio básico do liberalismo era um apego apaixonado ao ideal de autogoverno".[5] O império era uma "política externa verdadeiramente liberal", que espalharia a civilização e as "artes do governo" por todo o mundo.[6]

Hoje pode parecer curioso que eles se referissem dessa forma ao império quando, ao mesmo tempo, denunciavam o "imperialismo". Para dar apenas um exemplo, John Hobson, em um livro altamente respeitado sobre o tema, chamou-o de uma "doença" propagada por parasitas econômicos que exploravam os pobres. O estadista liberal Robert Lowe o chamou de a própria "apoteose da violência... a opressão dos fracos pelos fortes e o triunfo do poder sobre a justiça".[7]

Na Grã-Bretanha, durante a campanha eleitoral de 1872 que opôs o conservador Benjamin Disraeli ao liberal William Gladstone, o tema do império tornou-se altamente politizado. Os liberais acusaram repetidamente Disraeli de imperialismo em uma tentativa articulada de diminuí-lo e difamá-lo. Em troca, Disraeli explorou a popularidade do império com o povo britânico para difamar os liberais. Ele sugeriu que eles eram fracos e antipatrióticos e não eram confiáveis para proteger as colônias da Grã-Bretanha. Os liberais arruinariam o império, advertiu. Em seu famoso discurso no Palácio de Cristal, em 24 de junho, o aspirante a primeiro-ministro afirmou que, ao longo da história britânica, "não houve esforço tão contínuo, tão sutil, enérgico e realizado com tanta habilidade e perspicácia como as tentativas do liberalismo de provocar a desintegração do Império".

A retórica de Disraeli foi claramente uma tática vencedora. Durante seu mandato, ele planejou a compra das ações do Canal de Suez, envolveu seu governo nos assuntos egípcios, apoiou a Turquia contra a Rússia e adotou uma postura agressiva tanto na África Meridional quanto no Afeganistão. Em 1876, proclamou a rainha Vitória imperatriz da Índia. Os liberais atacaram veementemente seu imperialismo. Era hipócrita, imoral e contrário aos valores britânicos.

É fácil interpretar mal essas denúncias liberais do imperialismo sem uma compreensão dos jogos de palavras envolvidos. Por mais curioso que nos pareça hoje, era perfeitamente possível para os liberais britânicos denunciarem o imperialismo e, ao mesmo tempo, favorecerem o "colonialismo genuíno". Os termos não significavam a mesma coisa.

A palavra "imperialismo", como tantos outros ismos, foi introduzida no discurso político como pejorativa. Foi usada para difamar déspotas como Napoleão III e Bismarck, e compartilhava certas características com o cesarismo que, como sabemos, foi cunhado na mesma época. Considere, por exemplo, um artigo na *Fortnightly Review*, em 1878, com o título revelador de "O que significa o imperialismo?" Seu autor explicou que significava o uso de força bruta sobre os outros. Era baseado no egoísmo e em um completo desrespeito pelo dever moral.

Dizia-se frequentemente que imperialistas como Napoleão e Bismarck usavam o fascínio do império para desviar a atenção de suas populações mais pobres da necessidade de reformas em casa, enquanto aumentavam seu próprio poder e permitiam que um pequeno grupo de partidários acumulasse riqueza às custas do público. Em outras palavras, o imperialismo foi uma das maneiras pelas quais os ditadores, em conluio com a aristocracia, saquearam a sociedade e, aproveitando o apoio da multidão ignorante, tentaram parar, ou mesmo reverter, as reformas liberais. Ao acusar Disraeli de imperialismo, os liberais britânicos estavam sugerindo que ele estava deliberadamente enganando o público para promover seus próprios interesses, os da Coroa e da aristocracia inglesa. Para piorar as coisas, ele estava apelando para os instintos mais básicos do público para atingir seus objetivos. Seu imperialismo foi chamado de não inglês; era uma forma perniciosa de cesarismo.

Mas tais declarações não devem ser interpretadas como significando que os liberais desejavam dispersar seu império. Desaprovar um tipo de império não significava necessariamente desaprovar outro. Gladstone falou bem de um império que permitia o autogoverno e o comparou com o que chamou de a forma egoísta de império defendida por Disraeli. Ele poderia se opor ao *imperialismo,* mas favorecer as *colônias.*

Gladstone não se opôs à projeção do poder e da influência britânica; apenas declarou se opor ao uso da violência que muitas vezes o acompanhava. (No entanto, seu histórico como primeiro-ministro durante a década de 1880 mostra que ele dificilmente correspondia a esses sentimentos, como ilustra a intervenção armada no Egito em 1882). Ele acreditava que os britânicos tinham o dever de expandir sua civilização e, portanto, o direito de fazê-lo. Sobre o domínio britânico sobre os indianos, Gladstone disse: "São eles e seus interesses que estamos defendendo, ainda mais do que os nossos".[8] Muitos liberais concordavam. O *Manchester Guardian* afirmou que "o liberalismo representa, como sempre representou, os princípios humanitários, a justiça para as pessoas mais atrasadas na Índia e na África sob nosso controle, um tratamento justo com os povos estrangeiros, fracos ou fortes, e uma mão amiga para aqueles que lutam por uma liberdade que há muito conquistamos para nós mesmos".[9]

Os admiradores norte-americanos de Gladstone concordavam que países como o dele tinham a missão de colonizar. No entanto, eles não devem seguir o que um escritor chamou de "o caminho da barbárie". Na década de 1890, Charles Norton, editor da *North American Review*, denunciou a arrogância, o militarismo e o egoísmo que sustentavam o imperialismo. Ele admirava Gladstone, que acreditava ser partidário proponente de uma "política externa liberal". Publicações americanas como a *Nation* e a *Harper's* defendiam tais pontos de vista. Para elas, Disraeli estava seduzindo apoiadores com apelos a uma forma equivocada de glória nacional, ao mesmo tempo distraindo a atenção do povo britânico das questões internas urgentes. Parecia claro para os críticos de Disraeli que o objetivo principal de seu imperialismo era desviar as pessoas dos problemas internos por meio do engrandecimento no exterior.[10]

Teóricos liberais importantes, como Hobson e Hobhouse, também diferenciaram entre boas e más formas de império, entre o "colonialismo genuíno" positivo e o "imperialismo" de base. O imperialismo beneficiava apenas um pequeno grupo de "parasitas econômicos", sem fornecer benefícios de longo prazo para as classes mais baixas, disseram eles. Ele desviava a atenção da necessidade de reformas internas.

Ambos os homens também argumentaram que havia uma forma melhor de império, isto é, aquela que promovia a "civilização do mundo".[11] Fazia isso promovendo o aperfeiçoamento e a elevação do caráter das pessoas sob seu controle. Como outros liberais, defendiam o colonialismo de povoamento, que ambos consideravam um arranjo não coercitivo e voluntário para benefício mútuo. O objetivo, disse Hobson, era "a elevação da humanidade". O colonialismo era genuíno e benevolente se "estendesse os limites da civilização e elevasse o nível de conduta material e moral no mundo".[12] Para James Fitzjames Stephen, juiz liberal, acadêmico e membro do Conselho Colonial da Índia, que ajudou a estruturar e aprovar muitas reformas legais nesse país, o liberalismo significava cumprir a obrigação de governar com justiça e espalhar a civilização europeia entre os governados. Isso significava trazer paz, ordem e lei para a Índia. Joseph Chamberlain explicou que o império da Grã-Bretanha só poderia ser justificado se deixasse o povo feliz e melhorasse suas perspectivas.

Praticamente todos os defensores europeus do império — fossem ingleses, franceses ou alemães — acreditavam que ele difundiria a civilização e que os europeus tinham o direito e o dever de fazer exatamente isso. Na França, falavam de uma *mission civilisatrice*; na Alemanha, da disseminação da *Kultur*. Os norte-americanos, é claro, carregavam o Fardo do Homem Branco. Por último, mas não menos importante, os liberais frequentemente diziam que o colonialismo genuíno ensinaria às raças inferiores "as artes do governo". O princípio central do liberalismo, escreveu Hobhouse, era o autogoverno,[13] e o colonialismo genuíno deveria espalhar esse princípio pelo mundo. Os liberais frequentemente diziam que a Inglaterra estava procurando ensinar seus súditos nativos a serem autossuficientes e dar-lhes "na plenitude do tempo, e sob a égide de sua própria bandeira, uma nova e melhor liberdade".[14] Isso também significava difundir a civilização.

Um tanto paradoxalmente, os europeus também acreditavam que a aquisição do império civilizaria e moralizaria *suas próprias* populações. Isso se daria pela transformação dos desempregados e degenerados trabalhadores urbanos da Europa em agricultores produtivos, tornando-os assim mais saudáveis, viris e patrióticos. Herbert Samuel acreditava que o império fomentava o "enobrecimento da raça inglesa".[15] Na França, pensava-se que as colônias incentivariam a criação de famílias numerosas e, portanto, seriam um remédio para o declínio da taxa de natalidade do país, um problema urgente após sua derrota na Guerra Franco-Prussiana. Adquirir um império também ajudaria muito a restaurar a honra do país.[16]

Palavras tão nobres não ocultam o fato de que os liberais muitas vezes encobriram uma violência horrível. Mesmo o colonialismo de povoamento frequentemente envolvia a expropriação de terras e crueldade. Muitos liberais estavam cientes das atrocidades cometidas,[17] mas parecem ter escolhido denunciá-las e seguir em frente, em vez de buscar o fim do império. Samuel argumentou que, apesar do "abuso ocasional de poder", no final das contas, o império era uma força para o bem. Não se deve encarar os erros de forma desproporcional.[18] Na França, o economista político

Charles Gide sugeriu que os colonizadores europeus deveriam confessar seus pecados do passado e tentar fazer melhor no futuro. Era dever de um grande povo, como o francês, colonizar, mas isso deveria ser feito com amor e paz.

Racialização do Mito Anglo-saxão

O discurso liberal pró-colonial estava saturado de linguagem abertamente racista. Era repleto de referências às "raças inferiores", "raças dominadas" e "raças bárbaras". E, embora o propósito do colonialismo genuíno tivesse o patente objetivo de promover o autogoverno, era incerto quanto tempo essas raças inferiores deveriam esperar até terem permissão para governar a si mesmas. Isso dependeria de seu nível de desenvolvimento social, até que ponto elas tinham sido "civilizadas". "Uma raça bárbara pode prosperar melhor se por um período, *mesmo que longo*, ela renuncie ao direito de se autogovernar em troca dos ensinamentos da civilização", escreveu Samuel. Isso acabaria "acontecendo com o tempo".[19]

Desde o início, os liberais vinculavam o direito de voto a "ter capacidade". Embora muitas vezes se dissesse que as mulheres não tinham capacidade por razões biológicas, quando se tratava de homens, ela era frequentemente descrita como algo que poderia, pelo menos em princípio, ser obtido. Se você ganhasse dinheiro suficiente, adquirisse a educação necessária e tempo de lazer, poderia obter o voto. Durante as últimas décadas do século XIX, isso mudou. A capacidade política se tornou progressivamente racializada e se transformou em uma questão de hereditariedade. Para um número significativo de liberais influentes, a capacidade de votar havia se tornado propriedade exclusiva da "raça anglo-saxônica", às vezes também chamada de "raça teutônica".

O mito anglo-saxão tinha, é claro, séculos de idade. A lenda dizia que a Inglaterra devia suas noções de liberdade e autogoverno às tribos alemãs, que haviam migrado das florestas da Alemanha para a Inglaterra no início da Idade Média. Foi amplamente divulgado no século XIX, inclusive por liberais como Madame de Staël, em *Da Alemanha*, e por escritores do *Staats-Lexikon*. Muitos liberais continuavam a acreditar que os "saxões" haviam levado para a Grã-Bretanha seu espírito de independência e conhecimento de autogoverno. A Magna Carta e a Declaração de Direitos eram apenas uma evolução dos "germes da liberdade" levados para a Inglaterra pelas tribos alemãs, disseram eles.

Entretanto, na maioria dos casos, o termo "anglo-saxão" se referia principalmente a uma herança cultural. As tribos levaram *ideias, valores* ou um certo *espírito* para a Inglaterra. Agora, durante os últimos anos do século XIX, o significado da palavra começou a mudar. Sob o impacto da "ciência racial", ela passou cada vez mais a designar uma questão de hereditariedade biológica. John Burgess, fundador do *Political Science Quarterly* e um dos cientistas políticos mais influentes de seu período, escreveu que os Estados Unidos, a Grã-Bretanha e a Alemanha — as "três grandes potências teutônicas" — compartilhavam não apenas um vínculo ético e política, mas racial. "Se a Grã-Bretanha é nossa pátria mãe, a Alemanha é a pátria mãe de nossa pátria", escreveu ele.[20] É importante, claro, não simplificar demais ou generalizar. A palavra "raça" ainda tinha um significado um tanto confuso. Às vezes, parece ter sido usada como um sinônimo simples para "falantes de inglês", sugerindo que, pelo menos teoricamente, uma vez que as raças colonizadas aprendessem o inglês e fossem civilizadas, não seriam mais inferiores. Mas as fontes também mostram que, muitas vezes, se presumia que as áreas brancas do mundo seriam mais fáceis de civilizar do que outras. Na verdade, as áreas não brancas talvez *nunca* atingissem o nível de civilização necessário para o autogoverno.

Por outro lado os anglo-saxões eram considerados como tendo uma aptidão especial para a democracia. Os homens anglo-saxões, costumava-se dizer, possuíam gênio político superior e, portanto, eram particularmente adequados para ensinar ao mundo um bom governo. É o que os autorizava a governar aquelas partes do mundo habitadas pelas "raças apolíticas e bárbaras". Era sua missão e destino manifesto governar o mundo. A dominação mundial era "o direito de nascença da raça anglo-saxônica".[21]

Se a raça anglo-saxônica ocupava o topo da escala da capacidade política, os negros ou "raças bárbaras" sempre ocupavam o nível inferior. Pele negra, escreveu Burgess, significava "pertencer a uma raça de homens que nunca tinha conseguido submeter por si mesma a paixão à razão, e, portanto, nunca conseguiu criar qualquer tipo de civilização".[22] Ainda mais impressionante, em *History of American Political Theoris* [História das Teorias Políticas Americanas, em tradução livre] o historiador progressista Charles Merriam escreveu que "as raças bárbaras, se incapazes, *podem ser varridas*", e que "tal ação não viola nenhum direito dessas populações, que não são mesquinhas e insignificantes em comparação ao seu direito e dever transcendente de estabelecer a ordem política e legal em todos os lugares".[23]

De um Império Anglo-Saxão a um Império Liberal Anglo-Norte-Americano

Alguns começaram a dizer que a capacidade política superior dos anglo-saxões sugeria que eles deveriam cooperar para levar sua civilização e cultura a outras partes do mundo. Formou-se um vínculo entre a Grã-Bretanha e os Estados Unidos durante o período que antecedeu a Primeira Guerra Mundial em relação a essa questão. Muitos norte-americanos ficaram comovidos com o artigo de Gladstone, de 1878, na *North American Review*, intitulado "Parentes Além-mar", no qual o primeiro-ministro britânico propôs uma reaproximação entre os dois países no interesse da paz mundial, prosperidade e "autogoverno". Gladstone chamou a Constituição dos Estados Unidos de "a obra mais maravilhosa já realizada em um determinado momento pelo cérebro e propósito do homem" e elogiou o "esplêndido serviço da América à causa geral do governo popular em todo o mundo". Em breve, ele previu, os Estados Unidos ultrapassariam todos os outros países em riqueza e poder.

Enfatizando as semelhanças entre as formas de governo das duas nações e seu compromisso comum com o princípio do autogoverno, Gladstone observou que a Inglaterra e os Estados Unidos seriam em breve as duas nações mais poderosas do mundo. Elas deveriam combinar suas forças para os "propósitos mais elevados". Eram os "dois maiores ramos de uma raça nascida para comandar". Juntas, iriam combater a selvageria e a desumanidade enquanto traziam paz, progresso e prosperidade para o mundo. Tendo adquirido grande poder, também adquiriram grande responsabilidade para ajudar no avanço da causa da civilização.[24]

Alguns foram além, sugerindo não apenas cooperação, mas a *fusão* real da Grã-Bretanha e dos Estados Unidos em "uma confederação... governada por uma raça que fala a mesma língua, de intelecto e energia superiores".[25] Andrew Carnegie, em um ensaio publicado na *North American Review*, falou de um "Estados Re-Unidos", uma "confederação racial" que dominaria o mundo por meio de sua ascendência moral.[26] Outro autor do mesmo jornal sugeriu que a Grã-Bretanha deveria criar "um novo Estados Unidos do Mundo".[27]

Com bastante apreensão, a ideia de uma superioridade imperial anglo-saxã foi reconhecida no exterior. A obra sensacionalista do pedagogo francês Edmond Demolins, intitulada *A quoi tient la supériorité des Anglo-Saxons* [*De onde vem a superioridade dos anglo-saxões*, em tradução livre] (1897), desencadeou um debate acalorado — e até mesmo uma sensação de pânico — na França. Demolins produziu estatísticas com as quais previu um mundo no qual produtos norte-americanos, canadenses, sul-africanos, australianos e ingleses inundariam todos os mercados, a menos que a França se reformasse segundo as linhas anglo-saxônicas. Escritores proeminentes responderam ao livro com artigos e livros igualmente polêmicos.[28] Aqueles que acreditavam na superioridade dos costumes anglo-saxões sempre foram uma minoria, mas exerceram um impacto considerável no pensamento político francês da época, intensificando a percepção da necessidade de uma eugenia positiva. À medida que a Primeira Guerra Mundial se aproximava, os liberais norte-americanos e britânicos sentiam cada vez mais a necessidade de distinguir-se e às suas tradições políticas da Alemanha. Em uma série de artigos para a *New Republic* em 1915, o filósofo e ensaísta George Santayana expôs as diferenças entre as noções britânica e alemã de liberdade. A Inglaterra tinha um governo parlamentar, enquanto na Alemanha o governo era burocrático e autoritário, explicou ele. Na Alemanha, o governo promulgou conjuntos de regras sobre a conduta entre os indivíduos e obrigou-os a obedecê-las. Na Grã-Bretanha, os indivíduos eram livres para tomar suas próprias decisões. O futuro decidiria se as noções alemãs ou inglesas de liberdade venceriam.[29]

Essa tendência só foi ampliada à medida que a Primeira Guerra Mundial se aproximava e a ameaça do autoritarismo se tornava mais palpável. Durante a guerra em si, a hostilidade antialemã cresceu. Como o Conselho de Educação da Califórnia argumentou ao proibir o ensino da língua alemã nas escolas públicas, a cultura alemã estava impregnada de "ideais de autocracia, brutalidade e ódio". A propaganda do tempo de guerra personificava o inimigo como o "covarde prussiano" e "a besta alemã".[30] Os termos "anglo-norte-americano" e "falantes de inglês" substituíram cada vez mais o termo "anglo-saxão".

Depois da guerra, a ideia de que poderia haver um vínculo racial entre a Alemanha e os Estados Unidos, ou que o pensamento político norte-americano pudesse dever algo importante à Alemanha criou um forte constrangimento. Irving Fisher fez questão de distanciar as tradições americanas das alemãs em seu discurso presidencial à Associação Econômica Americana em dezembro de 1918, um discurso que foi então publicado na *American Economic Review*. Como sabemos, a Associação Econômica

Americana foi fundada por um grupo de norte-americanos que estudou na Alemanha e voltou cheio de ideias sobre como o Estado poderia ajudar os pobres.

Em seu discurso, Fisher reconheceu a importância da economia política alemã para a formação da associação. Entretanto, ele acrescentou que seus membros haviam agora chegado à conclusão de que a economia alemã servia a um estado "criminoso". Seria melhor que os norte-americanos se inspirassem na economia inglesa, que era mais liberal, mais democrática e mais saudável para o mundo, concluiu.[31]

Assim, a Primeira Guerra Mundial estreitou o sentido de uma aliança anglo-americana, e a contribuição da Alemanha para a história do liberalismo foi progressivamente esquecida ou posta de lado. Em breve, a contribuição francesa também seria minimizada. Enquanto isso, liberalismo, democracia e civilização ocidental tornaram-se virtualmente sinônimos, e os Estados Unidos, por causa de sua força crescente, foram considerados seu principal defensor.

A igualdade entre liberalismo e América do Norte foi ainda mais solidificada e disseminada por meio de cursos de civilização ocidental, que foram criados após a guerra e ministrados nos campi universitários dos Estados Unidos. O objetivo deles era ensinar aos alunos pelo que os Estados Unidos lutaram na Grande Guerra e o que o país defendeu.

Durante as décadas de 1920 e 1930, fascistas europeus, nazistas, seus precursores e apoiadores concordaram que o liberalismo estava intimamente ligado à civilização ocidental, à democracia e aos Estados Unidos, e foi por esse motivo que eles se definiram *contra* ele. Intelectuais alemães proeminentes, como Oswald Spengler, Friedrich Junger, Carl Schmitt e Moeller van den Bruck, denunciaram o liberalismo como uma filosofia estrangeira e a própria antítese da cultura alemã. O liberalismo era o arqui-inimigo da Alemanha, eles disseram, e é por isso que o padroeiro do nacional-socialismo, Moeller van den Bruck, alegou com satisfação, incorretamente, é claro, que "não há liberais na Alemanha hoje".[32] É também a razão pela qual o ditador italiano Benito Mussolini considerou o fascismo a própria "negação do liberalismo"[33], enquanto Adolf Hitler declarou que o objetivo principal do nazismo era "abolir o conceito liberalista do indivíduo".[34]

Naturalmente, a afirmação de que o liberalismo era, de alguma forma, não alemão era completamente falsa, como este livro mostrou. A contenção foi vigorosamente refutada pelo escritor antifascista italiano Guido de Ruggiero em *History of European Liberalism* [História do Liberalismo Europeu, em tradução livre], de 1925. Ruggiero escreveu que a crise do liberalismo (também o título do epílogo) não deveria ser entendida como a não existência de uma tradição liberal europeia. Seu livro dedicou um capítulo ao liberalismo italiano, alemão e francês para provar seu ponto. No entanto, admitiu que a versão "anglo-saxônica" do liberalismo era mais forte.

É curioso notar que apenas no final da década de 1930 o liberalismo começou a aparecer nos livros escolares norte-americanos como filosofia política. *A History of Political Theory* [Uma História da Teoria Política, em tradução livre], de George Sabine, publicado na década de 1930 e usado na maioria dos programas de graduação e pós-graduação norte-americanos da época, foi o primeiro livro didático importante dos Estados Unidos a discuti-lo. O autor o descreveu como uma tradição britânica do século XIX e se preocupava com que fosse uma força em declínio.

A Segunda Guerra Mundial apenas fortaleceu e disseminou a visão dos Estados Unidos como o principal representante e defensor do liberalismo, da democracia e da civilização ocidental, que agora eram praticamente a mesma coisa na mente de muitas pessoas. O famoso editorial de Henry Luce, "O século norte-americano", publicado na edição de 17 de fevereiro de 1941 da *Life*, convocava "a nação mais poderosa e vital do mundo" a assumir a liderança mundial. "Somos os herdeiros de todos os grandes princípios da Civilização Ocidental", escreveu Luce. "Agora é a nossa vez de ser a potência."

A Questão da Intervenção Governamental

Seria errado concluir, a partir da crescente associação do liberalismo com os Estados Unidos, que havia um consenso sobre o que a palavra realmente significava: por exemplo, como o liberalismo difere da democracia, ou o que significa em termos do papel de um governo na economia. Enquanto os progressistas em torno da *Nova República* se autodenominavam liberais, Herbert Hoover também o fazia, mas com algo diferente em mente. De forma muito semelhante a Herbert Spencer, Hoover, que foi presidente dos Estados Unidos de 1929 a 1933, insistiu em que a principal preocupação do liberalismo era a proteção da liberdade individual e que o governo deveria se envolver o mínimo possível na economia. Como presidente, Hoover acompanhou a quebra do mercado de ações em 1929 e o início da Grande Depressão. Apesar da catástrofe econômica, ele continuou a defender a versão do *laissez-faire* do liberalismo até a década de 1940.

Na Europa continental, vozes poderosas continuaram a espalhar a ideia de que liberalismo significava *laissez-faire*. Aqueles que queriam dizer outra coisa deveriam adicionar um qualificador como "progressivo" ou "construtivo" ou falar em "socialismo liberal". Em seu livro *Liberalismo*, publicado em 1927, o influente economista austríaco Ludwig von Mises lamentou as disputas sobre o significado da palavra. O verdadeiro liberalismo não se referia a quaisquer objetivos humanitários, por mais nobres que fossem, insistia ele. O liberalismo não tinha mais nada em mente além do avanço do bem-estar material de um povo. Seus conceitos centrais eram propriedade privada, liberdade e paz. Qualquer coisa além disso era "socialismo", pelo qual Mises nutria apenas desdém. Aqueles que pensavam que o liberalismo tinha algo a ver com a disseminação da humanidade e da magnanimidade eram "pseudoliberais".[35]

Logo, porém, o filósofo norte-americano John Dewey entrou na briga e fez um esforço hercúleo para selar o significado progressivo do termo de uma vez por todas. Dewey obteve seu doutorado em 1884 na Universidade Johns Hopkins, onde estudou com Richard Ely. Em 1914, tornou-se um contribuinte regular do *New Republic*. Ao longo de sua longa carreira, lecionou principalmente na Universidade de Chicago e Columbia, publicou mais de 40 livros e várias centenas de artigos.

Na década de 1930, Dewey publicou diversos artigos com títulos como "O Significado do Liberalismo", "O significado do termo: liberalismo", "Um liberal fala pelo liberalismo" e "Liberalismo e liberdades civis"; havia também seu livro, *Liberalism and Social Action* [*Liberalismo e Ação Social*, em tradução livre], publicado em 1935.

De acordo com Dewey, havia "duas correntes" de liberalismo. Uma era mais humanitária e, portanto, aberta à intervenção governamental e à legislação social. A outra estava associada a grandes indústrias, bancos e comércio e, portanto, comprometida com o *laissez-faire*. Mas o liberalismo norte-americano, escreveu ele, não tinha absolutamente nada a ver com o *laissez-faire*, e nunca teria.[36] Nem tinha nada a ver com o "evangelho do individualismo". O liberalismo norte-americano significava "liberalidade e generosidade, especialmente de mente e caráter".[37] Seu objetivo era promover maior igualdade e combater a plutocracia com a ajuda do governo.

A pessoa com a maior responsabilidade por tornar esse significado de liberalismo dominante nos Estados Unidos foi Franklin Delano Roosevelt, presidente de 1933 a 1945. Como tantos liberais antes dele, Roosevelt reivindicou um elevado nível moral para o liberalismo. Os liberais acreditavam na generosidade e na mentalidade social, disse ele. Estavam dispostos a se sacrificar pelo bem público. Ao longo de seus anos no cargo, o presidente Roosevelt falou frequentemente da importância da cooperação humana. A fé de um liberal é a crença na eficácia das pessoas que ajudam umas às outras, disse.

Roosevelt também solidificou o vínculo entre o liberalismo e o Partido Democrata. Ele distinguiu entre um "partido liberal", que defendia a intervenção do governo, e um "partido conservador", que não o fazia. O partido liberal acredita que "à medida que surgem novas condições e problemas além do poder de homens e mulheres para se encontrarem como indivíduos, torna-se dever do próprio governo encontrar novos remédios para enfrentá-los", disse ele. "O partido conservador", ao contrário, acredita que "não há necessidade de intervenção do governo".[38] O Partido Democrata, disse ele, era o partido liberal, enquanto o Partido Republicano era conservador[39].

Para enfatizar esse ponto, em seu discurso nomeando Roosevelt como o candidato democrata à presidência em 1944, Henry Agard Wallace, que serviu como vice-presidente de 1941 a 1945, secretário de comércio de 1945 a 1946 e editor do *New Republic* de 1946 a 1947, usou a palavra "liberal" não menos do que quinze vezes, em certo momento chamando o presidente de "o maior liberal da história dos Estados Unidos".[40]

Para Roosevelt, o significado da palavra estava próximo ao do usado pelo economista britânico, reformador social e membro do Partido Liberal William Beveridge. Beveridge foi o autor do Relatório Beveridge de 1942, que serviu de base para o estado de bem-estar social britânico pós-Segunda Guerra Mundial. Em um panfleto de 1945 intitulado *Por que sou liberal*, ele declarou: "Liberdade significa mais do que ser livre do poder arbitrário dos governos. Significa ser livre da servidão econômica diante da necessidade, da miséria e outros males sociais; significa ser livre do poder arbitrário em qualquer forma. Um homem faminto não é livre."[41]

No entanto, como se constatou, a batalha contra o liberalismo ainda não havia acabado, especialmente na Europa. O economista austríaco Friedrich Hayek, um discípulo de Mises, contestou veementemente como

Beveridge e Roosevelt usaram a palavra. Hayek ingressou na London School of Economics em 1931, onde se tornou um crítico virulento do liberalismo ao estilo de FDR e do *New Deal*. Horrorizado pelos desenvolvimentos políticos no continente europeu, Hayek advertiu que embarcar em "experimentos coletivistas" colocaria os países em uma ladeira escorregadia para o fascismo. Era necessário, portanto, retornar ao "antigo liberalismo"[42], ou seja, a não intervenção do governo. Ele se tornou mais insistente e radical sobre isso com o tempo.

Em 1944, Hayek publicou o best-seller *O Caminho para a Servidão*, onde disse em sua fervorosa introdução: "Faz-se hoje necessário declarar esta verdade amarga: é o destino da Alemanha que estamos em perigo de seguir." O socialismo liberal era uma contradição em termos. Não era papel do governo ser gentil ou generoso, mas sim proteger a liberdade do indivíduo. A civilização ocidental foi "uma civilização individualista" e verdadeiros princípios liberais derivaram das ideias do individualismo inglês. Por outro lado, o socialismo liberal era uma importação alemã, decorrente das ideias dos conselheiros de Bismarck, e era um perigo para a civilização ocidental. Invariavelmente, isso levaria à "servidão" e ao "totalitarismo", uma palavra relativamente nova na época.

Apesar de tais esforços, apenas dois anos depois Hoover reconheceu a derrota. Com perceptível amargura, ele admitiu: "Não usamos a palavra 'liberal'. A palavra foi poluída e despojada de todos os seus significados reais. O liberalismo foi fundado para promover mais liberdade para os homens, não menos."[43]

Da mesma forma, em um discurso de 1948 intitulado "O que é um liberal?", o senador republicano Robert Taft reclamou que uma palavra "que costumava ter uma origem anglo-saxônica sólida, com um significado claro, perdeu toda a relevância". Ao contrário do uso do governo, "a palavra 'liberal' no sentido político certamente não tem a conotação de 'generoso'."

O significado básico da palavra permaneceu puro e simples: "alguém a favor da liberdade."[44]

Parece que Hayek também acabou desistindo da palavra. Em 1950, foi trabalhar para a Universidade de Chicago, onde aceitou o cargo de professor do Comitê de Pensamento Social.

Lá ele inspirou, entre outros, o economista norte-americano Milton Friedman e acabou se tornando um dos favoritos daqueles que hoje chamamos de "libertários".[45] Até hoje, muitos de seus seguidores afirmam que são os verdadeiros, isto é, os "clássicos" ou "ortodoxos", liberais.[46] Enquanto isso, Hayek se autodenominava, em diversos momentos, de "liberal consistente", "neoliberal" ou "radical", porque o liberalismo não tinha mais o significado de antes.[47]

Notavelmente, essas batalhas sobre o significado da palavra "liberal" — por mais acirradas que fossem — não envolviam as origens do liberalismo. Ambas as suas correntes afirmavam que sua versão residia na *história da Inglaterra*. Para Hayek, o liberalismo devia suas origens ao individualismo inglês, enquanto, para Dewey, ele as devia ao humanitarismo inglês. Nenhum dos dois mencionou a França ou a Alemanha.

Este foi apenas o começo da expulsão da França e da Alemanha da história do liberalismo. Com o tempo, qualquer contribuição francesa passou para o segundo plano e a Alemanha foi vista como uma fonte de antiliberalismo. Em 1947, ambas as versões, tanto de Dewey quanto de Hayek, tinham se tornado, para melhor ou pior, "o credo norte-americano".[48] O liberalismo, como Lionel Trilling observou em 1950, não era apenas a tradição *dominante* nos Estados Unidos, mas também sua *única* tradição intelectual.

Epílogo

Constant, muitas vezes, parece estar falando da Alemanha de Hitler.

— JOHN PLAMENATZ, 1963

HOJE, AS POLÊMICAS sobre o liberalismo continuam. A palavra, que começou como um insulto, ainda é usada dessa forma por seus críticos de direita. Basta lembrar a famosa referência de Ronald Reagan à "temida palavra com L" para reconhecer sua força polêmica. Os democratas americanos evitam usá-la para se descreverem por medo de que isso os torne inelegíveis. Os eruditos de direita a consideram uma doença e um veneno, um perigo para os valores morais.

Já ouvimos isso antes. Desde sua origem, o liberalismo esteve sujeito a uma enxurrada de ataques semelhantes. O fato de os liberais hoje discordarem entre si também não é novidade. O liberalismo nunca foi um credo fixo ou unificado. Desde o início, envolveu debates intensos. O que é *novo* é a forma como os liberais hoje se descrevem e o que representam. Eles enfatizam com consistência um compromisso com os direitos e as escolhas individuais; raramente mencionam deveres, patriotismo, autossacrifício ou generosidade para com os outros. Esses termos se destacam por sua ausência no léxico liberal contemporâneo. Os liberais cederam a vantagem aos seus adversários.

Os estudos sobre liberalismo reforçam e confirmam essa autodefinição liberal. Inúmeras obras repetem a mesma mensagem: o liberalismo é uma doutrina cujo princípio central é a proteção do indivíduo, seus direitos, interesses e escolhas. Qualquer livro, artigo ou ensaio, seja acadêmico ou político, a favor ou contra o liberalismo, afirma que seu princípio básico é a existência dos governos para proteger esses direitos, interesses e escolhas. Um renomado estudioso do liberalismo chega a afirmar que se baseia nas "necessidades animais" dos seres humanos.[1] A partir de tais autodescrições, é simples concluir, como fez um crítico, que os liberais "rejeitavam explicitamente qualquer noção de um bem comum. Eles desejavam privatizar e diminuir, embora não eliminar, o conteúdo da vida humana."[2]

Embora discutissem sobre muitas coisas, a grande maioria dos liberais mencionados neste livro certamente não defendeu as necessidades animais ou rejeitou o bem comum. Isso é o que seus inimigos diziam sobre eles, não o que diziam sobre si mesmos. Ao longo dos séculos, os liberais consistentemente descreveram seus valores como patrióticos, altruístas e destinados a promover o bem público. Quando os liberais lutaram pelos direitos individuais, foi porque acreditaram que tais direitos permitiriam aos indivíduos desempenhar melhor seus deveres. Os liberais procuraram constantemente maneiras de promover os valores cívicos. A moralidade era fundamental para seus objetivos.

Todos os liberais que encontramos neste livro também acreditavam que o propósito dos governos era servir ao bem público. No início, isso significava a abolição dos impedimentos aristocráticos que mantinham a riqueza, o poder e as oportunidades nas mãos de uma elite hereditária. Mais tarde, implicou intervir para combater a plutocracia e a exploração que a acompanhava. Em todos os pontos, seu objetivo fundamental era promover o bem-estar material e moral de todos.

De Benjamin Constant e sua preocupação em promover o autossacrifício a Alexis de Tocqueville, que se preocupava com o egoísmo, e Leonard Hobhouse e Herbert Croly, que se afligiam com a plutocracia, os liberais eram essencialmente obcecados pela moralidade e pela construção do caráter. Os primeiros liberais, como vimos, até evitavam a palavra "individualismo" por causa de suas conotações negativas. Em vez disso, Constant, e muitos outros depois dele, endossaram a "individualidade"; ainda outros falaram de "personalidade". "Personalidade" e "caráter" eram palavras que sugeriam a capacidade e a necessidade dos indivíduos de cultivar seu potencial moral e intelectual, de compreender sua interconexão com os outros e seu dever cívico.

Os liberais estavam longe de ser perfeitos. Embora se considerassem agentes desinteressados da reforma, isso era, na melhor das hipóteses, uma ilusão. Frequentemente, era resultado de cegueira. Eles foram capazes de excluir grupos inteiros de pessoas de sua visão liberal: mulheres, negros, colonizados e aqueles que chamavam de "inaptos". Porém, quando faziam isso, sempre havia outros liberais que os acusavam de trair seus princípios. Eram instados a serem fiéis ao significado central de ser "liberal", o que significava não apenas amar a liberdade e ter uma mente cívica, mas também generosa e compassiva. Ser liberal era um ideal aspiracional — algo pelo qual viver.

Por que essa história foi perdida? De onde veio nosso foco em direitos e interesses? Como e por que os deveres, o autossacrifício e o bem comum foram minimizados ou mesmo eliminados de nossas histórias de liberalismo?

Neste epílogo, arrisco dar algumas respostas a essas perguntas. Proponho que uma "tradição liberal anglo-americana" baseada essencialmente nos direitos individuais foi uma criação de meados do século XX, talvez até mais tarde. Apoiando-me no trabalho de outros, argumento que "o foco nos direitos" aconteceu como consequência das duas guerras mundiais e da Guerra Fria. Dois processos inter-relacionados estiveram envolvidos. Primeiro, como vimos, o liberalismo foi americanizado. Em segundo lugar, foi reconfigurado em uma doutrina que priorizou os direitos individuais. Como mostrou o historiador americano Alan Brinkley, os liberais estreitaram sua visão e ajustaram seus objetivos.[3]

Liberalismo e a Ameaça Totalitária

Publicado originalmente em 1944, *O Caminho da Servidão*, de Friedrich Hayek, tirou proveito e ajudou a amplificar um medo crescente do totalitarismo. A associação do liberalismo com um Estado forte e intervenção governamental começou a ser vista como um problema. Em seu best-seller, Hayek escreveu que era importante estar ciente que "é o destino da Alemanha que corremos o risco de seguir".[4] O "liberalismo social", em direção ao qual a Grã-Bretanha e os Estados Unidos estavam se dirigindo, invariavelmente levaria ao totalitarismo. Nos Estados Unidos, os partidários do liberalismo do *New Deal* foram rotulados como socialistas ou mesmo comunistas, palavras que assumiram significados cada vez mais ameaçadores. Em 1948, Robert Taft, senador republicano de Ohio, acusou o liberalismo do *New Deal* de ter "adquirido conotações russas". Os liberais que aceitaram as concepções de liberalismo de John Dewey ou FDR não eram realmente liberais; eram "totalitários".

Nesse clima de ansiedade e pessimismo, as pessoas se tornaram receptivas às ideias de vários pensadores religiosos, tanto católicos quanto protestantes, que culpavam o próprio liberalismo pela crise ética em que o Ocidente se encontrava. Entre os teóricos católicos mais importantes estavam Waldemar Gurian, um cientista político germano-americano nascido na Rússia, e Jacques Maritain, um filósofo francês. O teórico protestante mais proeminente foi Reinhold Niebuhr. Gurian, Maritain e Niebuhr difundiram a ideia de que as próprias sociedades liberais tendiam a se tornar antiliberais. "O antiliberalismo" nada mais era do que a "conclusão do liberalismo", escreveu Gurian. O "estado totalitário" não foi a rejeição do liberalismo, mas "sua última e mais radical consequência".[5]

Os argumentos católicos e protestantes se sobrepuseram de maneiras significativas. Quando você bane Deus do mundo, todos os fundamentos da moralidade são minados, diziam esses teóricos cristãos. A perda da fé em Deus leva a um relativismo moral que torna as pessoas vulneráveis a demagogos e ditadores. O totalitarismo, que foi analisado primeiro por esses teóricos, foi o resultado do desencanto liberal com o mundo.

Niebuhr foi um dos intelectuais americanos mais influentes de sua geração. Em artigos com títulos como "O Páthos do Liberalismo" ou "A Cegueira do Liberalismo", ele avaliou os perigos ocultos. O totalitarismo era o resultado lógico da arrogância humana, um perigo que ameaçava qualquer lugar onde a realidade do pecado original fosse negada e os princípios cristãos rejeitados.[6] Niebuhr alertou os americanos sobre o fracasso de sua cultura liberal em compreender a profundidade do mal que pode adentrar quando tentam "desempenhar o papel de Deus na história". Dado o que havia ocorrido na Alemanha, ele recomendou que os liberais americanos moderassem seus planos de reforma social e vissem todas as respostas coletivistas aos problemas sociais com apreensão. Quase todos os experimentos em engenharia social continham "algum perigo de combinação do poder econômico e político", advertiu ele. Portanto, "uma comunidade sábia caminhará com cautela e testará o efeito de cada nova aventura antes de novas aventuras".[7]

De forma consciente ou não, esses teóricos cristãos repetiram uma velha acusação: o secularismo liberal era o culpado. Ao atacar a religião, os liberais causaram essa calamidade a si próprios. Já ouvimos esse argumento inúmeras vezes.

Mas também ouvimos que, ao longo da história, os liberais cristãos contestaram tais alegações. Eles insistiam que o liberalismo não tinha nada a ver com rejeitar Deus ou atacar a religião. Uma forma liberal de cristianismo, isto é, mais focada na moral do que na pecaminosidade, ajudaria a melhorar o mundo e é a intenção de Deus.

Niebuhr era muito crítico do cristianismo liberal. Ele achava que isso projetava uma ideia perigosamente ingênua e utópica da bondade e da educabilidade humana. Em um artigo intitulado "Que as igrejas liberais parem de se enganar!", ele criticou o otimismo e o idealismo dessa igreja, o que afirmou ter ajudado a causar a crise europeia.[8] Os homens não eram naturalmente bons, mas pecadores, irracionais, violentos e egoístas. Sem reconhecer esse fato, nenhuma sociedade moral era possível.

Em 1945, a posição do Papa Pio XII sobre a questão era mais do que clara. Em sua Mensagem de Natal daquele ano, ele repetiu, de forma atualizada, a condenação católica tradicional e padrão do liberalismo. Em termos simples, os liberais baniram Deus do mundo e deram origem ao totalitarismo. A força destrutiva do liberalismo, declarou Pio, trouxe apenas brutalidade, barbárie e ruína.

Divulgadores católicos disseminam essa mensagem. O livro de John H. Hallowell, *The Decline of Liberalism* [*O Declínio do Liberalismo*, em tradução livre], de 1946, advertia que a crise espiritual da qual emergiu o totalitarismo era uma crise peculiar não apenas na Alemanha, mas em toda a civilização ocidental. O liberalismo, com sua rejeição da verdade transcendente, era o culpado. Em *The Rise and Decline of Liberalism* [*A Ascensão e o Declínio do Liberalismo*, em tradução livre], de 1953, Thomas Neill enfatizou esse ponto. Visto que destruía todos os valores espirituais, "a lógica do liberalismo" levaria direto ao totalitarismo.[9] Alguns anos depois, em 1964, outro incentivador católico anticomunista, James Burnham, chamou o liberalismo de "ideologia do suicídio ocidental", uma vez que estava infectado com o comunismo.[10]

Emigrantes influentes da Alemanha nazista para os Estados Unidos concordavam com essa avaliação condenatória do liberalismo. Hannah Arendt, a filósofa política judia alemã e amiga de Gurian, que mais tarde escreveria o agora famoso *As Origens do Totalitarismo* (1951), afirmou que o liberalismo foi a "semente do inferno" que deu origem ao nazismo.[11]

Para o emigrante católico alemão Eric Voegelin, o comunismo era apenas a expressão radical do liberalismo. Suplantando a "verdade da alma" e promovendo o desencanto da palavra, o liberalismo foi, em grande parte, responsável pela política autodestrutiva do Ocidente.[12] Leo Strauss, outro emigrante judeu alemão, acusou o que considerou ser o relativismo liberal de abrir a porta para o niilismo e o totalitarismo. Liberais e totalitários, pensava ele, tinham muito em comum.

O Foco nos Direitos

Esses ataques proeminentes e poderosos ao liberalismo no clima intelectual da Guerra Fria geraram uma atitude defensiva nos liberais americanos, muitos dos quais sentiram a necessidade de esclarecer e acentuar o que fazia de seu liberalismo *não* totalitarismo. Foi assim que abrandaram os seus planos de reconstrução social e enfatizaram, em vez disso, o seu compromisso com a defesa dos direitos dos indivíduos. O liberalismo foi reconfigurado como o "outro" ideológico do totalitarismo, seja de esquerda ou de direita. No processo, o liberalismo perdeu muito de seu núcleo moral e sua dedicação de séculos ao bem público. O individualismo o substituiu à medida que os liberais baixaram suas cabeças e moderaram seus objetivos. O liberalismo foi mais uma vez reconfigurado e, no processo, seus objetivos foram rebaixados.

O historiador americano e intelectual Arthur Schlesinger foi uma figura chave nesse desenvolvimento. Seu famoso e admirado livro, *The Vital Centre* [*O Centro Vital*, em tradução livre] (1949) ilustra bem a mudança no clima intelectual e nas sensibilidades liberais. Um homem profundamente influenciado por Niebuhr, Schlesinger lamentou que tantos liberais tivessem sido tão lentos em reconhecer o perigo do totalitarismo e a ameaça que ele representava para o indivíduo. Era necessário reafirmar e reiterar seu compromisso fundamental com os direitos de todos. O liberalismo, disse ele, não pode se dar ao luxo de se comprometer com o totalitarismo.

Outra figura-chave na transformação do liberalismo na Guerra Fria foi o filósofo político e social judeu russo-britânico Isaiah Berlin. Em um ensaio seminal intitulado "Dois conceitos de liberdade", que proferiu originalmente na Universidade de Oxford em 1958, Berlin abordou o que viu como o choque de ideologias que dominou o mundo. Era, afirmou ele, um conflito entre dois tipos de liberdade, uma totalitária e a outra liberal. O tipo liberal de liberdade era essencialmente negativo. Sua preocupação central era proteger a liberdade pessoal, ou seja, proteger o indivíduo da coerção do governo. O tipo totalitário de liberdade era associado a projetos utópicos que prometem "autodireção coletiva" e "autorrealização".[13]

Um após o outro, os americanos que se identificavam como liberais passaram a demonstrar seu antitotalitarismo, enfatizando seu apoio aos direitos individuais. Genealogias baseadas em um cânone de grandes pensadores foram construídas e antologias publicadas. Os pais fundadores do liberalismo foram descobertos e muitos dos teóricos, políticos e escritores liberais discutidos neste livro foram preteridos ou sua influência minimizada.

"Grandes pensadores" foram lidos de uma forma que reforçou a virada do foco liberal para os direitos, e aspectos de seu pensamento que complicavam tal leitura foram minimizados. John Locke tornou-se um dos fundadores do liberalismo e sua defesa da propriedade foi enfatizada. Ocasionalmente, pensadores não anglófonos surgiam para se enquadrar no cânone. *Readings from Liberal Writers, English and French* [*Leituras de Escritores Liberais, Inglês e Francês*, em tradução livre] (1965) de John Plamenatz, continha trechos de Benjamin Constant. Ele observou com aprovação que "Constant muitas vezes parece estar falando da Alemanha de Hitler".[14] A defesa dos direitos individuais de Constant era enfatizada acima de todas as suas outras preocupações. Seus esforços na construção do estado e constantes preocupações com moral, religião e "perfectibilidade" foram minimizados ou completamente ignorados.

Então, com o tempo, os defensores mais ferrenhos do liberalismo se uniram em torno da noção de que o liberalismo era principalmente sobre direitos e interesses individuais. A história do liberalismo recontada neste livro foi perdida. De certo modo, os liberais do século XX adotaram de bom grado o argumento tradicionalmente usado para caluniá-los, em outras palavras, que o liberalismo era, em sua essência, uma filosofia individualista, se não egoísta.

Em 1971, o livro de John Rawls, *Uma Teoria da Justiça,* foi publicado. Elogiado por revitalizar e enriquecer os debates atuais sobre o liberalismo, ele mostrou como um liberalismo baseado no individualismo e no interesse próprio iria, de fato, logicamente incluir o estado de bem-estar social. Para fins de argumentação, Rawls apresentou um grupo de indivíduos egoístas, mas também racionais, e mostrou que tais pessoas — esforçando-se para maximizar suas vantagens em condições de incerteza — escolheriam não uma sociedade de *laissez-faire*, mas o estado de bem-estar social. Ao argumentar dessa forma, ele estava, em certo sentido, virando um argumento conservador e baseado em direitos contra si mesmo. Entretanto, no processo, sugeriu que havia pouca necessidade de qualquer promoção deliberada do bem comum para que uma sociedade liberal funcionasse. Não havia necessidade de se preocupar em superar os impulsos egoístas do homem. Tornou-se normal ser egoísta.

O que veio a ser conhecido como crítica comunitária agora acusava o liberalismo de ser muito individualista e muito preocupado com os direitos privados em detrimento do bem comum. O liberalismo, dizia-se, operava com uma noção falha de si mesmo, que ignorava a constituição social dos indivíduos e a importância dos laços comunitários. Foi culpado por minar as noções de cidadania e comunidade e por contribuir para o declínio moral dos Estados Unidos. O fato de que os liberais haviam defendido a comunidade e a moral por séculos fora esquecido.

Muitos liberais começaram a lamentar a ênfase nos direitos e o liberalismo do castigado ou "liberalismo do medo", que era tão empobrecido que parecia uma filosofia de mero controle de danos.[15] Mas eles aceitaram principalmente a ideia de que o liberalismo tratava de direitos.

Dada a preocupação do liberalismo com os direitos individuais, as feministas se perguntaram como isso poderia funcionar para as mulheres. Por ser tão individualista, o liberalismo foi negligente em relação às necessidades das mulheres como um todo, elas disseram. Ele ignorava o fato de que todos os seres humanos têm um núcleo de "personalidade" moral. Mais uma vez, o debate sobre o liberalismo carecia de uma perspectiva histórica.[16] Como vimos, os liberais estavam quase obsessivamente preocupados com as mulheres "em geral" e raramente falavam de seus "direitos" individuais.

A virada do foco liberal para os direitos também ajudou a alimentar um longo debate sobre se os valores fundadores dos Estados Unidos eram liberais ou republicanos, como se os dois fossem contraditórios. A questão tornou-se outra forma de perguntar se os Estados Unidos foram fundados para proteger direitos ("liberalismo") ou para cultivar a virtude ("republicanismo"). Os estudiosos interessados nas supostas diferenças entre liberalismo e republicanismo logo estavam descrevendo o liberalismo como "uma ideologia moderna, autointeressada, competitiva e individualista, que enfatiza os direitos privados".[17]

O (Suposto) Antiliberalismo da França e da Alemanha

O uso desse liberalismo anglo-americano individualista e baseado em direitos como parâmetro possibilitou a muitos concluir que a França e a Alemanha tinham tradições liberais falhas, ou mesmo inexistentes. As muitas maneiras pelas quais os dois países de fato contribuíram para a história do liberalismo ficaram em segundo plano ou desapareceram completamente.

A experiência do nazismo lançou uma longa sombra sobre a história alemã e fez com que os historiadores se concentrassem no que concluíram ser o fracasso do liberalismo alemão. Em 1953, o historiador alemão Friedrich Sell publicou *The Tragedy of German Liberalism* [*A Tragédia do Liberalismo Alemão*, em tradução livre], que definiu o curso para estudos futuros. O problema com o liberalismo alemão era que o país tinha sido inóspito à "tradição anglo-saxônica", disse ele. O liberalismo alemão foi falho porque nunca entendeu corretamente que o papel do governo era proteger os direitos individuais.[18]

Um grande número de livros seguiram o de Sell, a maioria dos quais falava da fraqueza, da deficiência ou do fracasso do liberalismo na Alemanha.[19] As pessoas perguntavam se a Alemanha sequer *tinha* uma tradição liberal.[20] De acordo com a abordagem influente do professor da Columbia, Fritz Stern, a Alemanha tinha uma "tradição *antiliberal*, ou seja, uma tradição autoritária em vez de liberal".[21]

Aqueles que acreditavam que existia uma tradição liberal na Alemanha a chamaram de falha por ser um "liberalismo de estado"; era um liberalismo "que considerava o estado como o instrumento essencial para realizar o programa liberal". O modelo de mercado permaneceu marginal na Alemanha, e sua orientação geral pró-estado foi considerada "a maior fraqueza do liberalismo alemão inicial".[22]

Esse foco em suas supostas deficiências às vezes se transformava em uma busca pelos motivos pelos quais a Alemanha não era a Inglaterra. Alguns disseram que tinha a ver com a visão falha da Alemanha em relação à liberdade, outros que lhe faltava uma burguesia. Tornou-se interessante discutir quando e onde o liberalismo alemão "se desviou" do processo "normativo" de desenvolvimento.[23] Aparentemente, os liberais alemães careciam de ambições políticas.

Algo semelhante aconteceu na França, embora um pouco mais tarde. O que desde então foi chamado de "momento antitotalitário" ocorreu na década de 1970. Reagindo contra a política pós-Segunda Guerra Mundial de muitos intelectuais franceses que desenvolveram uma atração pelo comunismo, os estudiosos começaram a procurar as causas dessa embaraçosa verdade. Vários deles, dos quais François Furet foi um pioneiro influente, atribuíram isso ao suposto prototoalitarismo da Revolução Francesa e ao "fato" relacionado de que a França carecia de uma tradição liberal saudável.

O liberalismo francês, concluiu-se, não era um verdadeiro liberalismo, porque carecia de uma forte ênfase nos direitos individuais. Fundamentalmente uma importação estrangeira, o liberalismo "genuíno" teve problemas para criar raízes na França.[24] E, como a variedade alemã, o liberalismo francês tinha falhas por causa de seu estatismo. De forma contraditória, também foi dito que o liberalismo francês "recusa o político", por causa de sua suposta confiança no livre mercado.[25] Então, não é de admirar que os historiadores o considerem tão confuso.[26] Ouvimos falar da "aparente incapacidade dos liberais franceses de reconhecer os elementos centrais de sua própria doutrina". O problema é que eles "não tinham o recurso filosófico para pensar através do liberalismo", porque não tinham um Locke.[27]

Entretanto, os franceses tinham um Benjamin Constant, que agora foi redescoberto e relido como um dos raros liberais no verdadeiro sentido individualista e anglo-americano. A profunda preocupação de Constant em construir um estado viável e *combater* o individualismo foi ignorada; e seu interesse vitalício pela religião e pelo "autossacrifício" foram deixados de lado. Em vez disso, estudiosos proeminentes determinaram que o "conceito principal" de Constant era a "independência individual"[28] e que ele defendia um "individualismo radical".[29] Alguns observaram que a França também tinha vários economistas políticos que entendiam o valor liberal do interesse próprio, do Estado mínimo e dos mercados desregulamentados.

Na França, como nos Estados Unidos, esse liberalismo supostamente verdadeiro e individualizado foi criticado. Comparado ao republicanismo, com sua ênfase na cidadania e na virtude, os críticos descreveram o liberalismo francês como muito hedonista.[30] O filósofo católico Pierre Manent acusou seus fundadores de rejeitar qualquer noção de um bem comum e, em um resumo sucinto de sua visão sobre a doutrina, apresentou Maquiavel e Hobbes como seus fundadores. Parecendo muito com a longa linha de críticos católicos do liberalismo que consideramos neste livro, Manent raciocinou que o liberalismo se originou em um ataque à Igreja Cristã. É por isso, em sua opinião, que o liberalismo tem uma tendência sinistra à autodestruição e pode levar inevitavelmente ao totalitarismo.[31] A crítica católica de Manent de 200 anos é agora recompilada.

Embora o liberalismo seja hoje amplamente considerado como a doutrina política dominante do Ocidente, uma espécie de triunfalismo coexiste com o pessimismo. Frequentemente ouvimos que o liberalismo está sofrendo de uma crise de confiança agravada pelo recente surgimento da "democracia antiliberal" em todo o mundo.[32] Sugere-se que o problema poderia ser resolvido se apenas os liberais concordassem sobre o que defendem e apoiassem suas convicções com coragem. Há quem diga que liberalismo contém em si os recursos de que necessita para articular uma concepção do bem e uma teoria liberal da virtude.[33] Os liberais devem se reconectar com os recursos de sua tradição liberal para recuperar, compreender e abraçar seus valores centrais. Este livro pretende relançar esse processo. Se conseguir reiniciar e estimular o debate sobre a história do liberalismo, terá cumprido seu propósito.

Notas

Introdução

Salvo indicação em contrário, todas as traduções são minhas.

1. Sobre o significado de "conceitos básicos" e a prática da história conceitual, um campo em rápido crescimento, ver as obras listadas na seção de métodos da bibliografia selecionada.
2. Para um exemplo recente, consulte Larry Siedentop, *Inventing the Individual: The Origins of Western Liberalism* (Cambridge, MA: Harvard University Press, 2014).
3. Pierre Manent, *An Intellectual History of Liberalism*, trad. Rebecca Balinski (Princeton: Princeton University Press, 1996).
4. Duncan Bell, "What Is Liberalism?", *Political Theory* 42, no. 6 (2014): 682–715.
5. Ver, por exemplo, Jörn Leonhard's pathbreaking *Liberalismus. Zur historischen Semantik eines europäischen Deutungsmusters* (Munique: R. Oldenbourg Verlag, 2001).

Capítulo Um: O que Significa Ser Liberal de Cícero a Lafayette

1. Cicero, *On Duties*, livro 1.
2. *Plutarch's Lives, Translated from the Original Greek: With Notes, Critical and Historical by John Langhorne and William Langhorne*, 6 vols. (Londres, 1770), 2:156–57.
3. Claro que não sem muita distorção. Ver Hans Baron, "Cicero and the Roman Civic Spirit in the Middle Ages and Early Renaissance", *Journal of the John Rylands Library* 22 (1938): 73–97.
4. Ver St. Ambrose, *On the Duties of the Clergy*, cap. 28, par. 130. O texto contém várias seções sobre liberalidade.
5. A redescoberta medieval de Aristóteles (384–322 a.C.) também ajudou a disseminar a antiga noção de liberalidade.

6. Citado por Guido Guerzoni, "Liberalitas, Magnificentia, Splendor: The Classic Origins of Italian Renaissance Lifestyles." *History of Political Economy* 31, suppl. (1999): 332-78.

7. Pietro Paolo Vergerio, citado em Kenneth Bartlett, ed., *The Civilization of the Italian Renaissance: A Sourcebook*, 2° ed. (Toronto: University of Toronto Press, 2011), 184.

8. Juan Luis Vives, *The Education of a Christian Woman* (1524), livro 1, par. 29.

9. Uma lista impressionante é fornecida por J. K. Sowards, "Erasmus and the Education of Women", *Sixteenth Century Journal* 13, no. 4 (1982): 77-89.

10. "Liberal" em *Oxford English Dictionary* (online), 3a.

11. *Christiani matrimonii institutio*, citado por Sowards, "Erasmus", 87.

12. O título em latim do livro era *De pueris statim ac liberaliter instituendis* (1529).

13. Erasmus, *The Education of a Christian Prince*, ed. Lisa Jardine (Cambridge: Cambridge University Press, 2016), 77. Quando se tratou da educação de meninas, Erasmus enfocou a necessidade de salvaguardar sua castidade (Sowards, "Erasmus").

14. Leon Battista Alberti, "On Painting and on Sculpture", em *The Civilization of the Italian Renaissance: A Sourcebook*, ed. Kenneth Bartlett (Toronto: University of Toronto Press, 2011), 171.

15. Edgar Wind, *Pagan Mysteries in the Renaissance* (Nova York: Norton, 1968).

16. Antoniano ([1584] 1821), 2:39-40, em Guerzoni, "Liberalitas."

17. Piccolomini (1552), citado em Guerzoni, "Liberalitas."

18. Fabrini (1547), citado em Guerzoni, "Liberalitas."

19. Uma tradução do século XVI encontrada na ECCO tem isso como "príncipes flexíveis", enquanto as versões italiana e francesa empregam as palavras "libérale" e "liberal". A tradução em inglês de 1724 tem como "príncipes liberais".

20. Erasmus, *Education*, 78.

21. Sobre as diferenças entre Cícero e Maquiavel a esse respeito, ver Marcia L. Colish, "Cicero's *De Officiis* and Machiavelli's *Prince*", *Sixteenth Century Journal* 9, no. 4 (1978): 80-93.

22. *The Essays of Michael Seigneur de Montaigne Translated into English* (Londres, 1759), 3:153.

23. Nicolas Faret, *L'Honeste-homme, ou l'art de plaire à la cour* (Paris: Du Bray, 1630).

24. Isaiah 32:5-8; Provérbios 11:25; 2 Corinthians 9:13.

25. Sermão 75 pregado ao rei em Whitehall, 15 de abril de 1628.

26. Richard Allestree, *The Gentleman's Calling* (Londres, 1705), 58, 86.

27. O famoso sermão de Winthrop pode ser encontrado em inúmeras fontes.

28. Roger L'Estrange, *Seneca's Morals by Way of Abstract* (Cork, 1797).

29. Thomas Hobbes, *Leviathan* (Cambridge: Cambridge University Press, 1996), 89; *On the Citizen* (Cambridge: Cambridge University Press, 1998), 21, 22, 25; *Leviathan*, "Of the Natural Condition of Mankind"; *Leviathan*, 102; *On the Citizen*, 149.

30. O jansenismo foi um movimento teológico do século XVII dentro do catolicismo, que enfatizou o pecado original, a depravação humana e a necessidade da graça e predestinação divinas.

31. Blaise Pascal, *Pensées* (Paris, 1670), 89.

32. Pierre Nicole, "Of Charity and Self-Love", reimpresso em Bernard Mandille, *The Fable of the Bees and Other Writings*, ed. Mark Hulliung (Indianapolis: Hackett, 1997), 1.

33. Jacques Esprit, *La Fausseté des Vertus Humaines* (Paris, 1678), 487, ênfase adicionada.

34. *Discourses: Translated from Nicole's Essays by John Locke with Important Variations from the Original French* (Londres, 1828), 172.

35. John Locke, *The Reasonableness of Christianity*, em *The Works*, vol. 6 (Liberty Fund Online Library of Liberty), 116, http://oll.libertyfund.org/titles/locke-the-works-vol-6-the-reasonableness-of-christianity.

36. John Locke, *Some Thoughts Concerning Education*, em *The Educational Writings of John Locke*, ed. James L. Axtell (Cambridge: Cambridge University Press, 1968).

37. Anthony Ashley Cooper Shaftesbury, *An Inquiry Concerning Virtue* (Londres, 1732), 293.

38. George Turnbull, *Observations on Liberal Education in All Its Branches* (Londres, 1742), 142, 136, 197, 141, 180, 321, 87.

39. *Dr. Johnson's Dictionary of the English Language* (Londres, 1755).

40. John Marshall, *John Locke: Resistance, Religion and Responsibility* (Cambridge: Cambridge University Press, 1996), 111.

41. Anthony Ashley Cooper Shaftesbury, *A Letter Concerning Enthusiasm*, em *Characteristicks*, vol. 1 (Londres, 1732), 333.

42. George Turnbull, *Observations upon Liberal Education, in All Its Branches*, ed. Terrence O. Moore Jr. (Indianapolis: Liberty Fund, 2003), cap. 4. Ver também Bruce Kimball, *Orators and Philosophers: A History of the Idea of Liberal Education* (Nova York: Teachers College Press, 1986), 14.

43. François de Salignac de La Mothe-Fénelon, *On the Education of Girls*, trad. Kate Lupton (Boston, 1891), 96, 65, 96, 13, 12.

44. Adam Smith, *An Inquiry into the Nature and Causes of the Wealth of Nations* (Londres, 1776), livro 5, cap. 1, 302.

45. Ver, por exemplo, Lieselotte Steinbrügge, *The Moral Sex: Woman's Nature in the French Enlightenment* (Oxford: Oxford University Press, 1995); Ludmilla Jordanova, "Sex and Gender", em *Inventing Human Science: Eighteenth-Century Domains*, ed. Christopher Fox, Roy Porter, e Robert Wokler (Berkeley: University of California Press, 1995), 152–83; e Anne Vila, "'Ambiguous Beings': Marginality, Melancholy, and the *Femme Savante*", em *Women, Gender and Enlightenment*, ed. Sarah Knott e Barbara Taylor (Nova York: Palgrave Macmillan, 2005), 53–69.

46. Francis Hutcheson, *A Short Introduction to Moral Philosophy* (Glasgow, 1747), 94.

47. *Ibid.*, 87.

48. Jean-Baptiste Massillon, *Œuvres de Massillon* (Paris, 1803), 1:304.

49. John Locke, *Essay Concerning Understanding*, livro 4, cap. 20.

50. David Armitage, "John Locke, Carolina, and the 'Two Treatises of Government'", *Political Theory* 32, no. 5 (2004): 602–27.

51. Nathan Bailey, *An Universal Etymological English Dictionary*, 7° ed. (Londres, 1735).

52. Como citado por Gordon Wood, *The Radicalism of the American Revolution* (Nova York: Vintage, 1993), 27.

53. Peter Clark, *British Clubs and Societies 1580–1800* (Oxford: Clarendon, 2000); Davis McElroy, *Scotland's Age of Improvement: A Survey of EighteenthCentury Literary Clubs and Societies* (Pullman: Washington State University Press, 1969).

54. Nicholas Phillipson, *Adam Smith: An Enlightened Life* (New Haven, CT: Yale University Press, 2010).

55. *The Works of William Robertson: History of the Reign of the Emperor Charles V*, 12 vols. (Londres, 1812), 4:82, 178, 78.

56. F. A. Brockhaus, *Allgemeine deutsche Real-Encyclopädie für die gebildeten Stände. Conversations-Lexicon*, vol. 5, 4° ed. (Leipzig, 1817), 674–75.

57. George Washington, "Circular to the States" (2 de setembro de 1783), citado em *The Encyclopedia of Libertariansim*, ed. Ronald Hamowy (Thousand Oaks, CA: Sage, 2008), 536.

58. Benigne de Bossuet, *Œuvres*, 23:625, citado em Henrietta Louisa Farrer Lear, *Bossuet and His Contemporaries* (Londres: Rivingtons, 1874), 178.

59. John Locke, *A Letter Concerning Toleration and Other Writings*, ed. Mark Goldie (Indianápolis: Liberty Fund, 2010), ênfase adicionada.

60. Na crença de que as ideias de Locke não eram tão anticatólicas como foi afirmado, ver Emile Perreau-Saussine, "French Catholic Political Thought from the Deconfessionalisation of the State to the Recognition of Religious Freedom", em *Religion and the Political Imagination*, ed. Ira Katznelson and Gareth Stedman Jones (Cambridge: Cambridge University Press, 2010), 150–70.

61. Samuel Wright, citado por Jörn Leonhard, *Liberalismus. Zur historischen Semantik eines europäischen Deutungsmusters* (Munique: R. Oldernbourg Verlag, 2001), 118.

62. Richard Price, "Sermons on the Christian Doctrine", em *Sermons on the Security and Happiness of a Virtuous Course, on the Goodness of God, and the Resurrection of Lazarus, to Which Are Added, Sermons on the Christian Doctrine* (Boston: E. W. Weld and W. Greenough, 1794), 175.

63. William Paley, *Principles of Moral and Political Philosophy* (1785).

64. "From George Washington to Roman Catholics in America, c.15 March 1790", *Founders Online*, https://founders.archives.gov/documents/Washington/05-05-02-0193.

65. "From George Washington to the Hebrew Congregation in Newport, Rhode Island, 18 August 1790", *Founders Online*, https://founders.archives.gov/documents/Washington/05-06-02-0135.

66. Eric Carlsson, comunicação pessoal, 2015.

67. Isso não o impediu de também abraçar o hermetismo. Sobre isso, ver Peter Reill, "Between Theosophy and Orthodox Christianity: Johann Salomo Semler's Hermetic Religion", em *Polemical Encounters: Esoteric Discourse and Its Others*, ed. Olav Hammer e Kocku von Stuckrad (Leiden: Brill, 2007), 157–80.

68. *General Repository and Review* (1812).

69. John A. Buehrens, *Universalists and Unitarians in America: A People's History* (Boston: Skinner House, 2011).

70. Mr. Pratt, *Liberal Opinions; or, The History of Benignus*, vol. 1 (Londres, 1783), 2.

71. Alan Heimert, *Religion and the American Mind* (Cambridge, MA: Harvard University Press, 1968), 50, 169, 211.

72. Charles Chauncy, *Enthusiasm Described and Caution'd Against* (Boston, 1742).

73. Benjamin Whichcote, *The Works of the Learned Benjamin Whichcote*, vol. 2 (Aberdeen, 1751), 128.

74. Jean-Jacques Rousseau, *First* and *Second Discourses*; citação é do *Second Discourse*.

75. Adam Ferguson, *An Essay on the History of Civil Society*, ed. Duncan Forbes (Edimburgo: Edimburgo University Press, 1966), 217–20.

76. *Ibid.*, 217–20.

77. Ver, por exemplo, Karl Koppman, ed., *Die Recesse und andere Akten der Hansetage*, 8 vols. (Leipzig, 1870–97), onde o rei inglês tem "liberaliter donatam et concessam."

78. Ver, por exemplo, Joseph Lathrop, "A Sermon on a Day Appointed for Publick Thanksgiving", em *Political Sermons of the American Founding Era, 1730– 1805*, ed. Ellis Sandoz (Indianapolis: Liberty Fund, 1998), 870: "The royal charters first granted to the American colonies, particularly to those of New-England, were of the most liberal kind, and fully agreeable to their views and wishes."

79. Carta para seu editor, citado por Dennis Carl Rasmussen, *The Problems and Promise of Commercial Society: Adam Smith's Response to Rousseau* (University Park: Pennsylvania State University Press, 2008), 99.

80. Adam Smith, *An Inquiry into the Nature and Causes of the Wealth of Nations*, vol. 1 (1776; Chicago: University of Chicago Press, 1977), iv, v, 47, 388, 75, 76, 77, 208, 250, ênfase adicionada.

81. Adam Smith, *The Theory of Moral Sentiments* (1759), vi, ii. 3.3.

82. 82. Ibid. (2016 version), 288.

83. Smith, *Wealth of Nations*, 519.

84. Ibid., 161. Ver Dennis C. Rasmussen, "Adam Smith on What Is Wrong with Economic Inequality", *American Political Science Review* 110, no. 2 (2016): 342–52.

85. Samuel Cooper, "A Sermon on the Day of the Commencement of the Constitution" (1780), em Sandoz, *Political Sermons of the American Founding Era*, 1:644, 655.

86. Ezra Stiles, "The United States Elevated to Glory and Honor", https:// digitalcommons.unl.edu/etas/41/.

87. Joseph Lathrop, "Sermon on a Day Appointed for Public Thanksgiving", em *Political Sermons of the Founding Era*, vol. 1, ed. Ellis Sandoz (Indianapolis: Liberty Fund, 1998), 871.

88. David Ramsay, *The History of the American Revolution*, vol. 1 (1789), 357.

89. David Armitage, *Age of Revolutions in Global Context, c. 1760–1840* (Nova York: Palgrave Macmillan, 2010), 5n15.

90. Na Alemanha, o debate sobre as constituições aconteceu um pouco mais tarde do que em outros lugares. Ver também Joyce Appleby, "America as a Model for the Radical French Reformers of 1789", *William and Mary Quarterly* 28, no. 2 (1971): 267–86.

91. Levi Hart of Preston, Connecticut, citado por Jonathan Sassi, *A Republic of Righteousness: The Public Christianity of the Post-revolutionary New England Clergy* (Nova York: Oxford University Press, 2001), 58.

92. John Millar, *The Origin of the Distinction of Ranks* (Aalen: Scientia, *1986*), 294, citado por Domenico Losurdo, *Liberalism: A Counter-history* (Nova York: Verso, 2011), 11.

93. Christopher L. Brown, *Moral Capital: Foundations of British Abolitionism* (Chapel Hill: University of North Carolina Press, 2012).

94. Arthur Zilversmit, *First Emancipation: The Abolition of Slavery in the North* (Chicago: University of Chicago Press, 1967), 132; Robin Blackburn, *The Overthrow of Colonial Slavery: 1776–1848* (Nova York: Verso, 2011), 118; Losurdo, *Liberalism*, 59.

95. *Pennsylvania Journal*, 4 de abril de 1781.

96. Edmund Burke, *The Works: A New Edition*, 16 vols. (Londres: Rivington, 1826), 3:54, citado por Losurdo, *Liberalism*, 37.

97. Abigail Adams para John Adams, 31 de março de 1776, *Founders Online*, https:// founders.archives.gov/documents/Adams/04–01–02–0241.

98. Abigail Adams to Mercy Otis Warren, 27 de abril de 1776, *Founders Online*, https:// founders.archives.gov/documents/Adams/04–01–02–0257.

99. Noah Webster, *On the Education of Youth in America*, citado em *Readings in American Educational Thought: From Puritanism to Progressivism*, ed. Andrew Milson, Chara Bohan, Perry Glanzer, e J. Wesley Null (Charlotte: Information Age, 2004), 106, ênfase adicionada.

Capítulo Dois: A Revolução Francesa e as Origens do Liberalismo, 1789-1830

1. Marquis de Lafayette, *Memoirs, Correspondence and Manuscripts of General Lafayette Published by His Family* (Londres, 1837), 2:192.

2. *Dictionnaire universel françois et latin, vulgairement appelé Dictionnaire de Trévoux...*, nouvelle ed. (Paris, 1771), 508.

3. Por exemplo, a carta citada acima e a carta ao presidente do Congresso, Marquis de Lafayette, *Memoirs*, 1:286.

4. Germaine de Staël, *On Germany* (1810).

5. Richard Price, "A Discourse on the Love of Our Country" (Londres, 1790), 20.

6. *The Correspondence of the Revolution Society in Londres, with the National Assembly* (Londres, 1792), 157.

7. Edmund Burke, *Reflections on the Revolution in France*, ed. J.G.A. Pocock (Indianapolis: Hackett, 1987), 70, 163, 70, 69, ênfase adicionada.

8. *Ibid.*, 70, 33, 34, 66, 70.

9. Ver, por exemplo, *A New Catechism for the Use of the Swinish Multitude* (1792).

10. Catherine Macaulay, *Observations on the Reflections of the Right Hon Edmund Burke on the Revolution in France* (Londres, 1791), 38–39.

11. Mary Wollstonecraft, *A Vindication of the Rights of Men*, ed. Sylvana Tomaselli (1790; Cambridge: Cambridge University Press, 2003), 16.

12. Thomas Paine, *Rights of Man, Being an Answer to Mr. Burke's Attack (1791)*.

13. Germaine de Staël, *Considerations on the Principal Events of the French Revolution*, ed. Aurelian Craiutu (Indianapolis: Liberty Fund, 2008), 493, 190.

14. Joseph de Maistre, *Considerations on France*, ed. Richard Lebrun (Cambridge: Cambridge University Press, 2003), 41.

15. *Des réactions politiques*, in *De la force du gouvernement actuel de la France et de la nécessité de s'y rallier*, ed. Philippe Raynaud (Paris: Flammarion, 1988), 111, 115, 118. See K. Stephen Vincent, *Benjamin Constant and the Birth of French Liberalism* (Nova York: Palgrave Macmillan, 2011), 76–77, e "Benjamin Constant, the French Revolution, and the Origins of French Romantic Liberalism", *French Historical Studies* 23, no. 4 (2000): 607–37.

16. Citado por Aurelian Craiutu, *A Virtue for Courageous Minds: Moderation in French Political Thought, 1748–1830* (Princeton: Princeton University Press, 2012), 178.

17. Mona Ozouf, "La Révolution française et la formation de l'homme nouveau", em *L'homme régénéré. Essais sur la Révolution française*, ed. Mona Oouf (Paris: Gallimard, 1989), 116–45.

18. Madame de Staël, *Des Circonstances actuelles qui peuvent terminer la révolution et des principes qui doivent fondre la république en France* (Paris: Libraire Fischbacher, 1906), 10, 146, 279.

19. Citado por John C. Isbell, *The Birth of European Romanticism: Truth and Propaganda in Staël's De l'Allemagne, 1810–1813* (Cambridge: Cambridge University Press, 1994), 131.

20. Benjamin Constant, *De Madame de Staël et de ses ouvrages*, em *Portraits, mémoires, souvenirs* (Paris, 1992), 222.

21. Kurt Klooke, *Benjamin Constant: une biographie intellectuelle* (Geneva: Droz, 1984); J. Lee, "The Moralization of Modern Liberty" (PhD diss., University of Wisconsin–Madison, 2003); e Helena Rosenblatt, *Liberal Values: Benjamin Constant and the Politics of Religion* (Cambridge: Cambridge University Press, 2008).

22. Benjamin Constant, "De la force du gouvernement actuel de la France et de la nécessité de s'y rallier", em *Œuvres complètes de Benjamin Constant*, vol. 1 (Tübingen: Max Niemeyer Verlag, 1998), 380.

23. Como citado em Rosenblatt, *Liberal Values*, 72.

24. Howard Brown, "From Organic Society to Security State: The War on Brigandage in France, 1797–1802", *Journal of Modern History* 69, no. 4 (1997): 661–65.

25. Outro foi Adrien Lamourette. Ver David Sorkin, *The Religious Enlightenment* (Princeton: Princeton University Press, 2011). Havia muitos na Espanha, nas Américas espanholas, na Itália e em outros países. No Grégoire, ver Alyssa Goldstein Sepinwall, *The Abbé Grégoire and the French Revolution: The Making of Modern Universalism* (Berkeley: University of California Press, 2005).

26. *Annales de la religion*, vol. 1 (1795), 15, e vol. 15 (1802), 359.

27. Napoléon Bonaparte, *Correspondances de Napoléon 1er*, vol. 6 (Paris: Plon, 1862), 5–6.

28. Citado por Guillaume de Bertier de Sauvigny, "Liberalism, Nationalism, Socialism: The Birth of Three Words", *Review of Politics* 32 (1970): 151–52.

29. Em uma carta de 24 de julho de 1797, citado por Julia von Leyden Blennerhassett em *Madame de Staël, Her Friends, and Her Influence in Politics and Literature*, vol. 3, trad. Jane Eliza Gordon Cumming (1889; Cambridge: Cambridge University Press, 2013), 429.

30. Marquis de Lafayette para Thomas Jefferson, 21 de junho de 1801, *Founders Online*, http://founders.archives.gov/documents/Jefferson/01-34-02-0318.

31. Madame de Staël, *Considerations*, 422.

32. Discurso aos Padres de Milão, 5 de junho de 1800, em *In the Words of Napoleon*, ed. R. M. Johnston (Barnsley: Frontline Books, 2015).

33. Citações de Jörn Leonhard, *Liberalismus. Zur historischen Semantik eines europäischen Deutungsmusters* (Munique: R. Oldernbourg Verlag, 2001), 208–24.

34. Citado por H. C. Barnard, *Education and the French Revolution* (Cambridge: Cambridge University Press, 2009), 218.

35. Em seu tratado anti-Napoleão "The Spirit of Conquest and Usurpation" de 1814.

36. Uma palavra usada pela primeira vez em 1816, de acordo com Berke Vardar, *Structure fondamentale du vocabulaire social et politique en France de 1815 à 1830* (Istambul, 1973).

37. Melvin Richter, "Tocqueville and the French Nineteenth Century Conceptualizations of the Two Bonapartes and Their Empires", em *Dictatorship in History and Theory: Bonapartism, Caesarism and Totalitarianism*, ed. P. R. Baehr and Melvin Richter (Cambridge: Cambridge University Press, 2004), 83–102, 84. Mais sobre isso no capítulo 5.

38. Jean-Baptiste Say, *Traité d'économie politique*, 4° ed., vol. 1 (Paris, 1819), 197.

39. Ibid., 298. Ver Philippe Steiner, "Jean-Baptiste Say et les colonies ou comment se débarrasser d'un héritage intempestif", *Cahiers d'économie politique* 27–28 (1996): 153–73; e Jennifer Sessions, *By Sword and Plow: France and the Conquest of Algeria* (Ithaca, NY: Cornell University Press, 2015).

40. François-Louis-Auguste Ferrier, *Du Gouvernement considéré dans ses rapports avec le commerce* (Paris: Perlet, 1805), 14–15, 37.

41. *Ibid.*, 26.

42. Cartas de Ferrier a Fiévée, 5 e 20 de junho de 1816, em *Correspondance de Joseph Fiévée et de François Ferrier (1803–1837)*, ed. Etienne Hofmann (Bern: Peter Lang, 1994), 138, 142.

43. Benjamin Constant, "The Spirit of Conquest and Usurpation", em *Political Writings*, ed. Biancamaria Fontana (Cambridge: Cambridge University Press, 1993), 118, 126, 122, 121.

44. Citado em E.E.Y. Hales, *Napoleon and the Pope* (Londres, 1962), 89–90.

45. Charles de Villers, *Essai sur l'esprit et l'influence de la Réformation de Luther. Ouvrage qui ...* (Paris, 1804), citado em Rosenblatt, *Liberal Values*, 102–4.

46. Na Suécia, ver a bolsa pioneira de Arthur Thomson, "'Liberal': Några anteckningar till ordets historia", in *Festskrift tillägnad Theodor Hjelmqvist på sextiårsdagen den 11 april 1926* (Lund: Carl Bloms Boktryckeri, 1926), 147–91. Na Espanha, ver as muitas publicações de Javier Fernández Sebastián.

47. Madame de Staël, *De l'Allemagne*, vol. 1, ed. Simone Balayé (Paris: GarnerFlammarion, 1968), 73.

48. Jaime Rodriguez, *The Independence of Spanish America* (Cambridge: Cambridge University Press, 1998).

49. Ignacio Fernández Sarasola, "La proyección europea e iberoamericana de la Constitución de 1812", em *La Constitución de Cádiz. Origen, contenido y proyección internacional* (Madrid: Centro de Estudios Politicos y Constitucionales, 2011), 271–336.

50. Jaime E. Rodríguez O., "Introducción", em *Revolución, independencia y las nuevas naciones de América*, ed. Jaime E. Rodríguez O. (Madrid: Fundación Mapfre Tavera, 2005), 16.

51. Rodriguez, *Independence*, 105.

52. Harro M. Höpfl, "Isms", *British Journal of Political Science* 13, no. 1 (1983): 1–17.

53. Citado por Javier Fernández Sebastián, "'Friends of Freedom': First Liberalisms in the Iberian Atlantic", em *In Search of European Liberalisms*, ed. Javier Fernández Sebastián, Jörn Leonhard, e Michael Freeden (Nova York: Berghahn Books, 2018).

54. "Déclaration de Saint-Ouen", reimpresso em *La monarchie impossible: Les Chartes de 1814 et de 1830* (Paris: Gallimard, 1994), 90.

55. Constant para Lafayette, 1º de maio de 1815, em Lafayette, *Memoirs*, 5:423.

56. Benjamin Constant, *Principles of Politics Applicable to All Governments*, em Fontana, *Political Writings*, 175, 179.

57. L'abbé Rauzan, "Toute constitution est un régicide" (abril 1814), em René Rémond, *La Droite en France de 1815 à nos jours: Continuité et diversité d'une tradition politique* (Paris: Aubier Editions Montaigne, 1954), 36.

58. "Des élections, du ministère, de l'esprit public et du parti libéral en France", *La Minerve* 4, no. 1 (dezembro 1818): 379–84.

59. *La Minerve française* 14, no. 1 (November 4–5, 1818): 14–22. O artigo foi reimpresso em 1819 no *Cours de politique constitutionelle*, 3:53–58, ênfase adicionada.

60. Citado em Maria Luisa Sànchez-Mejìa, "La Inquisición contra el liberalismo. El Expediente de Calificación de los *Principes de Politique* de Benjamin Constant", *Cuadernos dieciochistas* 14 (2013): 283–303, 286.

61. Louis de Bonald, "Sur les langues", em *Œuvres de M. de Bonald* (Bruxelas: La Société nationale, 1845), 7:455.

62. *La Quotidienne*, 23 de agosto de 1814, 3.

63. *Les Idées libérales*, em *Le Nouvelliste français ou Recueil Choisi de Mémoires*, no. 12 (Pesth, 1815), 277.

64. As reformas são bem descritas em Brendan Simms, *The Struggle for Mastery in Germany, 1779–1850* (Basingstoke: Palgrave Macmillan, 1988).

65. Um texto de 1814, citado por Rudolf Vierhaus, "Liberalismus", in *Geschichtliche Grundbegriffe. Historisches Lexikon zur politisch-sozialen Sprache in Deutschland*, vol. 3, ed. Reinhart Koselleck, Otto Bruner, and Werner Conze (Stuttgart, 1972–93).

66. "What does liberal mean?", na primeira edição do *Neue Alemannia* of 1816.

67. De acordo com o *Revolutions-Almanach*, as reformas estavam colocando novas palavras em circulação, que as tornavam "sagradas" e lhes davam um "significado mágico". Vierhaus, "Liberalismus", 741.

68. Castlereagh speech, 15 de fevereiro de 1816, em *Hansard First Series: 1803–1820*, vol. 37, 602, citado em Leonhard, *Liberalismus*, 236.

69. Andrew Robertson, *The Language of Democracy: Political Rhetoric in the United States and Britain, 1790–1900* (Charlottesville: University of Virginia Press, 2005), 62.

70. *Edimburgo Review* 24, no. 48 (Novembro de 1814 a fevereiro de 1815): 529.

71. Ibid.; os artigos subsequentes usam a palavra "liberal" repetidamente para se referir à política francesa, às vezes colocando o termo em itálico.

72. Uma rápida pesquisa no banco de dados de jornais históricos dos Estados Unidos rendeu as seguintes referências a "partidos liberais" ou políticos na França. *Columbian Centinel*, 1° de novembro de 1817, 2; *Centinel of Freedom*, 26 de maio de 1818, 2; *Weekly Aurora*, 14 de setembro de 1818, 240; *Columbian Centinel*, 26 de dezembro de 1818, 2;

National Gazette, 29 de abril de 1820, 2; *Baltimore Patriot*, 10 de outubro de 1822, 2; *Daily National Intelligencer*, 12 de outubro de 1822, 2; *National Gazette*, 25 de novembro de 1824, 1.

73. Metternich para Gentz, 23 de abril de 1819, citado por Vierhaus, "Liberalismus."

74. Citado em Guillaume de Bertier de Sauvigny, *La Restauration* (Paris: Hachette, 1997), 168.

75. André Vissieux, *Essay on Liberalism; Being an Examination of the Nature and Tendency of the Liberal Opinions; with a View of the State of Parties on the Continent of Europe* (Londres: Pewtress, Low, and Pewtress, 1823), 103.

76. Christopher Bayly, "Rammohan Roy and the Advent of Constitutional

77. *Liberalism in India, 1800–1830", Modern Intellectual History* 4 (2007): 25–41; and *Recovering Liberties: Indian Thought in the Age of Liberalism and Empire* (Cambridge: Cambridge University Press, 2011), 50–60.

78. Ignacio Fernandez Sarasola, "European Impression of the Spanish Constitution of Cadiz", *Forum historiae iuris*, http://fhi.rg.mpg.de/es/2016-09-sara sola/.

79. A primeira edição foi chamada de *Collection complète des ouvrages publiés sur le Gouvernement représentatif et la Constitution actuelle de la France formant une espèce de Cours de Politique constitutionnelle, par M. Benjamin de Constant.*

80. Maurizio Isabella, *Risorgimento em Exile: Italian Emigres and the Liberal International in the Post-Napoleonic Era* (Oxford: Oxford University Press 2009).

81. Rodriguez, *Independence*, 193.

82. C. J. Gilliard, *Réflexions sur les sociétés secrètes et les usurpations. Première partie: Ecueils et dangers des sociétés secrètes*, tomo 2 (Arbois, 1823), 444–45.

83. Lafayette para Jefferson, 20 de julho de 1820, em Gilbert Chinard, ed., *The Letters of Lafayette and Jefferson* (Baltimore, 1929), 398–99.

84. Achille de Vaulabelle, *Histoire des Deux Restorations*, 10 vols. (Paris, 1952), 6:283–324; ver também Lafayette, *Memoirs*, 6:153.

85. *Morning Chronicle*, 7 de novembro de 1822.

86. Vissieux, *Essay on Liberalism*, viii, 6, 5.

87. *Monthly Censor* 2 (1823): 487. Ver Guillaume de Bertier de Sauvigny, "Libéralisme. Aux origines d'un mot", *Commentaire*, no. 7 (1979): 420–24;

88. D. M. Craig, "The Origins of 'Liberalism' in Britain: The Case of The Liberal", *Historical Research* 85, no. 229 (2012): 469–87; Daisy Hay, "Liberals, Liberales and the Liberal", *European Romantic Review* 19 (2008): 307–20.

89. *Blackwood's Magazine* 13 (1823): 110.

90. See G.I.T. Machin, "Resistance to Repeal of the Test and Corporation Acts, 1828", *Historical Journal* 22, no. 1 (1979): 115–39; ver também Craig, "Origins of 'Liberalism'".

91. *La Macédoine libérale* (Paris, 1819).

92. Para comentários de Mill, ver seu *Essays on French History and Historians*, em *The Collected Works of John Stuart Mill*, vol. 20, ed. John M. Robson (Toronto: University of Toronto Press, 1985), 109, http://oll.libertyfund.org/titles/235.

93. Charles Hale, *Mexican Liberalism in the Age of Mora, 1821–1853* (New Haven, CT: Yale University Press, 1968).

94. Robert Alexander, *Re-writing the French Revolutionary Tradition* (Cambridge: Cambridge University Press, 2003).

95. Louis de Bonald, "De l'Esprit de corps et de l'esprit de parti", em *Œuvres de M. de Bonald* (Bruxelas: La Société nationale, 1845), 8:309.

96. Auguste Levasseur, *Lafayette en Amérique en 1824 et 1825 ou Journal d'un voyage aux Etats-Unis* (Paris, 1829), 1:440.

97. Citado em Robert Bigler, *The Politics of German Protestantism: The Rise of the Protestant Church Elite in Prussia, 1815–1848* (Berkeley: University of California Press, 1972), 96, 101.

98. Wilhelm Traugott Krug, *Geschichtliche Darstellung des Liberalismus alter und neuer Zeit* (Leipzig, 1823), 65, 103, ix, 83, vii, 148.

99. Yun Kyoung Kwon, "When Parisian Liberals Spoke for Haiti: French Antislavery Discourses on Haiti under the Restoration, 1814–30", *Atlantic Studies: Global Currents* 8, no. 3 (2011): 317–41.

100. "De M. Dunoyer et de quelques-uns de ses ouvrages", em Benjamin Constant, *Mélanges de littérature et de politique* (Paris, 1829), 128–62.

101. Citado por Kwon, "When Parisian Liberals Spoke", 326.

102. Adam Smith, *An Inquiry into the Nature and Causes of the Wealth of Nations* (1776; Chicago: University of Chicago Press, 1977), livro 1, cap. 11, 278.

103. David Todd, *L'Identité économique de la France. Libre-échange et protectionnisme, 1814–1851* (Paris: Grasset, 2008), 75.

104. Citado por Philippe Steiner, "Jean-Baptiste Say, la société industrielle et le libéralisme", em *La Pensée libérale. Histoire et controverses*, ed. Gilles Kévorkian (Paris: Ellipses, 2010), 105–32.

105. *Monthly Magazine* 6 (julho de 1796): 469–70.

106. Mary Wollstonecraft, *A Vindication of the Rights of Woman* (1792; Oxford: Oxford University Press, 2009), 134.

107. Madame de Staël, *De la littérature*, ed. Gérard Gengembre e Jean Goldzink (Paris: Flammarion, 1991), 336.

108. Louis de Bonald, *Du Divorce considéré au XIXe siècle relativement à l'état public de la société* (Paris: Le Clere, 1801), 5, 193, citado por Joan De Joan, *Tender Geographies: Women and the Origins of the Novel in France* (Nova York: Columbia University Press, 1991), 262.

109. Claire Goldberg Moses, *French Feminism in the 19th Century* (Albany: State University of Nova York Press, 1985), 6.

110. *Preuves frappantes de l'imminence d'une seconde révolution* (Paris, 1827).

111. *Avis à tous les bons français. Catéchisme antilibéral. Projets impies, immoraux et anarchiques du libéralisme* (Marseilles: M. Olive, n.d.), iij.

Capítulo Três: Liberalismo, Democracia e a Emergência da Questão Social, 1830-48

1. C. A. Bayly, "Liberalism at Large: Mazzini and Nineteenth-Century Indian Thought", em *Giuseppe Mazzini and the Globalisation of Democratic Nationalism, 1830–1920*, editado por C. A. Bayly and Eugenio F. Biagini (Oxford: Oxford University Press, 2008), 355-74.

2. Citado por F. B. Smith, "Great Britain and the Revolutions of 1848", *Labour History*, no. 33 (November 1977): 846.

3. A. Thiers, *La Monarchie de 1830* (Berlim, 1832), 150, 118.

4. François Guizot, *Histoire parlementaire de France, Recueil complet de discours prononcés dans les chambres de 1819 à 1848*, vol. 4 (Paris, 1863), 381.

5. Discurso de 13 de março de 1834, citado por Pierre Rosanvallon, *La Démocratie inachevée* (Paris: Gallimard, 2000), 115.

6. Etienne Cabet, *Révolution de 1830, et situation présente* (Paris: Gallica, 1833).

7. John Stuart Mill, *Autobiography*, em *The Collected Works of John Stuart Mill*, vol. 1: *Autobiography and Literary Essays*, ed. John M. Robson e Jack Stillinger (Toronto: University of Toronto Press, 1981), http://oll.libertyfund.org/titles/242.

8. "Prospects of France, I", *Examiner*, 19 de setembro de 1830, 594–95, em *The Collected Works of John Stuart Mill*, vol. 22, ed. Ann P. Robson and John M. Robson (Toronto: University of Toronto Press, 1986), http://oll.libertyfund.org/titles/256.

9. N°85, "French News", *Examiner*, 13 de fevereiro de 1831, 106, e "The Prospects of France", *Examiner*, 10 de abril de 1831, 225–26, em *The Collected Works of John Stuart Mill*, vol. 22, ed. Ann P. Robson e John M. Robson (Toronto: University of Toronto Press, 1986), http://oll.libertyfund.org/titles/256, ênfase adicionada.

10. *Easton Gazette*, 3 de março de 1832, 3; *Charleston Courier*, 14 de abril de 1831, 2; *Daily Picayune, April 13, 1839*, 2.

11. "Liberal, Liberalismus", em *Staats-Lexikon oder Encyclopädie der Staatswissenschaften*, vol. 9 (Altona: Verlag von Johann Friedrich Hammerich, 1840), 713-30.

12. Citado em Dieter Langewiesche, *Liberalism in Germany*, trad. Christiane Bannerji (Princeton: Princeton University Press, 2000), 12.

13. Citado por Rosanvallon, *La Démocratie inachevée*, 123n1.

14. Thomas Jefferson para William Short, 8 de janeiro de 1825, *Founders Online*, https://founders.archives.gov/documents/Jefferson/98-01-02-4848.

15. *Encyclopedia Americana. A Popular Dictionary of Arts, Sciences, Literature*, vol. 7 (Philadelphia, 1831), 533.

16. Alexis de Tocqueville, *Democracy in America*, vol. 2, livro 2, cap. 2 e introdução.

17. Aurelian Craiutu e Jeremy Jennings, "The Third 'Democracy': Tocqueville's Views of America after 1840", *American Political Science Review* 98, no. 3 (2004): 391-404.

18. Nadia Urbinati, "Giuseppe Mazzini's International Political Thought", introdução a *A Cosmopolitanism of Nations: Giuseppe Mazzini's Writings on Democracy, Nation Building, and International Relations*, ed. Stefano Recchia e Nadia Urbinati, trad. Stefano Recchia (Princeton: Princeton University Press, 2009), 3.

19. Citado por Denis Mack Smith, *Mazzini* (New Haven, CT: Yale University Press, 1994), 24.

20. John Morley, *The Life of William Ewart Gladstone* (Londres, 1903), livro 10, 478; Morley, *The Works of John Morley*, vol. 1 (Londres, 1921), 223.

21. John Stuart Mill para Peter Alfred Taylor, 22 de agosto de 1870, em *The Collected Works of John Stuart Mill*, vol. 17, ed. Francis E. Mineka and Dwight N. Lindley (Toronto: University of Toronto Press, 1972), 1759, http://oll.libertyfund.org/titles/254.

22. *Staats-Lexikon* (1834): 1:xxi.

23. Citado por F. Gunther Eyck, "English and French Influence on German Liberalism before 1848", *Journal of the History of Ideas* 18, no. 3 (1957): 314.

24. Citado por Thomas P. Neill, *The Rise and Decline of Liberalism* (Milwaukee: Bruce, 1953), 151.

25. Robert Owen's *Millennial Gazette*, no. 11 (1857): 58.

26. *New Moral World; or, Gazette of the Universal Community Society of Rational Religionists*, vol. 6 (Leeds, 1839), 673.

27. Cabet, *Révolution de 1830*, 362, 547.

28. "De la philosophie et du christianisme" (1832) e "La Carrosse de *M. Aguado*" (1847).

29. Victor Considérant, *Principes du socialisme suivie du procès de la démocratie pacifique* (Paris, 1847), 16.

30. Friedrich Engels, "Outlines of a Critique of Political Economy", em *The Young Hegelians*, ed. L. T. Stepelevich (Nova York: Cambridge University Press, 1983), 278–84.

31. Arthur Bestor, "The Evolution of the Socialist Vocabulary", *Journal of the History of Ideas* 9, 3 (1948): 259–302; e Gregory Claeys, "'Individualism', 'Socialism' and 'Social Science': Further Notes on a Conceptual Formation 1800– 1850", *Journal of the History of Ideas* 47, no. 1 (1986): 81–93.

32. Ver, por exemplo, Frédéric Bastiat, *Sophismes économiques* (Paris: Guillaumin, 1846), 139, ênfase adicionada.

33. *Journal des économistes* 8 (abril a julho de 1844): 60; 4 (dezembro de 1842 a março de 1843): 260.

34. Cobden, como citado por Anthony Howe, *Free Trade and Liberal England, 1846–1946* (Oxford: Clarendon, 1997), 119.

35. *Discours parlementaires de M. Thiers*, 16 vols., ed. M. Calmon (Paris, 1879–89), 9:139–43, ênfase adicionada.

36. Citado por Dennis Sherman, "The Meaning of Economic Liberalism in Mid-Nineteenth Century France", *History of Political Economy* 6, no. 2 (1974): 185.

37. Frédéric Bastiat, "À Messieurs les électeurs de l'arrondissement de SaintSéver", in *Œuvres complètes de Frédéric Bastiat* (Paris: Guillaumin et Cie, 1855), 1:464.

38. Louis Blanc, *Louis Blanc on the Working Classes: With Corrected Notes, and a Refutation of His Destructive Plan*, trad. James Ward (Londres, 1848), 223.

39. Ver, por exemplo, Louis Blanc, *The History of Ten Years; or, France under Louis Philippe*, trad. Walter Kelly (Philadelphia: Lea & Blanchard, 1848), 83, 19.

40. Tocqueville, *Democracy in America*, vol. 2, livro 3, cap. 7; livro 4, cap. 7; e *Memoir on Pauperism*, ed. e trad. Seymour Drescher (Londres: IEA, 1917), 36, 16.

41. Jonathan Riley, introdução a John Stuart Mill, *Principles of Political Economy and Chapters on Socialism*, ed. Jonathan Riley (Oxford: Oxford University Press, 2008).

42. Mill, *Principles of Political Economy*, livro 5, cap. 11, 335; cap. 1, 161, 162, 165.

43. Mark Donoghue, "The Early Economic Writings of William Thomas Thornton", *History of Political Economy* 39, no. 2 (2007): 209–52.

44. J. R. McCulloch, *Principles of Political Economy*, 5° ed. (Edimburgo: Charles Black, 1864), 187–88.

45. David Roberts, *The Victorian Origins of the British Welfare State* (New Haven, CT: Yale University Press, 1960), 81.

46. William Leggett, "The Natural System", 179, e "The Legislation of Congress", 20, ambos em *Democratick Editorials: Essays in Jacksonian Political Economy* (1834), http://oll.libertyfund.org/titles/leggett-democratick-editorials-*essays-in-jacksonian-political-economy*.

47. Francis Lieber, citado em *The Progressive Evolution in Politics and Political Science: Transforming the American Regime*, ed. John Marini e Ken Masugi (Lanham, MD: Rowman & Littlefield, 2005), 227–28.

48. Francis Lieber, *Manual of Political Ethics: Designed Chiefly for the Use of Colleges*, 2° ed. (Boston, 1847), 347.

49. Rudolf Walther, "Economic Liberalism", trad. Keith Tribe, *Economy and Society* 13, no. 2 (1984): 178–207.

50. Steven Lukes, "The Meanings of 'Individualism'", *Journal of the History of Ideas* 32, no. 1 (1971): 54.

51. Citado por Donald Rohr, *The Origins of Social Liberalism in Germany* (Chicago: University of Chicago Press, 1963), 130.

52. Uma lista de intervenções governamentais necessárias é fornecida por Rohr, *Origins*, 127.

53. "Eigenthum", *Das Staatslexikon*, 2° ed., ed. Karl von Rotteck and Karl Welcker (1846), 4:211–17. Para outras políticas intervencionistas defendidas por Rotteck, ver Rohr, *Origins*, 110–11.

54. Marwan Buheiry, "Anti-colonial Sentiment in France during the July Monarchy: The Algerian Case" (PhD diss., Princeton University, 1973), 230.

55. T. P. Thompson, "East India Trade", *Westminster Review* 14 (janeiro 1831): 101; ver também "The British in India", *Westminster Review* 4 (outubro 1825): 265–66.

56. Bernard Semmel, *The Rise of Free Trade Imperialism: Classical Political Economy, the Empire of Free Trade and Imperialism 1750–1850* (Cambridge: Cambridge University Press, 1970), 154.

57. Anna Gambles, *Protection and Politics in Conservative Economic Discourse, 1815–1852* (Suffolk: Boydell Press, 1999), 241.

58. Tocqueville, citado por Melvin Richter, "Tocqueville on Algeria", *Review of Politics* 25, no. 3 (1963): 379.

59. J.-J. O. Pellion, "Alger-Algérie", em *Dictionnaire politique; Encyclopédie du langage et de la science politiques* (Paris: Pagnerre, 1842), 48.

60. Como citado em Semmel, *Rise*, 148.

61. John Stuart Mill, *Principles of Politics*, ed. Jonathan Riley (Oxford: Oxford University Press, 2008), 119.

62. Jean-Baptiste Say, *De l'Angleterre et les Anglais* (Paris, 1815), 55.

63. Jennifer Sessions, *By Sword and Plow: France and the Conquest of Algeria* (Ithaca, NY: Cornell University Press, 2015), 179.

64. John Stuart Mill, *On Liberty* (1859), cap. 1.

65. Citado em Helena Rosenblatt, *Liberal Values: Benjamin Constant and the Politics of Religion* (Cambridge: Cambridge University Press, 2008), 203.

66. *L'Avenir*, January 3, 1831.

67. J.-C.-L. Simonde de Sismondi, *Epistolario*, vol. 3, ed. Carlo Pelligrini (Florence: La nuova Italia, 1933–75), #437, 123.

68. "Kirschenverfassung, katholische", *Staats-Lexikon* (1840): 9:310–27; Friedrich Kolb, "Klöster", *Staats-Lexikon* (1840): 9:416–51; S. Jordan, "Jesuiten", *Staats-Lexikon* (1839): 8:437–538, 538; citado por Bigler, *Politics of German Protestantism*, 194; Andreas Buchner, "Religion", *Staats-Lexikon* (1848): 11:475.

69. "Heilige Schriften des neuen Testaments", *Staats-Lexikon* (1847): 6:668; Gotllieb Christian Abt, "Atheismus", *Staats-Lexikon* (1845): 1:755, 752, 754.

70. Andrew Gould, *Origins of Liberal Dominance: State, Church and Party in Nineteenth-Century Europe* (Ann Arbor: University of Michigan Press, 1999), 75.

71. Não tenho certeza se eles ainda se chamavam de "judeus liberais". O uso mais antigo que eu encontrei do termo está na oitava carta de Moses Hess de Roma e Jerusalém, de 1862, onde ele fala de "círculos liberais do judaísmo alemão", "judeu liberal" e "cristão liberal". Ver http://www.zionism-israel.com/zionism_docu ments.htm.

72. Dagmar Herzog, https://www.ohio.edu/chastain/rz/strg.htm, and *Intimacy and Exclusion: Religious Politics in Baden 1803–1849* (Princeton: Princeton University Press, 1996), 117.

73. O antissemitismo liberal alemão é explorado em Marcel Stoeltzer, *The State, the Nation and the Jews: Liberalism and the Anti-Semitism in Bismarck's Germany* (Lincoln: University of Nebraska Press, 2008).

74. Malcolm Chase, *Chartism: A New History* (Manchester: Manchester *University Press*, 2007).

75. Etienne Cabet, *Le vrai Christianisme suivant Jésus Christ* (Paris, 1846); Edward Berenson, *Populist Religion and Left-Wing Politics in France* (Princeton: Princeton University Press, 1984).

76. Giuseppe Mazzini, "On the Duties of Man" (Londres, 1862).

Capítulo Quatro: A Questão do Caráter

1. William Fortescue, "Morality and Monarchy: Corruption and the Fall of the Regime of Louis-Philippe in 1848", *French History* 16, no. 1 (2002): 83– 100.
2. Mill, citado por Georgios Varouxakis, "French Radicalism through the Eyes of John Stuart Mill", *History of European Ideas* 30 (2004): 450.
3. John Stuart Mill, "Vindication of the French Revolution of February 1848", em *The Collected Works of John Stuart Mill*, vol. 20, ed. John M. Robson (Toronto: University of Toronto Press, 1985), 325, http://oll.libertyfund.org/titles/235.
4. Citado em Eugene Curtis, *The French Assembly of 1848 and American Constitutional Doctrine* (Nova York: Columbia University, 1918), 83.
5. Citado por David Barclay, *Frederick William IV and the Prussian Monarchy 1840–1862* (Oxford: Oxford University Press, 1995), 134.
6. Citado por Tim Chapman, *The Risorgimento: Italy, 1815–1871* (Humanities e-books, 2010), 42.
7. *Journal des Débats*, citado por John Merriman, *The Agony of the Left: Repression of the Left in Revolutionary France* (New Haven, CT: Yale University Press, 1978), 24.
8. Adolphe Thiers, *De la propriété* (Paris: Paulin, 1848), 179.
9. Citado em Michael Burleigh, *Earthly Powers: The Clash of Religion and Politics in Europe from the French Revolution to the Great War* (Nova York: HarperCollins, 2005), 208.
10. Adolphe Thiers, *De la propriété*, 383.
11. Citado por Pamela Pilbeam, *French Socialists before Marx: Workers, Women and the Social Question in France* (Montreal: McGill-Queen's University Press, 2000), 69.
12. Citado por Roger D. Price, *Napoleon III and the Second Empire* (Londres: Routledge, 1997), 254.
13. Allan Mitchell, *The Divided Path: The German Influence on Social Reform in France after 1870* (Chapel Hill: University of North Carolina Press, 2010), 10.
14. Mill, "Vindication of the French Revolution", 354.
15. Ver Alexandre Laya, *France et Amérique ou des institutions républicaines* (1850) e Auguste Romieu, *L'ère des Césars* (1850), um livro traduzido para o alemão no ano seguinte.
16. *Histoire de Jules César*, t. 1, 280, citado por Pierre Rosanvallon, *La Démocratie inachevée* (Paris: Gallimard, 2000), 194.
17. Melvin Richter, "Tocqueville, Napoleon and Bonapartism", em *Reconsidering Tocqueville's* Democracy in America, ed. S. E. Eisenstadt (New Brunswick, NJ: Rutgers University Press, 1988), 110–45.

18. Varouxakis, "French Radicalism."
19. Citado por David Barclay, "Prussian Conservatives and the Problem of Bonapartism", em *Dictatorship in History and Theory: Bonapartism, Caesarism and Totalitarianism*, ed. P. R. Baehr e Melvin Richter (Cambridge: Cambridge University Press, 2004), 67.
20. Burleigh, *Earthly Powers*, 210.
21. Joseph Gaume, *Le ver rongeur des sociétés modernes ou le paganisme dans l'éducation* (Paris, 1851), 1–2.
22. Juan Donoso Cortés, citado por Thomas Neill, "Juan Donos Cortés: History and 'Prophesy,'" *Catholic History Review* 40 (janeiro 1955): 403.
23. *Ibid.*, 401.
24. Citado em Michael Gross, *The War against Catholicism: Liberalism and the Anti-Catholic Imagination in Nineteenth-Century Germany* (Ann Arbor: University of Michigan Press, 2004), 48, 93.
25. Vierhaus, "Liberalismus", 77.
26. Citado por James Sheehan, "The German States and the European Revolution", em *Revolution and the Meanings of Freedom in the Nineteenth Century*, ed. Isser Woloch (Stanford: Stanford University Press, 1996), 275.
27. Alexis de Tocqueville, *Recollections: The French Revolution of 1848*, ed. J. P. Mayer e A. P. Kerr, trad. George Lawrence (New Brunswick, NJ: Transaction, 2003), 35, 74.
28. Richard Rohrs, "American Critics of the French Revolution of 1848", *Journal of the Early Republic* 14, no. 3 (Autumn 1994): 376.
29. W. R. Greg, "Difficulties of Republican France", *Edinburgh Review* 92 (1850): 523–24.
30. *Aberdeen Journal*, 29 de março, 1848.
31. *Bristol Gazette*, 8 de julho, 1852, como citado por Andrew Robertson, *The Language of Democracy: Political Rhetoric in the United States and Britain, 1790–1900* (Charlottesville: University of Virginia Press, 2005), 112.
32. Frédéric Bastiat, *The Law*, em *Œuvres complètes*, 1:97.
33. "Economie politique", em *Dictionnaire de l'économie politique*, vol. 1, ed. Ch. Coquelin et Guillaumin (Paris, 1873), 666.
34. Frédéric Bastiat, *Harmonies of Political Economy* (Londres, 1860).
35. John Stuart Mill, *Autobiography*, em *The Collected Works of John Stuart Mill*, vol. 1, ed. John M. Robson e Jack Stillinger (Toronto: University of Toronto Press, 1981), 241, http://oll.libertyfund.org/titles/242.

36. John Stuart Mill, prefácio para a terceira edição de *Principles of Political Economy*, em *The Collected Works of John Stuart Mill*, vol. 2, ed. John M. Robson (Toronto: University of Toronto Press, 1965), http://oll.libertyfund.org/titles/102.

37. Ver Alan Kahan, *Aristocratic Liberalism: The Social and Political Thought of Jacob Burckhardt, John Stuart Mill and Alexis de Tocqueville* (New Brunswick, NJ: Transaction, 2001), para uma explicação convincente da visão de Mill sobre o socialismo.

38. François Huet, *La Science de l'Esprit* (Paris, 1864), 306.

39. François Huet, *Le Règne social du christianisme* (Paris, 1853).

40. Charles Dupont-White, *L'Individu et l'état* (Paris: Guillaumin, 1856, 1865), 5.

41. Charles Dupont-White, *Essai sur les relations du travail* (Paris: Guillaumin, 1846), 358, 369, 346.

42. Tocqueville, *Democracy in America*, livro 3, cap. 9.

43. Como citado por Timothy M. Roberts, *Distant Revolutions: 1848 and the Challenge to American Exceptionalism* (Charlottesville: University of Virginia Press, 2009), 91.

44. Giuseppe Mazzini, *An Essay on the Duties of Man Addressed to Working Men* (Nova York, 1892), 64–69, publicado originalmente em italiano, em 1860.

45. John Stuart Mill, "On the Subjection of Women", em *On Liberty and Other Writings*, ed. Stefan Collini (Cambridge: Cambridge University Press, 1989).

46. Sarah Grimké, *Letters on the Equality of the Sexes and the Condition of Women* (Boston, 1838), 11.

47. Mill, "On the Subjection of Women", 138.

48. Como citado por Gross, *War against Catholicism*, 201.

49. John Stuart Mill, "Inaugural Address Delivered to the University of St. Andrews", em *The Collected Works of John Stuart Mill*, vol. 21, ed. John M. Robson, introdução por Stefan Collini (Toronto: University of Toronto Press, 1984), 244, http://oll.libertyfund.org/titles/255.

50. John Stuart Mill, "Utility of Religion", em *The Collected Works of John Stuart Mill*, vol. 10, ed. John M. Robson (Londres: Routledge and Kegan Paul, 1985), 422, http://oll.libertyfund.org/titles/241.

51. Citado por Gregory Claeys, "Mazzini, Kossuth and British Radicalism, 1848–1854", *Journal of British Studies* 28, no. 3 (1989): 237.

52. Johann Bluntschli, *Staatswörterbuch in drei Bänden*, ed. Edgar Löning (Zurique, 1871–72), 2:479.

53. Jules Simon, *La religion naturelle* (Paris, 1857).

54. J. J. Clamageran, *De l'état actuel du protestantisme en France* (Paris, 1857).

55. Como citado por Gross, *War against Catholicism*, 93.

56. Citado por Stefan-Ludwig Hoffmann, "Brothers and Strangers? Jews and Freemasons in Nineteenth Century Germany", *German History* 18, no. 2 (2000): 157.

57. Citado em Robin Healy, *The Jesuit Specter in Imperial Germany* (Leiden: Brill, 2003), 48, ênfase adicionada.

58. "Jews", em Bluntschli, *Staatswörterbuch*, 2:306–11.

59. "Freemasonry", em Bluntschli, *Staatswörterbuch*, 1:684–86.

60. Citado por Stefan-Ludwig Hoffmann, "Civility, Male Friendship and Masonic Sociability in Nineteenth-Century Germany", *Gender and History* 13, no. 2 (2001): 231.

61. *Essays on Church and State*, ed. Douglas Woodruff (Londres, 1834), 82, 42, 37, 71.

Capítulo Cinco: Cesarismo e Democracia Liberal

1. Karl Marx, *The Eighteenth Brumaire of Louis Bonaparte*, citado por David Baguley, *Napoleon III and His Regime: An Extravaganza* (Baton Rouge: Louisiana State University Press, 2000), 277, e Richard Price, *Napoleon III and the Second Empire* (Londres: Routledge, 1997), 3.

2. Citado por Timothy M. Roberts, *Distant Revolutions: 1848 and the Challenge to American Exceptionalism* (Charlottesville: University of Virginia Press, 2009), 140.

3. *Ibid.*, 143.

4. Aurelian Craiutu e Jeremy Jennings, "The Third 'Democracy': Tocqueville's Views of America after 1840", *American Political Science Review* 98, no. 3 (2004): 391–404.

5. Tocqueville, *Democracy in America*, livro 4, cap. 6.

6. Napoleon III, *History of Julius Caesar* (Nova York, 1865), 1:xi–xiv.

7. Por exemplo, V. Vidal, *L'opposition libérale en 1863* (Paris, 1863); *La Coalition libérale*, par. Ernest Duvergier de Hauranne (Paris, 1869); *L'Union libérale et les partis*, par. E. Wiart (Paris, 1870); *Programme libéral par Louis de Lavalette* (Paris, 1869); C. de Senneval, *Napoléon III et la France libérale* (Paris, 1861); Henri Galos, *Le Gouvernement libéral en France, Extrait de la Revue des deux mondes*, 1 de setembro de 1869.

8. Jules Simon, *La politique radicale* (Paris, 1868), citado por Françoise Melonio, "Les libéraux français et leur histoire", em *Les libéralismes, la théorie politique et l'histoire*, ed. Siep Stuurman (Amsterdam: Amsterdam University Press, 1994), 36.

9. Edouard de Laboulaye, *Le parti libéral, son programme, son avenir*, 5° ed. (Paris, 1864), v.

10. Galos, *Le Gouvernement libéral en France*, 10.

11. Este artigo foi traduzido e publicado em inglês em *Cyclopaedia of Political Science, Political Economy, and of the Political History of the United States: By the Best American and European Writers*, vol. 2, ed. John J. Lalor (1881; Nova York: Merrill, 1889).

12. Montalembert, *L'Eglise libre dans l'Etat libre. Extrait du Journal de Bruxelles des 25 et 26 août 1863* (Bruxelas, 1863), 19, 132.

13. *L'Eglise Libre dans l'Etat Libre. Discours prononcés au congrès catholique de Malines par Le Comte de Montalembert* (Paris: Douniol, 1863), 17.

14. Walter Bagehot, "Caesarianism as It Now Exists", em *The Collected Works of Walter Bagehot*, vol. 4, ed. St. Johns-Stevas (Londres, 1868), 111–16.

15. Como citado por Peter Baehr, *Caesarism, Charisma and Fate: Historical Sources and Modern Resonances in the Work of Max Weber* (New Brunswick, NJ: Transaction, 2009), 40.

16. "Libéralisme", publicado como um apêndice para Lucien Jaume, *L'individu effacé ou le paradoxe du libéralisme français* (Paris: Fayard, 1997), 557–67.

17. Louis Veuillot, *L'Illusion libérale*, 5° ed. (Paris, 1866), 99.

18. Albert Réville, *Théodore Parker. Sa vie et ses œuvres. Un chapitre de l'histoire de l'abolition de l'esclavage aux Etats-Unis* (Paris, 1865), 237.

19. Discurso em Peoria, Illinois, 16 de outubro de 1854, em *Collected Works of Abraham Lincoln*, vol. 2 (Ann Arbor: University of Michigan Digital Library Production Services, 2001), 276.

20. Agénor de Gasparin, *Les Etats-Unis en 1861: Un grand peuple qui se relève* (Paris, 1861); *L'Amérique devant l'Europe, principes et intérêts* (Paris, 1862), 483.

21. *Collected Works of Abraham Lincoln*, vol. 5, ed. Roy P. Basler (New Brunswick, NJ: Rutgers University Press, 1953), 355–56, como citado por Timothy Verhoeven, *Transatlantic Anti-Catholicism: France and the United States in the Nineteenth Century* (Nova York: Palgrave Macmillan, 2010), 39.

22. Citado em Leslie Butler, "The Mugwump Dilemma. Democracy and Cultural Authority in Victorian America" (PhD diss., Yale University, 1997), 165; Leslie Butler, *Critical Americans: Victorian Intellectuals and Transatlantic Liberal Reform* (Chapel Hill: University of North Carolina Press, 2007), 69, 83; "England and America", *Atlantic Monthly* 14, no. 86 (dezembro 1864): 756; Butler, *Critical Americans*, 86; Adam I. P. Smith, "'The Stuff Our Dreams Are Made Of': Lincoln in the English Imagination", em *The Global Lincoln*, ed. Richard Carwardine e Jay Sexton (Oxford: Oxford University Press, 2011), 125; Butler, *Critical Americans*, 89.

23. Luca Codignola, "The Civil War: The View from Italy", *Reviews in American History* 3, no. 4 (1975): 457–61.

24. Papa Pio IX para Jefferson Davis, em Varina Davis, *Jefferson Davis: Ex-president of the Confederate States of America: A Memoir by His Wife Varina Davis* (Baltimore: Nautical and Aviation Publishing Company, 1990), 2:448.

25. Citado em John McGreevy, *Catholicism and American Freedom: A History* (Nova York: Norton, 2003), 85.

26. Charles de Montalembert, "La Victoire du Nord aux Etats-Unis", em *Œuvres polémiques et diverses de M. le comte de Montalembert t. 3* (Paris: Lecoffre Fils et Cie, Successeurs, 1868), 345.

27. Giuseppe Mazzini, "To Our Friends in the United States", em *A Cosmopolitanism of Nations: Giuseppe Mazzini's Writings on Democracy, Nation Building, and International Relations*, ed. Stefano Recchia and Nadia Urbinati, trad. Stefano Recchia (Princeton: Princeton University Press, 2009).

28. Charles Norton, "American Political Ideas", *North American Review* 101, no. 209 (1865): 550–66.

29. Stephen Sawyer, "An American Model for French Liberalism: The State of Exception in Edouard Laboulaye's Constitutional Thought", *Journal of Modern History* 85, no. 4 (2013): 739–71.

30. *Speeches, Correspondence and Political Papers of Carl Schurz*, vol. 2, ed. Frederic Bancroft (Nova York: Putnam, 1913), 356.

31. *Liberator*, 11 de março de 1864.

32. Citado em Cedric Collyer, "Gladstone and the American Civil War", em *Proceedings of the Leeds Philosophical and Literary Society* (Leeds: Leeds Philosophical and Literary Society, 1944–52).

33. Stephen Peterson, "Gladstone, Religion, Politics and America: Perceptions in the Press" (PhD diss., University of Stirling, 2013).

34. Max Weber, *Politics as a Vocation*, em *Max Weber's Complete Writings on Academic and Political Vocations*, ed. John Dreijmans, trad. Gordon Wells (Nova York: Algora, 2008), 183.

35. *Discursos do Honorável William Ewart Gladstone, M. A., no sudoeste de Lancashire, outubro de 1868* (Liverpool, n.d.), 27.

36. Citado por David W. Bebbington, *The Mind of Gladstone: Religion, Mind and Politics* (Oxford: Oxford University Press, 2004), 282.

37. Alan Kahan, *Liberalism in Nineteenth-Century Europe: The Political Culture of Limited Suffrage* (Nova York: Palgrave Macmillan, 2003), 135.

38. Citado por Stefan Collini, *Public Moralists: Political Thought and Intellectual Life in Britain* (Oxford: Oxford University Press, 1991), 65.

39. Bebbington, *Mind of Gladstone*, 257.
40. Citado por John Vincent, *The Foundations of the Liberal Party* (Londres: Constable, 1966), 160.
41. Baehr, *Caesarism, Charisma and Fate*; ver também Peter Baehr, "Max Weber as a Critic of Bismarck", *European Journal of Sociology* 29, no. 1 (1988): 149–64.
42. Citado por Jonathan Steinberg, *Bismarck: A Life* (Oxford: Oxford University Press, 2013), 247, 244.
43. Hermann Beck, *The Origins of the Authoritarian Welfare State in Prussia: Conservatives, Bureaucracy and the Social Question, 1815–70* (Ann Arbor: University of Michigan Press, 1997).
44. "Liberalismus", in Hermann Wagener, *Staatslexikon*, vol. 12 (Berlim, 1863), 279–80.
45. Citado por James J. Sheehan, *German Liberalism in the Nineteenth Century* (Nova York: Humanity Books, 1995), 117.
46. Citado em Peter Baehr, ed., *Caesarism, Charisma and Fate: Historical Sources and Modern Resonances in the Work of Max Weber* (Nova York: Transaction, 2008), 36, https://www.researchgate.net/publication/265729593_Caesar ism_Charisma_and_Fate/overview.
47. Citado por Verhoeven, *Transatlantic Anti-Catholicism*, 173.
48. Citado por Michael Gross, *The War against Catholicism: Liberalism and the Anti-Catholic Imagination in Nineteenth-Century Germany* (Ann Arbor: University of Michigan Press, 2004), 207, 258, ênfase adicionada.
49. Citado em Francis Arlinghaus, "British Public Opinion and the Kulturkampf, 1871–1875", *Catholic Historical Review* 34, no. 4 (janeiro 1949): 389.
50. *Fraser's Magazine* (1873), citado em Arlinghaus, "British Public Opinion", 392.
51. Citado por McGreevy, *Catholicism and American Freedom*, 100; Peterson, "Gladstone, Religion, Politics and America", 111; McGreevy, *Catholicism and American Freedom*, 99.
52. Citado por McGreevy, *Catholicism and American Freedom*, 107.
53. Citado em Richard Shannon, *Gladstone: God and Politics* (Nova York: Continuum, 2007), 263.
54. Citado em Arlinghaus, "British Public Opinion", 395.
55. Oskar Klein-Hattingen, *Geschichte des Deutschen Liberalismus*, vol. 2 (Berlin, 1912), 649.
56. Citado em Steinberg, *Bismarck*, 108, ênfase original.

Capítulo Seis: A Batalha para Secularizar a Educação

1. *Beneficia Dei*, 4 de junho de 1871.

2. *New York Times*, 17 de abril de 1871.

3. Citado em Nancy Cohen, *The Reconstruction of American Liberalism, 1865–1914* (Chapel Hill: University of North Carolina Press, 2002).

4. Alfred Fouillée, *La Réforme intellectuelle et morale* (Paris, 1871).

5. Georgios Varouxakis, "French Radicalism through the Eyes of John Stuart Mill", *History of European Ideas* 30 (2004): 457.

6. Citado por John McGreevy, *Catholicism and American Freedom: A History* (Nova York: Norton, 2003), 114.

7. Citado em *Dictionnaire de pédagogie et d'instruction primaire*, parte 1, tomo 1, ed. Ferdinand Buisson (Paris: Hachette, 1887), 1090.

8. Eugène Spuller, "La République et l'enseignement" (1884), em *Education de la démocratie troisième série de conférences populaires* (Paris, 1892), 30–31.

9. Citado em Patrick Cabanel, "Catholicisme, protestantisme et laïcité: réflexion sur la trace religieuse dans l'histoire contemporaine de la France", *Modern & Contemporary France* 10, no. 1 (2002): 92.

10. George Chase, "Ferdinand Buisson and Salvation by National Education", em *L'offre d'école: éléments pour une étude comparée des politiques éducatives au XIXe siècle: actes du troisième colloque international, Sèvres, 27–30 septembre 1981* (Paris: Publications de la Sorbonne, 1983), 263–75.

11. Citado em Patrick Cabanel, *Le Dieu de la République. Aux sources protestantes de la laïcité (1860–1900)* (Rennes: Presses Universitaires de Rennes, 2003), 63.

12. Ferdinand Buisson, *L'Ecole et la nation en France. Extrait de l'Année Pédagogique* (1913), 15.

13. Pierre Ognier, *Une école sans Dieu? 1880–1895. L'invention d'une moral laïque sous la IIIème république* (Toulouse: Presses universitaires du Mirail, 2008), 33.

14. As ideias de Mann foram apresentadas aos franceses por Laboulaye. A *Revue pédagogique* publicou trechos de sua obra e, em 1888, *Horace Mann, son œuvre et ses écrits*, foi publicado, com uma segunda edição em 1897.

15. Ognier, *Une école sans Dieu?*, 34.

16. Ver Paul Bert, *L'instruction civique à l'école: notions fondamentales* (Paris, 1882).

17. Judith Surkis, *Sexing the Citizen: Morality and Masculinity in France, 1870–1920* (Ithaca, NY: Cornell University Press, 2011), 48.

18. Aqui estou seguindo muito de perto Sanford Elwitt, *The Making of the Third Republic: Class and Politics in France, 1868–1884* (Baton Rouge: Louisiana State University Press, 1975).

19. Jules Simon, citado em Sandra A. Horvath, "Victor Duruy and the Controversy over Secondary Education for Girls", *French Historical Studies* 9, no. 1 (1975): 83–104.

20. Ferdinand Buisson, "Filles", em *Dictionnaire de pédagogie et d'instruction primaire*, parte 1, tomo 1 (Paris, 1887), 1011–25.

21. Henri Marion, *L'éducation des jeunes filles* (Paris, 1902).

22. Ver, por exemplo, *L'homme, la famille et la société considérés dans leurs rapports avec le progrès moral de l'humanité*, vol. 2, *La famille* (Paris, 1857), 15–16.

23. Bishop McQuaid e Francis E. Abbot, *The Public School Question, as Understood by a Catholic American Citizen, and by a Liberal American Citizen. Two Lectures, before the Free Religious Association, in Horticultural Hall, Boston* (Boston: Free Religious Association, 1876).

24. Amy Hackett, "The Politics of Feminism in Wilhelmine Germany, 1890–*1918*" (PhD diss., Columbia University, 1976), 15.

25. Elizabeth Cady Stanton, Susan B. Anthony, e Matilda Joslyn Gage, eds., *History of Woman Suffrage*, 3 vols. (Londres, 1887).

26. *New York Daily Tribune*, 18 de março de 1895, 101.

27. Patrick Carey, *Catholics in America: A History* (Westport, CT: Praeger, 2004).

28. Citado em Roderick Bradford, *D. M. Bennett: The Truth Seeker* (Amherst, NY: Prometheus Books, 2006), 356.

29. Linda Gordon, "Voluntary Motherhood: The Beginnings of Feminist Birth Control in the United States", *Feminist Studies* 1, nos. 3–4 (1973): 11.

30. Ibid., 11.

31. E. Lynn Lynton, "The Revolt against Matrimony", *Forum* 19 (janeiro 1891): 585, 593.

32. Timothy Verhoeven, *Transatlantic Anti-Catholicism: France and the United States in the Nineteenth Century* (Nova York: Palgrave Macmillan, 2010).

33. Citado por Sandra Horvath, "Victor Duruy and the Controversy over Secondary Education for Girls", *French Historical Studies* 9, no. 1 (1975): 94.

34. Ibid., 88.

35. Foi traduzido e publicado nos Estados Unidos pela *National Catholic Welfare Conference* em 1939. A tradução em inglês tem o título menos beligerante de *What Is Liberalism?*

36. Robert Cross, *The Emergence of Liberal Catholicism in America* (Chicago: Quadrangle, 1968), 201–2.

37. Ibid., 201–2.

38. Citado em Jay Dolan, *The American Catholic Experience: A History from Colonial Times to the Present* (Garden City, NY: Doubleday, 1987), 312.

39. *Histoire critique du catholicisme libéral jusqu'au pontificat de Léon XIII (Saint-Dizier, 1897).*

40. Papa Leão XIII, *Testem Benevolentiae Nostrae: Concerning New Opinions, Virtue, Nature and Grace, with Regard to Americanism* (1899), http://www.papalencyclicals.net/leo13/l13teste.htm.

41. Benjamin Martin Jr., "The Creation of the Action Libérale Populaire: An Example of Party Formation in Third Republic France", *French Historical Studies* 9, no. 4 (1976): 660–89.

Capítulo Sete: Dois Liberalismos

1. *Jahrbücher für Nationalökonomie und Statistik* 21 (1873): 122.

2. Citado em Robert Adcock, *Liberalism and the Emergence of American Political Science: A Transatlantic Tale* (Oxford: Oxford University Press, 2014), 83.

3. Paul Leroy-Beaulieu, *L'Etat Moderne et ses fonctions*, troisième ed., revue et augmenté (1889; Paris: Guillaumin, 1900).

4. Paul Cère, *Les populations dangereuses et les misères sociales* (Paris, 1872), 116, 306, citado em John Weiss, "Origins of the French Welfare State: Poor Relief in the Third Republic, 1871–1914", *French Historical Studies* 13, no. 1 (1983): 47–78.

5. Charles Gide, "The Economic Schools and the Teaching of Political Economy in France", *Political Science Quarterly* 5, no. 4 (1890): 603–35.

6. Richard White, *The Republic for Which It Stands: The United States during Reconstruction and the Gilded Age, 1865–1896* (Oxford: Oxford University Press, 2017).

7. Citado por Adcock, *Liberalism and the Emergence of American Political Science*, 47.

8. E. L. James, "History of Political Economy", em *Cyclopaedia of Political Science, Political Economy, and of the Political History of the United States: By the Best American and European Writers*, vol. 2, ed. John J. Lalor (1881; Nova York: Merrill, 1889).

9. Herbert Spencer, *The Man versus the State*, em *Political Writings*, ed. John Offer (Cambridge: Cambridge University Press, 1993), 77–78.

10. William Graham Sumner, *What Social Classes Owe Each Other* (Nova York, 1883).

11. Sidney Fine, *Laissez Faire and the General-Welfare State* (Ann Arbor: University of Michigan Press, 1969), 56.

12. *Daily Chronicle*, 30 de janeiro de 1896, 4, citado por Peter Weiler, *The New Liberalism: Liberal Social Theory in Great Britain, 1889–1914* (Londres: Routledge, 1982), 66.

13. John A. Hobson, *The Crisis of Liberalism: New Issues of Democracy* (Londres: P.S. King & Son, 1909), 3, xiii.

14. "Are We all Socialists Now?", *Speaker*, 13 de maio de 1893, citado em Michael Freeden, *The New Liberalism* (Oxford: Clarendon, 1978), 26.

15. Winston Spencer Churchill, *Liberalism and the Social Problem: A Collection of Early Speeches as a Member of Parliament* (Londres: Hodder & Stoughton, 1909), 43.

16. Francis A. Walker, "Socialism", em *Discussions in Economics and Statistics* (1887; Nova York, 1899), 2:250.

17. "Socialism and Communism", em Johann Bluntschli, *Staatswörterbuch in drei Bänden*, ed. Edgar Löning (Zurique, 1871-72), 3:476-97.

18. Serge Audier, *Le Socialisme libéral* (Paris: La Découverte, 2006).

19. Léon Bourgeois, *Essai d'une philosophie de la Solidarité* (Paris, 1907), 34.

20. Leonard T. Hobhouse, *Democracy and Reaction* (Londres: T. Fisher Unwin, 1904), 229.

21. Hobson, *Crisis of Liberalism*, 3, 92, 138.

22. *Journal des débats*, 16 de março de 1889, 1.

23. Citado em Judith Surkis, *Sexing the Citizen: Morality and Masculinity in France, 1870–1920* (Ithaca, NY: Cornell University Press, 2011), 130.

24. Hobson, *Crisis of Liberalism*, 132.

25. Churchill, *Liberalism and the Social Problem* (1909), um discurso proferido em 1908 sob o título "Liberalism and Socialism."

26. Um dos personagens do popular, mas polêmico, *Robert Elsemere* (1888), da Sra. Humphrey Ward, foi inspirado nele.

27. Citado em G.F.A. Best, "The Religious Difficulties of National Education in England, 1800-70", *Cambridge Historical Journal* 12, no. 2 (1956): 171, ênfase adicionada.

28. Joseph Henry Allen, *Our Liberal Movement in Theology* (Boston: Roberts Brothers, 1892).

29. Citado por William Shanahan, "Friedrich Naumann: A Mirror of Wilhelmian Germany", *Review of Politics* 13, no. 3 (1951): 272.

30. Richard Ely, "The Next Thing in Social Reform", *Methodist Magazine* 36 (dezembro 1892): 151.

31. John A. Hobson, *The Social Problem: Life and Work* (Londres: James Nisbet, 1902), 214.

32. Citado por Thomas Leonard, *Illiberal Reformers: Race, Eugenics and American Economics in the Progressive Era* (Princeton: Princeton University Press, 2016), 74.

33. *Ibid.*, 110.

34. *Ibid.*, 50.

35. 35. *Ibid.*, 170.

36. Karen Offen, "Depopulation, Nationalism, and Feminism in Fin-de-Siècle France", *American Historical Review* 89, no. 3 (1984): 648-76; Philip Nord, "The Welfare State in France 1870-1914", *French Historical Studies* 18, no. 3 (1994): 821-38.

37. Herbert Samuel, *Contemporary Liberalism in England* (Londres, 1902), 246, 249, 250.

38. Citado por Millicent Fawcett, *Women's Suffrage: A Short History of a Great Movement* (CreateSpace, 2016).

39. David Morgan, *Suffragists and Liberals: The Politics of Woman Suffrage in England* (Lanham, MD: Rowman & Littlefield, 1975); Constance Rover, *Women's Suffrage and Party Politics in Britain 1866-1914* (Londres: Routledge, 1967); ver também Brian H. Harrison, *Separate Spheres: The Opposition to Women's Suffrage in Britain* (Londres: Croom Helm, 1978); Allison L. Sneider, *Suffragists in an Imperial Age: U.S. Expansion and the Woman Question, 1870-1929* (Oxford: Oxford University Press, 2008).

40. Citado por Amy Hackett, "The Politics of Feminism in Wilhelmine Germany, 1890-1918" (PhD diss., Columbia University, 1976), 397.

41. *Ibid.*, 688.

42. *Samuel, Contemporary Liberalism*, 251.

43. *Ibid.*, 251.

44. *Citado por Hackett, "Politics of Feminism"*, 715, 721, 718, 799.

45. 45. *Ibid.*, 324.

46. *Ibid.*, 618, 621.

47. *Ibid.*, 716-20.

48. Citado em Fawcett, *Women's Suffrage*, 95.

49. Citado por Hackett, "Politics of Feminism", 173, 715. 50.

50. Ibid., 721.

51. Walker, "The Present Standing of Political Economy" (1879), reimpresso em Walker, *Discussions in Economics and Statistics*, 1:318.

52. Alfred Fouillée, *La propriété sociale et la démocratie* (Paris: Hachette, 1884).

53. Beatrice Webb, 30 de julho de 1886, citado por Emma Rothschild, *Economic Sentiments: Adam Smith, Condorcet and the Enlightenment* (Cambridge, MA: Harvard University Press, 2001), 65.

Capítulo Oito: O Liberalismo Torna-se o Credo Americano

1. "Liberalism in America", *New Republic* 21 (31 de dezembro de 1919).

2. David Green, *Shaping Political Consciousness: The Language of Politics in America from McKinley to Ronald Reagan* (Ithaca, NY: Cornell University Press, 1987), 76.

3. Citado em Ronald J. Pestritto, *Woodrow Wilson and the Roots of Modern Liberalism* (Lanham, MD: Rowman & Littlefield, 2005), 57–58.

4. Citado em *A Cosmopolitanism of Nations: Giuseppe Mazzini's Writings on Democracy, Nation Building, and International Relations,* ed. Stefano Recchia and Nadia Urbinati, trad. Stefano Recchia (Princeton: Princeton University Press, 2009), 3.

5. J. L. Hammond, citado em Peter Weiler, *The New Liberalism: Liberal Social Theory in Great Britain, 1889–1914* (Nova York: Routledge, 2017), 85.

6. Leonard T. Hobhouse, *Democracy and Reaction* (Londres: T. Fisher Unwin, 1904), 47.

7. Robert Lowe, "Imperialism", *Fortnightly Review* 24 (1878), reimpresso em Peter Cain, ed., *Empire and Imperialism: The Debate of the 1870s* (South Bend, IN: Saint Augustine's Press, 1999), 268.

8. Gladstone, "England's Mission", citado em Peter Cain, "Radicals, Gladstone, and the Liberal Critique of Disraelian 'Imperialism,'" em *Victorian Visions of Global Order*, ed. Duncan Bell (Cambridge: Cambridge University Press, 2007), 229.

9. Citado por Peter Weiler, *The New Liberalism: Liberal Social Theory in Great Britain, 1889–1914* (Londres: Routledge, 1982), 98.

10. Leslie Butler, *Critical Americans: Victorian Intellectuals and Transatlantic Liberal Reform* (Chapel Hill: University of North Carolina Press, 2007), 255, 46, 231.

11. John Hobson, *Imperialism: A Study* (Londres: George Allen & Unwin, 1902). A frase é repetida com frequência.

12. Citado em Gregory Claeys, *Imperial Sceptics: British Critics of Empire, 1850–1920* (Cambridge: Cambridge University Press, 2010), 238.

13. Leonard T. Hobhouse, *Democracy and Reaction* (Londres: T. Fisher Unwin, 1904), 47.

14. Herbert Samuel, *Contemporary Liberalism in England* (Londres, 1902), 332.

15. Ibid., 324.

16. Lucien Prévost-Paradol, *La France nouvelle* (Paris: Michel Levy Frères, 1868).

17. Ver, por exemplo, "colonies", em *Nouveau dictionnaire d'économie politique* (Paris: Guillaumin, 1900), 1:432–48.

18. Samuel, *Contemporary Liberalism*, 325.

19. Ibid., 330, ênfase adicionada.

20. John Burgess, "Germany, Great Britain and the US", *Political Science Quarterly* 19 (1904): 904.

21. Edward Dicey, "The New American Imperialism", *Nineteenth Century: A Monthly Review*, Setembro de 1898, 487–501, 489, 501.

22. John W. Burgess, *Reconstruction and the Constitution, 1866–1876* (Nova York: Charles Scribner's Sons, 1903), 133.

23. Charles Merriam, *A History of American Political Theories* (Nova York: Macmillan, 1920), 314, ênfase adicionada.

24. William Gladstone, "Kin beyond the Sea", *North American Review* 264 (Setembro-Outubro 1878): 185, 212, 181, 182.

25. Citado por Reginald Horsman, *Race and Manifest Destiny* (Cambridge, MA: Harvard University Press, 2009), 293.

26. Andrew Carnegie, "A Look Ahead", *North American Review* 156, no. 439 (junho 1893).

27. Lymon Abbott, "The Basis for an Anglo-American Understanding", *North American Review 166, no. 498 (1898): 521.*

28. Ver, por exemplo, G. Valbert, "La supériorité des Anglo-Saxons et le livre de M. Demolins", *Revue des deux Mondes* 67 (1897): 697–708; Gabriel Tarde, *Sur la prétendue décadence des peuples latins* (Bordeaux, 1901).

29. Ver também George Santayana, "Classic Liberty", *New Republic* 4 (21 de agosto de 1915): 65–66; "German Freedom", *New Republic* 4 (28 de agosto de 1915): 94–95; "Liberalism and Culture", *New Republic* 4 (4 de setembro de 1915): 123–25.

30. Alan Brinkley, *Liberalism and Its Discontents* (Cambridge, MA: Harvard University Press, 1998), 85.

31. Irving Fisher, "Economists in Public Service: Annual Address of the President", *American Economic Review* 9, no. 1, suppl. (1991): 7.

32. Arthur Moeller van den Bruck, *Sozialismus und Aussenpolitik* (Breslau: W.G. Korn, 1933), 100.

33. Benito Mussolini, *The Political and Social Doctrine of Fascism*, trad. Jane Soames (Londres: Hogarth, 1934), 17–19.

34. Citado em John Weiss, *The Fascist Tradition* (Nova York: Harper & Row, 1967), 9.

35. Ludwig von Mises, *Liberalism in the Classical Tradition*, trad. Ralph Raico (Nova York: Foundation for Economic Education, 1985), 199.

36. John Dewey, "Toward a New Individualism", em *The Later Works of John Dewey, 1925–1953*, vol. 5: *1929–1930. Essays: The Sources of a Science of Education, Individualism, Old*

and New, and Construction and Criticism, ed. Jo Ann Boydston (Carbondale: Southern Illinois University Press, 1984), 85.

37. John Dewey, "The Meaning of the Term 'Liberalism,'" em *The Later Works of John Dewey, 1925–1953*, vol. 14: *1939–1941. Essays, Reviews and Miscellany*, ed. Jo Ann Boydston (Carbondale: Southern Illinois University Press, 2008), 253.

38. Citado em Green, *Shaping Political Consciousness*, 119.

39. Franklin Delano Roosevelt, "Introduction to Franklin Delano Roosevelt's Public Papers and Addresses", Citado por Samuel Eliot Morison, *Freedom in Contemporary Society* (Boston: Little, Brown, 1956), 69. Em 1943, o Partido Liberal do estado de Nova York, ainda existente, foi formado para ajudar Roosevelt a ser eleito.

40. Henry Agard Wallace, *American Dreamer: A Life of Henry Wallace* (Nova York: Norton, 2000).

41. William Beveridge, *Why I Am a Liberal* (Londres: Jenkins, 1945), 64.

42. Como citado por Alan Brinkley, *The End of Reform: New Deal Liberalism in Recession and War* (Nova York: Vintage, 2011), 158; Theodore Rosenof, "Freedom, Planning, and Totalitarianism: The Reception of F. A. Hayek's *Road to Serfdom*", *Canadian Review of American Studies* 5 (1974): 150–60.

43. Green, *Shaping Political Consciousness*, caps. 4–5; e Ronald Rotunda, *The Politics of Language: Liberalism as Word and Symbol* (Cidade de Iowa: University of Iowa Press, 1986), cap. 4.

44. "Taft, in Defining Liberalism, Warns of a Gradual Loss of Privileges", *Omaha Evening World-Herald*, 14 de fevereiro de 1948, 5.

45. Ver o capítulo sobre ele em Angus Burgin, *The Great Persuasion: Reinventing Free Markets since the Depression* (Cambridge, MA: Harvard University Press, 2015).

46. Ver Mario Rizzo, "Libertarianism and Classical Liberalism: Is There a Difference?", *ThinkMarkets*, 5 de fevereiro de 2014, https://thinkmarkets.wordpress.com/2014/02/05/libertarianism-and-classical-liberalism-is-there-a-difference.

47. Burgin, *Great Persuasion*, cap. 5.

48. Arthur Murphy, "Ideals and Ideologies, 1917–1947", *Philosophical Review* 56 (1947): 386.

Epílogo

1. *Les Libéraux*, ed. Pierre Manent (Paris: Gallimard, 2001), 13.

2. Daniel J. Mahoney, introdução a Pierre Manent, *Modern Liberty and Its Discontents: Pierre Manent*, ed. e trad. Daniel J. Mahoney and Paul Senton (Lanham, MD: Rowman & Littlefield, 1998), 8.

3. Alan Brinkley, *The End of Reform: New Deal Liberalism in Recession and War* (Nova York: Vintage, 2011).

4. Friedrich A. Hayek, *The Road to Serfdom* (Chicago: University of Chicago Press, 2007), 58.

5. Citado por James Chappel, "The Catholic Origins of Totalitarianism Theory in Interwar Europe", *Modern Intellectual History* 8, no. 3 (2011): 579.

6. "The Pathos of Liberalism", *Nation*, 11 de setembro de 1935; ver também "The Blindness of Liberalism", *Radical Religion*, (outono 1936).

7. Citado em Alan Brinkley, *Liberalism and Its Discontents* (Cambridge, MA: Harvard University Press, 2000), 106, 86.

8. Reinhold Niebuhr, "Let the Liberal Churches Stop Fooling Themselves!", *Christian Century* 48 (25 de março de 1931).

9. Thomas P. Neill, *The Rise and Decline of Liberalism* (Milwaukee: Bruce, 1953). Ver a autodescrição de Neill em http://www.catholicauthors.com/neill.html.

10. James Burnham, *Suicide of the West: An Essay on the Meaning and Destiny of Liberalism* (Nova York: Encounter, 1964).

11. Como citado por Chappel, "Catholic Origins of Totalitarianism Theory", 590.

12. Eric Voegelin, *The New Science of Politics: An Introduction* (Chicago: University of Chicago Press, 1987), 178.

13. Berlin's speech is readily available, online and elsewhere.

14. John Plamenatz, ed., *Readings from Liberal Writers, English and French* (Nova York: Barnes & Noble, 1965).

15. Judith Shklar, "The Liberalism of Fear", em *Liberalism and the Moral Life*, ed. Nancy Rosenblum (Cambridge, MA: Harvard University Press, 1989), 21–38.

16. Uma exceção importante é Karen Offen, "Defining Feminism: A Comparative Historical Approach", *Signs* 14, no. 1 (1988): 119–57; Amy Hackett, "The Politics of Feminism in Wilhelmine Germany, 1890–1918" (PhD diss., Columbia University, 1976), se opõe ao "preconceito americano" nos estudos sobre feminismo, o que significa uma ênfase exagerada nos direitos como um objetivo feminista.

17. Isaac Kramnick, *Republicanism and Bourgeois Radicalism: Political Ideology in Late Eighteenth Century England and America* (Ithaca, NY: Cornell University Press, 1990), 35.

18. Friedrich Sell, *Die Tragödie des deutschen Liberalismus* (Stuttgart: DVA, 1953).

19. Por exemplo, obras de Ralf Dahrendorf, Hajo Holborn, Leonard Krieger, James Sheehan e Theodore Hamerow.

20. Hans Vorländer, "Is There a Liberal Tradition in Germany?", em *The Liberal Political Tradition: Contemporary Reappraisals*, ed. James Meadowcroft (Cheltenham: Edward Elgar, 1996).

21. Para uma boa pesquisa e crítica da literatura sobre o "iliberalismo" alemão, consulte Konrad Jarausch, "Illiberalism and Beyond: German History in Search of a Paradigm", *Journal of Modern History* 55, no. 2 (1983): 268–84.

22. Geoff Eley, "James Sheehan and the German Liberals: A Critical Appreciation", *Central European History* 14, no. 3 (1981): 273–88.

23. David Blackbourn e Richard J. Evans, eds., *The German Bourgeoisie: Essays on the Social History of the German Middle Class from the Late Eighteenth to the Early Twentieth Century* (Londres: Routledge, 1991).

24. Jack Hayward, resenha de *L'individu effacé*, History of European Ideas 24, no. 3 (1998): 239–42.

25. Pierre Rosanvallon, *Le capitalisme utopique. Critique de l'idéologie économique* (Paris: Seuil, 1979).

26. Sudhir Hazareesingh, *From Subject to Citizen: The Second Empire and the Emergence of Modern French Democracy* (Princeton: Princeton University Press, 1998), 166, 163.

27. Lucien Jaume, *L'individu effacé ou le paradoxe du libéralisme français (Paris: Fayard, 1997)*, 14.

28. Raymond Polin, *Le libéralisme, oui* (Paris: Editions de La Table Ronde, 1984), 186.

29. Philippe Raynaud, "Constant", em *New French Thought*, ed. Mark Lilla (Princeton: Princeton University Press, 2014), 85.

30. François Furet and Mona Ozouf, *Le siècle de l'avènement republican* (Paris: Gallimard, 1993), 20–21.

31. Manent, *Modern Liberty and Its Discontents*.

32. "The Rise of Illiberal Democracy" é o título de um artigo influente de Fareed Zaria em *Foreign Affairs* 76, no. 6 (novembro-dezembro 1997): 22–43. Ver também William Galston, "The Growing Threat of Illiberal Democracy", *Wall Street Journal*, 3 de janeiro de 2017.

33. Ver, por exemplo, Peter Berkowitz, *Virtue and the Making of Modern Liberalism* (Princeton: Princeton University Press, 1999); William Galston, *Liberal Purposes* (Nova York: Cambridge University Press, 1991); e Rosenblum, *Liberalism and the Moral Life*.

Bibliografia Selecionada

Método

Ball, Terence, James Farr, and Russell L. Hanson. "Editors' Introduction". Em Ball, Farr, e Hanson, *Political Innovation and Conceptual Change*, 1–5.

———, eds. *Political Innovation and Conceptual Change*. Cambridge: Cambridge University Press, 1989.

Ball, Terence. *Transforming Political Discourse: Political Theory and Conceptual History*. Oxford: Blackwell, 1988.

Burke, Martin, e Melvin Richter, eds. *Why Concepts Matter: Translating Social and Political Thought*. Leiden: Brill, 2012.

Farr, James. "Understanding Conceptual Change Politically". Em Ball, Farr, e Hanson, *Political Innovation and Conceptual Change*, 24–49.

Freeden, Michael. *Ideologies and Political Theory: A Conceptual Approach*. Oxford: Clarendon, 1996.

Hampshire-Monk, Iain, Karin Tilmans, e Frank van Vree, eds. *History of Concepts: Comparative Perspectives*. Amsterdã: Amsterdam University Press, 1998.

Koselleck, Reinhart. *The Practice of Conceptual History: Timing History, Spac ing Concepts*. Traduzido por T. S. Presener et al. Stanford: Stanford University Press, 2002.

Pocock, J.G.A. "Verbalizing a Political Act: Towards a Politics of Speech". Em *Language and Politics*, editado por Michael Shapiro, 25–43. Oxford: Wiley Blackwell, 1984.

Richter, Melvin. "Begriffsgeschichte and the History of Ideas". *Journal of the History of Ideas* 48, no. 2 (1987): 247–63.

———. *The History of Political and Social Concepts: A Critical Introduction*. Nova York: Oxford University Press, 1995.

———. "Reconstructing the History of Political Languages: Pocock, Skinner and the Geschichtliche Grundbegriffe". *History and Theory* 29, no. 1 (1990): 38-70.

Sebastián, Javier Fernández, ed. *Political Concepts and Time: New Approaches to Conceptual History*. Santander: Cantabria University Press, 2011.

Skinner, Quentin. "Meaning and Understanding in the History of Ideas". *History and Theory* 8 (1969): 3-53. Reimpresso em *Meaning and Context: Quentin Skinner and His Critics*, editado por James Tully. Princeton: Princeton University Press, 1988.

———. "Language and Social Change". Em *The State of the Language*, editado por Christopher Ricks and Leonard Michaels, 562-78. Berkeley: University of California Press, 1980.

Steinmetz, Willibald, Michael Freeden, e Javier Fernández Sebastián, eds. *Conceptual History in the European Space*. Nova York: Berghahn, 2017.

Bolsa de Estudos sobre os Conceitos Liberais, Liberalidade e Liberalismo

Bell, Duncan. "What Is Liberalism?" *Political Theory* 42, no. 6 (2014): 682-715. Bertier de Sauvigny, Guillaume de. "Libéralisme. Aux origines d'un mot". *Commentaire*, no. 7 (1979): 420-24.

———. "Liberalism, Nationalism, Socialism: The Birth of Three Words". *Review of Politics* 32 (1970): 151-52.

Claeys, Gregory. "'Individualism,' 'Socialism' and 'Social Science': Further Notes on a Conceptual Formation 1800-1850". *Journal of the History of Ideas* 47, no. 1 (1986): 81-93.

Cox, Richard. "Aristotle and Machiavelli on Liberality". Em *The Crisis of Liberal Democracy*, editado por Kenneth L. Deutsch and Walter Soffer, 125-47. Albany: State University of New York Press, 1987.

Guerzoni, Guido. "Liberalitas, Magnificentia, Splendor: The Classic Origins of Italian Renaissance Lifestyles". *History of Political Economy* 31, suppl. (1999): 332-78.

Gunnell, John G. "The Archeology of American Liberalism". *Journal of Political Ideologies* 6, no. 2 (2001): 125-45.

Hamburger, Philip. "Liberality". *Texas Law Review* 78, no. 6 (2000): 1215-85. Leonhard, Jörn. "From European Liberalism to the Languages of Liberalisms:

The Semantics of *Liberalism* in European Comparison". *Redescriptions* 8 (2004): 17-51.

———. *Liberalismus. Zur historischen Semantik eines europäischen Deutungsmusters*. Munique: R. Oldernbourg Verlag, 2001.

Manning, C. E. "'Liberalitas'—The Decline and Rehabilitation of a Virtue". *Greece & Rome* 32, no. 1 (April 1985): 73–83.

Opal, Jason M. "The Labors of Liberality: Christian Benevolence and National Prejudice in the American Founding". *Journal of American History* 94 (2008): 1082–1107.

Rotunda, Ronald. *The Politics of Language: Liberalism as Word and Symbol*. Iowa City: University of Iowa Press, 1986.

Sahagun, Alberto. "The Birth of Liberalism: The Making of Liberal Political Thought in Spain, France and England 1808–1823". PhD diss., Washington University em St. Louis, 2009.

Sebastián, Javier Fernández. "Liberales y Liberalismo en Espana, 1810–1850. La Forja de un Concepto y la Creacion de una Identidad Politica". Em *La aurora de la libertad. Los primeros liberalism en el mundo iberomaricano*, editado por Javier Fernández Sebastián, 265–306. Madrid: Marcial Pons Historia, 2012.

———. "Liberalismos nacientes en el Atlántico iberoamericano. 'Liberal' como concepto y como identitad política, 1750–1850". Em *Iberconceptos*, editado por Javier Fernández Sebastián. Vol. 1, *Diccionario político y social del mundo iberoamericano: La era de las revoluciones, 1750–1850*, editado por C. Aljovìn de Losada et al. Madrid: Fundación Carolina-SECC-CEPC, 2009.

———. "The Rise of the Concept of 'Liberalism': A Challenge to the Centre/Periphery Model?" Em *Transnational Concepts, Transfers and the Challenge of the Peripheries*, editado por Gürcan Koçan, 182–200. Istambul: Istanbul Technical University Press, 2008.

Thomson, Arthur. "'Liberal': Några anteckningar till ordets historia". Em *Festskrift tillägnad Theodor Hjelmqvist på sextiårsdagen den 11 april 1926*, 147–91. Lund: Carl Bloms Boktryckeri, 1926.

Vierhaus, Rudolf. "Liberalismus". Em *Geschichtliche Grundbegriffe. Historisches Lexikon zur politisischsozialen Sprache in Deutschland*, vol. 3, editado por Reinhart Koselleck, Otto Bruner, and Werner Conze, 744–85. Stuttgart: E. Klett, 1972–93.

Walther, Rudolf. "Economic Liberalism". Traduzido por Keith Tribe. *Economy and Society* 13, no. 2 (1984): 178–207.

Religião Liberal e Seus Críticos

Aner, Karl. *Die Theologie der Lessingzeit*. Halle: Niemeyer, 1929.

Arlinghaus, Francis A. "British Public Opinion and the *Kulturkampf* in Germany, 1871–75". *Catholic Historical Review* 34, no. 4 (1949): 385–413.

Best, G.F.A. "The Religious Difficulties of National Education in England, 1800– 70". *Cambridge Historical Journal* 12, no. 2 (1956): 155–73.

Biagini, Eugenio F. "Mazzini and Anticlericalism: The English Exile". Em *Giuseppe Mazzini and the Globalisation of Democratic Nationalism, 1830–1920*, editado por C. A. Bayly and Eugenio F. Biagini, 145–66. Oxford: Oxford University Press, 2008.

Bigler, Robert. *The Politics of German Protestantism: The Rise of the Protestant Church Elite in Prussia, 1815–1848*. Berkeley: University of California Press, 1972.

Blackbourn, David. "Progress and Piety: Liberalism, Catholicism and the State in Imperial Germany". History Workshop Journal 26 (1988): 57–78.

Bokenkotter, Thomas. *Church and Revolution: Catholics and the Struggle for Democracy and Social Justice*. Nova York: Random House, 2011.

Buehrens, John. *Universalists and Unitarianism in America: A People's History*. Boston: Skinner House Books, 2011.

Burleigh, Michael. *Earthly Powers: The Clash of Religion and Politics in Europe from the French Revolution to the Great War*. Nova York: HarperCollins, 2005.

Cabanel, Patrick. *Le Dieu de la République. Aux sources protestantes de la laïcité (1860–1900)*. Rennes: Presses universitaires de Rennes, 2003.

———. *Les Protestants et la République*. Paris: Editions Complexe, 2000. Carey, Patrick. *Catholics in America: A History*. Westport, CT: Praeger, 2004.

Carlsson, Eric. "Johann Salomo Semler, the German Enlightenment and Protestant Theology's Historical Turn". PhD diss., University of Wisconsin–Madison, 2006.

Clark, Christopher, and Wolfram Kaiser, eds. *Culture Wars: SecularCatholic Conflict in NineteenthCentury Europe*. Cambridge: Cambridge University Press, 2003.

Cross, Robert. *The Emergence of Liberal Catholicism in America*. Chicago: Quadrangle, 1968.

Dolan, Jay. *The American Catholic Experience: A History from Colonial Times to the Present*. Garden City, NY: Doubleday, 1987.

Dorrien, Gary. *The Making of American Liberal Theology: Imagining Progressive Religion, 1805–1900*. Louisville: Westminster John Knox, 2001.

Douglass, R. Bruce e David Hollenbach, eds. *Catholicism and Liberalism*.

Cambridge: Cambridge University Press, 1994.

Grodzins, Dean. *American Heretic: Theodore Parker and Transcendentalism*.

Chapel Hill: University of North Carolina Press, 2002.

Gross, Michael. "The Catholics' Missionary Crusade and the Protestant Revival in Nineteenth-Century Germany". Em *Protestants, Catholics and Jews in Ger many, 1800–1914*, editado por H. Walser Smith, 245–66. Nova York: Berg.

———. *The War against Catholicism: Liberalism and the AntiCatholic Imagi nation in Nineteenth-Century Germany*. Ann Arbor: University of Michigan Press, 2005.

Hamburger, Philip. *Separation of Church and State*. Cambridge, MA: Harvard University Press, 2002.

Heimert, Alan. *Religion and the American Mind*. Cambridge, MA: Harvard University Press, 1968.

Herzog, Dagmar. "Anti-Judaism in Intra-Christian Conflicts: Catholics and Liberals in Baden in the 1840s". *Central European History* 27 (1994): 267–81.

———. *Intimacy and Exclusion: Religious Politics in Prerevolutionary Baden*. Princeton: Princeton University Press, 1996.

Hill, Ronald. *Lord Acton*. New Haven, CT: Yale University Press, 2000. Hollinger, David. *After Cloven Tongues of Fire: Protestant Liberalism in Modern*.

American History. Princeton: Princeton University Press, 2013.

Hopkins, Charles Howard. *The Rise of the Social Gospel in American Protestantism, 1865–1915*. New Haven, CT: Yale University Press, 1940.

Hurth, Elisabeth. "Sowing the Seeds of 'Subversion': Harvard's Early Göttingen Students". Em *Studies in the American Renaissance*, editado por Joel Myerson, 91–106. Charlottesville: University of Virginia Press, 1992.

Isabella, Maurizio. "Citizens or Faithful? Religion and the Liberal Revolutions of the 1820s in Southern Europe". *Modern Intellectual History* 12, no. 3 (2015): 555–78.

Jacoby, Susan. *Freethinkers: A History of American Secularism*. Nova York: Metropolitan Books, 2005.

Joskowicz, Ari. *The Modernity of Others: Jewish AntiCatholicism in Germany and France*. Stanford: Stanford University Press, 2014.

Kittelstrom, Amy. *The Religion of Democracy: Seven Liberals and the American Moral Tradition*. Nova York: Penguin, 2015.

Kroen, Sheryl. *Politics and Theater: The Crisis of Legitimacy in Restoration France*. Berkeley: University of California Press, 2000.

———. "Revolutionizing Religious Politics during the Restoration". *Historical Studies* 21, no. 1 (1998): 27–53.

Kuklick, Bruce. *Churchmen and Philosophers: From Jonathan Edwards to John Dewey*. New Haven, CT: Yale University Press, 1985.

Lee, James Mitchell. "Charles Villers and German Thought in France, 1797–1804". *Proceedings of the Annual Meeting of the Western Society for French History* 25 (1998): 55–66.

Lyons, Martyn. "Fires of Expiation: Book-Burnings and Catholic Missions in Restoration France". *French History* 10, no. 2 (1996): 240–66.

MacKillop, I. D. *The British Ethical Societies*. Cambridge: Cambridge University Press.

Martin, Benjamin, Jr. "The Creation of the Action Libérale Populaire: An Example of Party Formation in Third Republic France". *French Historical Studies* 9, no. 4 (1976): 660–89.

McGreevy, John. *Catholicism and American Freedom. A History*. Nova York: Norton, 2003.

Meyer, Michael. *Response to Modernity: A History of the Reform Movement in Judaism*. Detroit: Wayne State University Press, 1995.

Moyn, Samuel. "Did Christianity Create Liberalism?" *Boston Review* 40, no. 1 (2015): 50–55.

Murphy, Howard R. "The Ethical Revolt against Christian Orthodoxy in Early Victorian England". *American Historical Review* 60 (1955): 800–817.

Nord, Philip. "Liberal Protestants". Em *The Republican Moment: Struggles for Democracy in NineteenthCentury France*, editado por Philip Nord, 90–114. Cambridge, MA: Harvard University Press, 1998.

Perreau-Saussine, Emile. *Catholicism and Democracy: An Essay in the History of Political Thought*. Traduzido por Richard Rex. Princeton: Princeton University Press, 2012.

Phayer, J. Michael. "Politics and Popular Religion: The Cult of the Cross in France, 1815–1840". *Journal of Social History* 2, no. 3 (1978): 346–65.

Printy, Michael. "Protestantism and Progress in the Year XII: Charles Villers' *Essay on Spirit and Influence of Luther's Reformation* (1804)". *Modern In tellectual History* 9, no. 2 (2012): 303–29.

Rader, Benjamin. "Richard T. Ely: Lay Spokesman for the Social Gospel". *Journal of American History* 53, no. 1 (1966): 61–74.

Riasanovsky, Maria. "Trumpets of Jericho: Domestic Missions and Religious Revival in France". PhD diss., Princeton University, 2001.

Richter, Melvin. *The Politics of Conscience: T.H. Green and His Age*. Cambridge, MA: Harvard University Press, 1974.

———. "T. H. Green and His Audience: Liberalism as a Surrogate Faith". *Review of Politics* 18, no. 4 (1956): 444–72.

Rosenblatt, Helena. *Liberal Values: Benjamin Constant and the Politics of Religion*. Cambridge: Cambridge University Press, 2008.

———. "Sismondi, from Republicanism to Liberal Protestantism". Em *Sismondi: Républicanisme moderne et libéralisme critique / Modern Republicanism and Critical Liberalism*, editado por Béla Kapossy and Pascal Bridel, 123–43. Geneva: Slatkine, 2013.

Ross, Ronald J. *The Failure of Bismarck's Kulturkampf: Catholicism and State.*

Power in Imperial Germany, 1871–1887. Washington, DC: Catholic University of America Press, 1998.

Rurup, Reinhard. "German Liberalism and the Emancipation of the Jews". *Leo Baeck Institute Yearbook* 20 (1975): 59–68.

Sevrin, Ernst. *Les missions religieuses en France sous la Restauration, 1815–1830.* Saint-Mandé: Procure des prêtres de la Miséricorde, 1948.

Sperber, Jonathan. "Competing Counterrevolutions: The Prussian State and the Catholic Church". *Central European History* 19 (1986): 45–62.

Stoetzler, Marcel. *The State, the Nation, and the Jews: Liberalism and the Antisemitism Dispute in Bismarck's Germany.* Lincoln: University of Nebraska Press, 2008.

Vance, Norman. *The Sinews of the Spirit: The Ideal of Christian Manliness in Victorian Literature and Religious Thought.* Cambridge: Cambridge University Press, 1985.

Verhoeven, Timothy. *Transatlantic AntiCatholicism: France and the United States in the Nineteenth Century.* Nova York: Palgrave Macmillan, 2010.

Weill, Georges. *Histoire du Catholicisme libéral en France 1828–1908.* Paris: F. Alcan, 1909.

Wright, Conrad. *The Beginnings of Unitarianism in America.* Boston: Beacon, 1960.

———. *The Liberal Christians.* Boston: Beacon, 1970.

Liberalismo Econômico, Socialismo e as Origens do Estado de Bem-Estar Social

Adcock, Robert. *Liberalism and the Emergence of American Political Science: A Transatlantic Tale.* Oxford: Oxford University Press, 2014.

Audier, Serge. *Le Socialisme libéral.* Paris: La Découverte, 2006.

Beck, Hermann. *The Origins of the Authoritarian Welfare State in Prussia: Conservatives, Bureaucracy and the Social Question, 1815–70.* Ann Arbor: University of Michigan Press, 1997.

Chase, Malcom. *Chartism: A New History.* Manchester: Manchester University Press, 2007.

Claeys, Gregory. *Citizens and Saints: Politics and Antipolitics in Early British Socialists.* Cambridge: Cambridge University Press, 1989.

———. "'Individualism,' 'Socialism' and 'Social Science': Further Notes on a Conceptual Formation 1800–1850". *Journal of the History of Ideas* 47, no. 1 (1986): 81–93.

———. *Machinery, Money and the Millennium: From Moral Economy to Socialism 1815–1860.* Princeton: Princeton University Press, 1987.

Cohen, Nancy. *The Reconstruction of American Liberalism, 1865–1914*. Chapel Hill: University of North Carolina Press, 2002.

Collini, Stefan. *Liberalism and Sociology: L.T. Hobhouse and Political Argument in England, 1880–1914*. Cambridge: Cambridge University Press, 1983.

Digeon, Claude. *La Crise Allemande de la pensée française (1870–1914)*. Paris: PUF, 1959.

Dorfman, Joseph. "Role of the German Historical School in American Economic Thought". *American Economic Review* 45, no. 2 (1955): 17–28.

Fine, Sidney. *Laissez Faire and the GeneralWelfare State*. Ann Arbor: University of Michigan Press, 1969.

———. "Richard T. Ely, Forerunner of Progressivism, 1880–1901". *Mississippi Valley Historical Review* 37 (1951): 599–624.

Forcey, Charles. *The Crossroads of Liberalism. Croly, Weyl, Lippmann and the Progressive Era 1900–1925*. Oxford: Oxford University Press, 1961.

Forget, Evelyn. "Jean-Baptiste Say and Spontaneous Order". *History of Political Economy* 33, no. 2 (2001): 193–218.

Freeden, Michael. *Liberal Languages: Ideological Imaginations and Twentieth Century Progressive Thought*. Princeton: Princeton University Press, 2005.

———. *Liberalism Divided: A Study in British Political Thought, 1914–1939*.

Oxford: Oxford University Press, 1986.

———. *The New Liberalism*. Oxford: Clarendon, 1978.

Fried, Barbara. *The Progressive Assault on Laissez Faire: Robert Hale and the First Law and Economics Movement*. Cambridge, MA: Harvard University Press, 1998.

Fries, Sylvia. "*Staatstheorie* and the New American Science of Politics". *Journal of the History of Ideas* 34, no. 3 (1973): 391–404.

Gambles, Anna. *Protection and Politics in Conservative Economic Discourse, 1815–1852*. Suffolk: Boydell Press, 1999.

Goldman, Eric. *Rendezvous with Destiny: A History of Modern American Reform*.

Nova York: Ivan R. Dee, 2001.

Green, David. *Shaping Political Consciousness: The Language of Politics from McKinley to Reagan*. Ithaca, NY: Cornell University Press, 1987.

Hart, David M. "Class Analysis, Slavery and the Industrialist Theory of History in French Liberal Thought, 1814–1830: The Radical Liberalism of Charles Comte and Charles Dunoyer". http://davidmhart.com/liberty/Papers/ComteDunoyer/CCCD-PhD/CCCD-longthesis1990.pdf.

Hayward, J.E.S. "The Official Social Philosophy of the French Third Rep: Léon Bourgeois and Solidarism". *Emternational Review of Social History* 6 (1961): 19–48.

———. "Solidarity: The Social History of an Idea in Nineteenth-Century France". *International Review of Social History* 4 (1959): 261–84.

Herbst, Jurgen. *The German Historical School in American Scholarship: A Study in the Transfer of Culture*. Ithaca, NY: Cornell University Press, 1965.

Hirsch, Jean-Pierre. "Revolutionary France, Cradle of Free Enterprise". *American Historical Review* 94 (1989): 1281–89.

Hirsch, Jean-Pierre, and Philippe Minard. "'Libérez-nous, Sire, protégez-nous beaucoup': Pour une histoire des pratiques institutionnelles dans l'industrie française, XVIIIème–XIXème siècles". Em *La France n'estelle pas douée pour l'industrie?*, editado por Louis Bergeron and Patrice Bourdelais, 135–58. Paris: Belin, 1998.

Horn, Jeff. *The Path Not Taken: French Industrialization in the Age of Revolution, 1750–1830*. Cambridge, MA: MIT Press, 2006.

Horne, Janet. *A Social Laboratory for Modern France: The Musée Social and the Rise of the Welfare State*. Durham, NC: Duke University Press, 2002.

Kloppenberg, James. *Uncertain Victory: Social Democracy and Progressivism in European and American Thought, 1870–1920*. Nova York: Oxford University Pres, 1986.

Koven, Seth, and Sonya Michel, eds. *Mothers of a New World: Maternalist Politics and the Origins of Welfare States*. Nova York: Routledge, 1993.

Leroux, Robert. *Political Economy and Liberalism in France: The Contributions of Frédéric Bastiat*. Nova York: Routledge, 2011.

Levy, David. *Herbert Croly of the New Republic: The Life and Thought of an American Progressive*. Princeton: Princeton University Press, 1985.

Lutfalla, Michel. "Aux Origines du libéralisme économique en France: Le *Journal des Economistes*. Analyse du contenu de la première série 1841–1853". *Revue d'histoire économique et sociale* 50 (1972): 495–516.

Mandler, Peter. *Liberty and Authority in Victorian Britain*. Oxford: Oxford University Press, 2006.

Minart, Gérard. *Frédéric Bastiat (1801–1850): La croisé du libreéchange*. Paris: Editions Harmattan, 2004.

Mitchell, Allan. *The Divided Path: The German Influence on Social Reform in France after 1870*. Chapel Hill: University of North Carolina Press, 2010.

Moon, Parker Thomas. *The Labor Problem and the Social Catholic Movement in France: A Study in the History of Social Politics*. Nova York: Macmillan, 1921.

Myles, Jack. "German Historicism and American Economics: A Study of the Influence of the German Historical School on American Economic Thought". PhD diss., Princeton University, 1956.

Nord, Philip. "Republicanism and Utopian Vision: French Freemasonry in the 1860s and 1870s". *Journal of Modern History* 63, no. 2 (1991): 213–29.

———. "The Welfare State in France 1870–1914". *French Historical Studies* 18, no. 3 (1994): 821–38.

Palen, Marc-William. *The "Conspiracy" of Free Trade. The AngloAmerican Struggle over Empire and Economic Globalisation, 1846–1896*. Cambridge: Cambridge University Press, 2016.

Pilbeam, Pamela. *French Socialists before Marx: Workers, Women and the Social Question in France*. Montreal: McGill-Queen's University Press, 2000.

Roberts, David. *The Victorian Origins of the British Welfare State*. New Haven, CT: Yale University Press, 1960.

Rodgers, Daniel. *Atlantic Crossings: Social Politics in a Progressive Age*. Cambridge, MA: Harvard University Press, 2000.

Rohr, Donald. *The Origins of Social Liberalism in Germany*. Chicago: University of Chicago Press, 1963.

Ross, Dorothy. *The Origins of American Social Science*. Cambridge: Cambridge University Press, 1992.

Russell, Dean. "Frederic Bastiat and the Free Trade Movement in France and England, 1840–1850". PhD thesis, University of Geneva, 1959.

Ryan, Alan. *John Dewey and the High Tie of American Liberalism*. Nova York: Norton, 1997.

Schäfer, Axel R. *American Progressives and German Social Reform, 1875–1920: Social Ethics, Moral Control and the Regulatory State in a Transatlantic Context*. Stuttgart: Franz Steiner Verlag, 2000.

Seidman, Steven. *Liberalism and the Origins of European Social Theory*. Berkeley: University of California Press, 1984.

Sherman, Dennis. "The Meaning of Economic Liberalism in Mid-Nineteenth Century France". *History of Political Economy* 6, no. 2 (1974): 171–99.

Sorenson, Lloyd R. "Some Classical Economists, *Laissez Faire*, and the Factory Acts". *Journal of Economic History* 12, no. 3 (1952): 247–62.

Steiner, Philippe. "Competition and Knowledge: French Political Economy as a Science of Government". Em *French Liberalism from Montesquieu to the Pres ent Day*, editado por Raf Geenens and Helena Rosenblatt, 192–207. Cambridge: Cambridge University Press, 2012.

———. "Jean-Baptiste Say, la société industrielle et le libéralisme". Em *La Pensée libérale. Histoire et controverses*, editado por Gilles Kévorkian, 105–32. Paris: Ellipses, 2010.

Stettner, Edward. *Shaping Modern Liberalism: Herbert Croly and Progressive Thought*. Lawrence: University Press of Kansas, 1993.

Stone, Judith. *The Search for Social Peace: Reform Legislation in France, 1890– 1914*. Albany: State University of New York Press, 1985.

Todd, David. *L'Identité économique de la France. Libreéchange et protectionnisme, 1814–1851*. Paris: Grasset, 2008.

Tyrell, Ian. *Reforming the World: The Creation of America's Moral Empire*. Princeton: Princeton University Press, 2010.

Walker, Kenneth O. "The Classical Economists and the Factory Acts". *Journal of Economic History* 1, no. 2 (1941): 168–77.

Walther, Rudolf. "Economic Liberalism". Traduzido por Keith Tribe. *Economy and Society* 13, no. 2 (1984): 178–207.

Warshaw, Dan. *Paul LeroyBeaulieu and Established Liberalism in France*.

DeKalb: Northern Illinois University Press, 1991.

Weiler, Peter. *The New Liberalism: Liberal Social Theory in Great Britain, 1889–1914*. Londres: Routledge, 1982.

Weiss, John. "Origins of the French Welfare State: Poor Relief in the Third Republic, 1871–1914". *French Historical Studies* 13, no. 1 (1983): 47–78.

White, Lawrence H. "William Leggett: Jacksonian Editorialist as Classical Liberal Political Economist". *History of Political Economy* 18, no. 2 (1986): 307–24.

Colônias, Anglo-saxonismo e Raça

Anderson, Stuart. *Race and Rapprochement: AngloSaxonism and Anglo American Relations, 1895–1904*. Madison, NJ: Fairleigh Dickinson University Press, 1981.

Ballantyne, Tony. "The Theory and Practice of Empire-Building. Edward Gibbon Wakefield and "Systematic Colonisation". Em *The Routledge History of Western Empires*, editado por Robert Aldrich and Kirsten McKenzie, 89–101. Londres: Routledge, 2014.

Belich, James. *Replenishing the Earth: The Settler Revolution and the Rise of the AngloWorld, 1783–1939*. Oxford: Oxford University Press, 2009.

Bell, Duncan. *The Idea of Greater Britain: Empire and the Future of World Order 1860–1900*. Princeton: Princeton University Press, 2007.

———. *Reordering the World: Essays on Liberalism and Empire*. Princeton: Princeton University Press, 2016.

Buheiry, Marwan. "Anti-colonial Sentiment in France during the July Monarchy: The Algerian Case". PhD diss., Princeton University, 1973.

Burrows, Mathew. "'Mission Civilisatrice': French Cultural Policy in the Middle East, 1860–1914". *Historical Journal* 29, no. 1 (1986): 109–35.

Cain, Peter. "Character, 'Ordered Liberty' and the Mission to Civilize: British Moral Justification of Empire, 1870–1914". *Journal of Imperial and Com monwealth History* 40, no. 4 (2012): 557–78.

———, ed. *Empire and Imperialism: The Debate of the 1870s*. South Bend, IN: Saint Augustine's Press, 1999.

———. *Hobson and Imperialism*. Oxford: Oxford University Press, 2002.

———. "Radicals, Gladstone, and the Liberal Critique of Disraelian 'Imperialism.'" In *Victorian Visions of Global Order*, editado por Duncan Bell, 215–39. Cambridge: Cambridge University Press, 2007.

Claeys, Gregory. *Imperial Sceptics: British Critics of Empire, 1850–1920*. Cambridge: Cambridge University Press, 2010.

Conklin, Alice. *A Mission to Civilize: The Republican Idea of Empire in France and West Africa, 1895–1930*. Stanford: Stanford University Press, 1997.

Conrad, Sebastian. *German Colonialism: A Short History*. Cambridge: Cambridge University Press, 2012.

Cullinane, Michael Patrick. *Liberty and American AntiImperialism, 1898–1909*.

Nova York: Palgrave Macmillan, 2012.

Davis, David Brion. *The Problem of Slavery in the Age of Revolution 1770–1823*.

Nova York: Vintage, 2014.

Démier, Francis. "Adam Smith et la reconstruction de l'empire français au lendemain de l'episode révolutionnaire". *Cahiers d'économie politique* 27, no. 1 (1996): 241–76.

Freeden, Michael. "Eugenics and Progressive Thought: A Study in Ideological Affinity". *Historical Journal* 22, no. 3 (1979): 645–71.

———. "Eugenics and Progressive Thought: A Study in Ideological Affinity". Em *Liberal Languages, Ideological Imaginations and TwentiethCentury Progressive Thought*, 144–72. Princeton: Princeton University Press, 2005.

Gallagher, John, and Ronald Robinson. "The Imperialism of Free Trade". *Economic History Review*, 2° ser., 6 (1953): 1–15.

Gavronsky, Serge. "Slavery and the French Liberals an Interpretation of the Role of Slavery in French Politics during the Second Empire". *Journal of Negro History* 51, no. 1 (1966): 36–52.

Gerstle, Gary. *American Crucible: Race and Nation in the Twentieth Century*. Princeton: Princeton University Press, 2017.

Hall, Ian, ed. *British International Thinkers from Hobbes to Namier*. Nova York: Palgrave Macmillan, 2009.

Haller, Mark H. *Eugenics: Hereditarian Attitudes in American Thought*. New Brunswick, NJ: Rutgers University Press.

Hart, David M. "Class Analysis, Slavery and the Industrialist Theory of History in French Liberal Thought, 1814–1830: The Radical Liberalism of Charles Comte and Charles Dunoyer". http://davidmhart.com/liberty/Papers/ComteDunoyer/CCCD-PhD/CCCD-longthesis1990.pdf.

Hofstadter, Richard. *Social Darwinism in American Thought*. Boston: Beacon, 1944.

Horsman, Reginald. "The Origins of Racial Anglo-Saxonism in Great Britain before 1850". *Journal of the History of Ideas* 37, no. 3 (1976): 387–410.

———. *Race and Manifest Destiny*. Cambridge, MA: Harvard University Press, 2009.

Kahan, Alan. "Tocqueville: Liberalism and Imperialism". Em *French Liberalism from Montesquieu to the Present Day*, editado por Raf Geenens and Helena Rosenblatt, 152–68. Cambridge: Cambridge University Press, 2012.

Kevles, Daniel J. *In the Name of Eugenics: Genetics and the Uses of Human Heredity*. Cambridge, MA: Harvard University Press, 1998.

Klaus, Alisa. "Depopulation and Race Suicide: Maternalism and Pronatalist Ideologies in France and the United States". Em *Mothers of a New World: Maternalist Politics and the Origins of Welfare States*, editado por Seth Koven and Sonya Michel, 188–212. Nova York: Routledge, 1993.

Koebner, Richard, and Helmut Dan Schmidt. *Imperialism: The Story and Significance of a Political Word*. Cambridge: Cambridge University Press, 1964.

Kramer, Paul. "Empires, Exceptions, and Anglo-Saxons: Race and Rule between the British and United States Empire, 1880–1910". *Journal of American History* 88, no. 4 (2002): 1315–53.

Kwon, Yun Kyoung. "When Parisian Liberals Spoke for Haiti: French Anti-slavery Discourses on Haiti under the Restoration, 1814–30". *Atlantic Studies: Global Currents* 8, no. 3 (2011): 317–41.

Leonard, Thomas. *Illiberal Reformers: Race, Eugenics and American Economics in the Progressive Era*. Princeton: Princeton University Press, 2016.

Losurdo, Domenico. *Liberalism: A CounterHistory*. Traduzido por Gregory Elliott. Londres: Verso, 2011.

Matthew, H.C.G. *The Liberal Imperialists: The Ideas and Politics of a Post Gladstonian Élite*. Oxford: Oxford University Press, 1973.

Mehta, Uday. *Liberalism and Empire: A Study in NineteenthCentury British Social Thought*. Chicago: University of Chicago Press, 1999.

Moses, Dirk, ed. *Genocide and Settler Society*. Oxford: Oxford University Press, 2004.

Pitt, Alan. "A Changing Anglo-Saxon Myth: Its Development and Function in French Political Thought, 1860–1914". *French History* 14, no. 2 (2000): 150–73. Pitts, Jennifer. "Political Theory of Empire and Imperialism". *Annual Review of Political Science* 13 (2010): 211–35.

———. "Republicanism, Liberalism and Empire in Post-revolutionary France". Em *Empire and Modern Political Thought*, editado por Sankar Muthu, 261–91. Cambridge: Cambridge University Press, 2012.

———. *A Turn to Empire: The Rise of Imperial Liberalism in Britain and France*. Princeton: Princeton University Press, 2009.

Plassart, Anna. "'Un impérialiste libéral?' Jean-Baptiste Say on Colonies and the Extra-European World". *French Historical Studies* 32, no. 2 (2009): 223–50. Richter, Melvin. "Tocqueville on Algeria". *Review of Politics* 25, no. 3 (1963): 362–98.

Ryan, A. "Introduction". Em *J. S. Mill's Encounter with India*, editado por Martin I. Moir, Douglas M. Peers, and Lynn Zastoupil, 3–17. Toronto: University of Toronto Press, 1999.

Schneider, William. "Toward the Improvement of the Human Race: The History of Eugenics in France". *Journal of Modern History* 54, no. 2 (1982): 268–91. Searle, G. R. *The Quest for National Efficiency. A Study in British Politics and Political Thought, 1899–1914*. Berkeley: University of California Press, 1971.

Semmel, Bernard. *The Liberal Ideal and the Demons of Empire: Theories of Im perialism from Adam Smith to Lenin*. Baltimore: Johns Hopkins University Press, 1993.

———. *The Rise of Free Trade Imperialism: Classical Political Economy, the Empire of Free Trade and Imperialism 1750–1850*. Cambridge: Cambridge University Press, 1970.

Sessions, Jennifer. *By Sword and Plow: France and the Conquest of Algeria*. Ithaca, NY: Cornell University Press, 2015.

Steiner, Philippe. "Jean-Baptiste Say et les colonies ou comment se débarrasser d'un héritage intempestif". *Cahiers d'économie politique* 27–28 (1996): 153–73. Sullivan, E. P. "Liberalism and Imperialism: J. S. Mill's Defense of the BritishEmpire". *Journal of the History of Ideas* 44, no. 4 (1983): 599–617.

Taylor, Miles. "Imperium et Libertas?" *Journal of Imperial and Commonwealth History* 19, no. 1 (1991): 1–23.

Todd, David. "Transnational Projects of Empire in France, c.1815–c.1870". *Modern Intellectual History* 12, no. 2 (2015): 265–93.

Welch, Cheryl. "Colonial Violence and the Rhetoric of Evasion: Tocqueville on Algeria". *Political Theory* 31, no. 2 (2003): 235–64.

Winks, Robin. "Imperialism". Em *The Comparative Approach to American History*, editado por C. Vann Woodward, 253–70. Oxford: Oxford University Press, 1998.

Wolfe, Patrick. "Settler Colonialism and the Elimination of the Native". *Journal of Genocide Research* 8, no. 4 (2006): 387–409.

Internacionalismo Liberal

Adams, Iestyn. *Brothers across the Ocean: British Foreign Policy and the Origins of the Anglo-American Special Relationship 1900–1905*. Londres: I.B. Tauris, 2005.

Bayly, C. A. "Rammohan Roy and the Advent of Constitutional Liberalism in India, 1800–1830". *Modern Intellectual History* 4 (2007): 25–41.

———. *Recovering Liberties: Indian Thought in the Age of Liberalism and Em pire*. Cambridge: Cambridge University Press, 2011.

Bell, Duncan. "Beyond the Sovereign State: Isopolitan Citizenship, Race and Anglo-American Union". *Political Studies* 62, no. 2 (2014): 418–34.

Hall, Ian, ed. *British International Thinkers from Hobbes to Namier*. Nova York: Palgrave Macmillan, 2009.

Isabella, Maurizio. *Risorgimento in Exile: Italian Emigres and the Liberal Inter national in the PostNapoleonic Era*. Oxford: Oxford University Press 2009. Neely, Sylvia. "The Politics of Liberty in the Old World and the New: Lafayette's.

Return to America". *Journal of the Early Republic* 6 (1986): 151–71.

Recchia, Stefano, and Nadia Urbinati, eds. *A Cosmopolitanism of Nations: Giuseppe Mazzini's Writings on Democracy, Nation Building, and International Relations*. Traduzido por Stefano Recchia. Princeton: Princeton University Press, 2009.

Rodriguez, Jaime, ed. *The Divine Charter: Constitutionalism and Liberalism in Nineteenth-Century Mexico*. Lanham, MD: Rowman & Littlefield, 2007.

Smith, Denis Mack. *Mazzini*. New Haven, CT: Yale University Press, 1994.

Educação Liberal

Acomb, Evelyn. *The French Laic Laws (1879–1889): The First Anticlerical Campaign of the Third French Republic*. Nova York: Columbia University Press, 1941.

Beisel, Neisel. *Imperiled Innocents: Anthony Comstock and Family Reproduction in Victorian America*. Princeton: Princeton University Press, 1997.

Bradford, Roderick. *D.M. Bennett: The Truth Seeker*. Amherst, NY: Prometheus Books, 2006.

Burnham, John C. "The Progressive Era Revolution in American Attitudes toward Sex". *Journal of American History* 59, no. 4 (1973): 885–908.

Cabanel, Patrick. *Le Dieu de la République. Aux sources protestantes de la laïcité (1860–1900)*. Rennes: Presses Universitaires de Rennes, 2003.

Chase, George. "Ferdinand Buisson and Salvation by National Education". Em *L'offre d'école: éléments pour une étude comparée des politiques éducatives au XIXe siècle: actes du troisième colloque international, Sèvres, 27–30 septembre 1981*, 263–75. Paris: Publications de la Sorbonne, 1983.

Clark, Linda L. *Schooling the Daughters of Marianne*. Albany: State University of New York Press, 1984.

Frisken, Amanda. "Obscenity, Free Speech, and 'Sporting News' in 1870s America". *Journal of American Studies* 42, no. 3 (2008): 537–77.

Gordon, Linda. "Voluntary Motherhood: The Beginnings of Feminist Birth Control in the United States". *Feminist Studies* 1, nos. 3–4 (1973): 5–22.

Harrigan, Patrick J. "Church, State, and Education in France from the Falloux to the Ferry Laws: A Reassessment". *Canadian Journal of History* 36, no. 1 (2001): 51–83.

Horvath, Sandra A. "Victor Duruy and the Controversy over Secondary Education for Girls". *French Historical Studies* 9, no. 1 (1975): 83–104.

Katznelson, Ira e Margaret Weir. *Schooling for All: Class, Race, and the Decline of the Democratic Ideal*. Nova York: Basic Books, 1985.

Kimball, Bruce. *Orators and Philosophers: A History of the Idea of Liberal Education*. Nova York: Teachers College Press, 1986.

Lefkowitz Horowitz, Helen. *Rereading Sex: Battles over Sexual Knowledge and Suppression in NineteenthCentury America*. Nova York: Knopf, 2002.

Ligou, Daniel. *Frédéric Desmons et la francmaçonnerie sous la 3e république*. Paris: Gedlage, 1966.

Loeffel, Laurence. *La Morale à l'école selon Ferdinand Buisson*. Paris: Tallandier, 2013.

Margadant, Jo Burr. *Madame le Professeur: Women Educators in the Third Republic*. Princeton: Princeton University Press, 1990.

Nash, Margaret. *Women's Education in the United States, 1780–1840*. Nova York: Palgrave Macmillan, 2005.

Ognier, Pierre. *Une école sans Dieu? 1880–1895. L'invention d'une moral laïque sous la IIIème république*. Toulouse: Presses universitaires du Mirail, 2008.

Ozouf, Mona. *L'Ecole, l'Eglise et la République*. Paris: PTS, 2007. Ponteil, Felix. *Histoire de l'enseignement, 1789–1965*. Paris: Sirey, 1966.

Prost, Antoine, *L'enseignement en France, 1800–1967*. Paris: Armand Colin, 1968. Rabban, David. *Free Speech in the Forgotten Years, 1870–1920*. Cambridge: Cambridge University Press, 1999.

Sears, Hal D. *The Sex Radicals: Free Love in High Victorian America*. Lawrence: University Press of Kansas, 1977.

Stock-Morton, Phyllis. *Moral Education for a Secular Society: The Development of* Morale Laïque *in NineteenthCentury France*. Albany: State University of New York Press, 1988.

Warren, Sidney. *American Freethought, 1860–1914*. Nova York: Columbia University Press, 1943.

Feminismo

Allen, Ann Taylor. "Spiritual Motherhood: German Feminists and the Kindergarten Movement, 1848–1911". *History of Education Quarterly* 22, no. 3 (1982): 319–39.

Barry, David. *Women and Political Insurgency: France in the MidNineteenth Century*. Basingstoke: Macmillan, 1996.

Clawson, Ann. *Constructing Brotherhood: Class, Gender, and Fraternalism*. Princeton: Princeton University Press, 1989.

Falchi, Federica. "Democracy and the Rights of Women in the Thinking of Giuseppe Mazzini". *Modern Italy* 17 (2012): 15–30.

Frazer, Elizabeth. "Feminism and Liberalism". Em *The Liberal Political Tradition: Contemporary Reappraisals*, editado por James Meadowcroft, 115–37. Cheltenham: Edward Elgar, 1996.

Gleadle, Kathryn. *The Early Feminists: Radical Unitarians and the Emergence of the Women's Rights Movement, 1831–51*. Nova York: Palgrave Macmillan, 1995.

Hackett, Amy. "The Politics of Feminism in Wilhelmine Germany, 1890–1918". PhD diss., Columbia University, 1976.

Hartley, Christie e Lori Watson. "Is a Feminist Political Liberalism Possible?" *Journal of Ethics and Social Philosophy* 5, no. 1 (2010): 1–21.

Hause, Steven. *Women's Suffrage and Social Politics in the French Third Republic*. Princeton: Princeton University Press, 1984.

Hirsch, Pamela. "Mary Wollstonecraft: A Problematic Legacy". Em *Wollstonecraft's Daughters: Womanhood in England and France, 1780–1920*, editado por Clarissa Campbell-Orr, 43–60. Manchester: Manchester University Press, 1996. MacKinnon, Catherine. *Toward a Feminist Theory of the State*. Cambridge, MA: Harvard University Press, 1989.

Morgan, David. *Suffragists and Liberals: The Politics of Woman Suffrage in England*. Lanham, MD: Rowman & Littlefield, 1975.

Moses, Claire Goldberg. *French Feminism in the 19th Century*. Albany: State University of New York Press, 1985.

Nussbaum, Martha C. "The Feminist Critique of Liberalism". Lindley Lecture, University of Kansas, 1997.

Offen, Karen. "Defining Feminism: A Comparative Historical Approach". *Signs* 14, no. 1 (1988): 119–57.

———. "Depopulation, Nationalism, and Feminism in Fin-de-Siècle France". *American Historical Review* 89, no. 3 (1984): 648–76.

Ozouf, Mona. *Les mots des femmes: essai sur la singularité francaise*. Paris: Fayard, 1995.

Pugh, Martin. "Liberals and Women's Suffrage, 1867–1914". Em *Citizenship and Community: Liberals, Radicals and Collective Identities in the British Isles,*

1865–1931, editado por Eugenio F. Biagini, 45–65. Cambridge: Cambridge University Press, 1996.

Riot-Sarcey, Michèle. *La démocratie à l'épreuve des femmes: trois figures critiques du pouvoir, 1830–1848*. Paris: A. Michel, 1994.

Schaeffer, Denise. "Feminism and Liberalism Reconsidered: The Case of Catharine MacKinnon". *American Political Science Review* 95, no. 3 (2001): 699–708.

Scott, Joan. *Only Paradoxes to Offer: French Feminists and the Rights of Man*.

Cambridge, MA: Harvard University Press, 1997.

Zirelli, Linda. "Feminist Critiques of Liberalism". Em *Cambridge Companion to Liberalism*, editado por Steven Wall, 355–80. Cambridge: Cambridge University Press, 2015.

Liderança Liberal, Caráter e Cesarismo

Baehr, Peter. *Caesarism, Charisma and Fate: Historical Sources and Modern Resonances in the Work of Max Weber*. New Brunswick, NJ: Transaction, 2009.

———. "Max Weber as a Critic of Bismarck". *European Journal of Sociology* 29, no. 1 (1988): 149–64.

Beaven, Brad e John Griffiths. "Creating the Exemplary Citizen: The Changing Notion of Citizenship in Britain 1870–1939". *Contemporary British History* 22, no. 2 (2008): 203–25.

Bebbington, David W. *The Mind of Gladstone: Religion, Mind and Politics*. Oxford: Oxford University Press, 2004.

Biagini, Eugenio. *Liberty, Retrenchment and Reform: Popular Liberalism in the Age of Gladstone, 1860–1880*. Cambridge: Cambridge University Press, 2004. Carrington, Tyler. "Instilling the 'Manly' Faith: Protestant Masculinity and the German Jünglingsvereine at the fin de siècle". *Journal of Men, Masculinities and Spirituality* 3, no. 2 (2009): 142–54.

Carwardine, Richard, and Jay Sexton, eds. *The Global Lincoln*. Oxford: Oxford University Press, 2011.

Chevallier, Pierre. *Histoire de la francmaçonnerie française 1725–1945*. Paris: Fayard, 1974.

———. *La Séparation de l'église et l'école. Jules Ferry et Léon XIII*. Paris: Fayard, 1981.

Collini, Stefan. "The Idea of 'Character' in Victorian Political Thought". *Transactions of the Royal Historical Society* 35 (1985): 29–50.

———. *Public Moralists: Political Thought and Intellectual Life in Britain*. Oxford: Oxford University Press, 1991.

Davis, Michael. *The Image of Lincoln in the South*. Knoxville: University of Tennessee Press, 1971.

Gollwitzer, Heinz. "The Caesarism of Napoleon III as Seen by Public Opinion in Germany". *Economy and Society* 16 (1987): 357–404.

Gray, Walter D. *Interpreting American Democracy in France: The Career of Edouard Laboulaye, 1811–1883*. Newark: University of Delaware Press, 1994.

Hamer, D. A. "Gladstone: The Making of a Political Myth". *Victorian Studies* 22 (1978): 29–50.

———. *Liberal Politics in the Age of Gladstone and Rosebery*. Oxford: Oxford University Press, 1972.

Hoffmann, Stefan-Ludwig. "Civility, Male Friendship and Masonic Sociability in Nineteenth-Century Germany". *Gender and History* 13, no. 2 (2001): 224–48.

———. *The Politics of Sociability: Freemasonry and German Civil Society, 1840–1918*. Traduzido por Tom Lampert. Ann Arbor: University of Michigan Press, 2007.

Kahan, Alan. "The Victory of German Liberalism? Rudolf Haym, Liberalism, and Bismarck". *Central European History* 22, no. 1 (1989): 57–88.

Mandler, Peter. *The English National Character: The History of an Idea from Edmund Burke to Tony Blair*. New Haven, CT: Yale University Press, 2006. Mork, Gordon R. "Bismarck and the 'Capitulation' of German Liberalism". *Journal of Modern History* 43, no. 1 (1971): 59–75.

Mosse, George L. "Caesarism, Circuses, and Monuments". *Journal of Contemporary History* 6, no. 2 (1971): 167–82.

Nord, Philip. "Republicanism and Utopian Vision: French Freemasonry in the 1860s and 1870s". *Journal of Modern History* 63 (1991): 213–29.

Parry, Jonathan P. *Democracy and Religion: Gladstone and the Liberal Party 1867–1875*. Cambridge: Cambridge University Press, 1989.

———. "The Impact of Napoleon III on British Politics, 1851–1880". *Transactions of the Royal Historical Society* 11 (2001): 147–75.

Peterson, Merril D. *Lincoln in American Memory*. Nova York: Oxford University Press, 1995.

Peterson, Stephen. "Gladstone, Religion, Politics and America: Perceptions in the Press". PhD diss., University of Stirling, 2013.

Richter, Melvin. "Tocqueville and the French Nineteenth Century Conceptualizations of the Two Bonapartes and Their Empires". Em *Dictatorship in His tory and Theory: Bonapartism, Caesarism and Totalitarianism*, editado por P. R. Baehr and Melvin Richter, 83–102. Cambridge: Cambridge University Press, 2004.

Scott, John. *Republican Ideas and the Liberal Tradition in France*. Nova York: Columbia University Press, 1951.

Shannon, Richard. *Gladstone: God and Politics*. Nova York: Continuum, 2007. Sproat, John G. *"The Best Men": Liberal Reformers in the Gilded Age*. Oxford: Oxford University Press, 1968.

Steinberg, Jonathan. *Bismarck: A Life*. Oxford: Oxford University Press, 2013. Testritto, Ronald J. *Woodrow Wilson and the Roots of Modern Liberalism*. Lanham, MD: Rowman & Littlefield, 2005.

Thomas, Daniel H. "The Reaction of the Great Powers to Louis Napoleon's Rise to Power in 1851". *Historical Journal* 13, no. 2 (1970): 237–50.

Tudesq, André-Jean. "La légende napoléonienne en France en 1848". *Revue historique* 218 (1957): 64–85.

Wyke, Maria. *Caesar in the USA*. Berkeley: University of California Press, 2012.

Primeiros Liberais Franceses

Alexander, Robert. *Rewriting the French Revolutionary Tradition.* Cambridge: Cambridge University Press, 2003.

Berlin, Isaiah. "Two Concepts of Liberty". Em *Four Essays on Liberty,* 118–72. Oxford: Oxford University Press, 1969.

Craiutu, Aurelian. "Faces of Moderation: Mme de Staël's Politics during the Directory". *Jus Politicum,* no. 6 (2008). http://juspoliticum.com/article/Faces-of-Moderation-Mme-de-Stael-s-Politics-during-the-Directory-380.html.

———. *Liberalism under Siege: The Political Thought of the French Doctrinaires.* Lanham, MD: Lexington Books, 2003.

———. *A Virtue for Courageous Minds: Moderation in French Political Thought, 1748–1830.* Princeton: Princeton University Press, 2012.

Fontana, Bianca-Maria. *Benjamin Constant and the Postrevolutionary Mind.* New Haven, CT: Yale University Press, 1991.

———. *Germaine de Staël: A Political Portrait.* Princeton: Princeton University Press, 2016.

———. *The Invention of the Modern Republic.* Cambridge: Cambridge University Press, 1994.

Girard, Louis. *Les libéraux français: 1814–1875.* Paris: Aubier, 1985.

Gunn, J.A.W. *When the French Tried to Be British: Party, Opposition, and the Quest for Civil Disagreement, 1814–1848.* Montreal: McGill-Queen's University Press, 2009.

Hazareesingh, Sudhir. *From Subject to Citizen: The Second Empire and the Emergence of Modern French Democracy.* Princeton: Princeton University Press, 1998.

Holmes, Stephen. *Benjamin Constant and the Making of Modern Liberalism.*
New Haven, CT: Yale University Press, 1984.

Jainchill, Andrew. *Reimagining Politics after the Terror: The Republican Origins of French Liberalism.* Ithaca, NY: Cornell University Press, 2008.

Jardin, André. *Histoire du libéralisme politique: de la crise de l'absolutisme à la Constitution de 1875.* Paris: Hachette Littérature, 1985.

Jaume, Lucien. *L'individu effacé ou le paradoxe du libéralisme français.* Paris: Fayard, 1997.

Jennings, Jeremy. *Revolution and the Republic: A History of Political Thought in France since the Eighteenth Century.* Oxford: Oxford University Press, 2011.

Kalyvas, Andreas e Ira Katznelson. *Liberal Beginnings: Making a Republic for the Moderns.* Cambridge: Cambridge University Press, 2008.

Kelly, George. *The Humane Comedy: Constant, Tocqueville and French Liberalism.* Cambridge: Cambridge University Press, 1992.

───. "Liberalism and Aristocracy in the French Restoration". *Journal of the History of Ideas* 26, no. 4 (1965): 509–30.

Manent, Pierre. *An Intellectual History of Liberalism*. Traduzido por Rebecca Balinski. Princeton: Princeton University Press, 1995.

Paulet-Grandguillot, Emmanuelle. *Libéralisme et démocratie: De Sismondi à Constant, à partir du Contrat social (1801–1806)*. Geneva: Slatkine, 2010.

Rosanvallon, Pierre. *Le moment Guizot*. Paris: Galimard, 1985.

Rosenblatt, Helena. *Liberal Values: Benjamin Constant and the Politics of Religion*. Cambridge: Cambridge University Press, 2008.

Rosenblatt, Helena, ed. *Cambridge Companion to Constant*. Cambridge: Cambridge University Press, 2009.

Spitz, Jean-Fabien. *Le Moment républicain en France*. Paris: Gallimard, 2005.

Spitzer, Alan B. *Old Hatreds and Young Hopes: The French Carbonari against the Bourbon Restoration*. Cambridge, MA: Harvard University Press, 1971.

Tenenbaum, Susan. "Staël: Liberal Political Thinker". Em *Germaine de Staël: Crossing the Borders*, editado por Madelyn Gutwirth, Avriel Goldberger, and Karyna Szmurlo, 159–63. New Brunswick, NJ: Rutgers University Press, 1991.

Vincent, Steven K. *Benjamin Constant and the Birth of French Liberalism*. Nova York: Palgrave Macmillan, 2011.

Whatmore, Richard. *Republicanism and the French Revolution: An Intellectual History of Jean-Baptiste Say's Political Economy*. Oxford: Oxford University Press, 2000.

Epílogo

Bellamy, Richard. *Liberalism and Modern Society: An Historical Argument*. University Park: Pennsylvania State University Press, 1992.

Berkowitz, Peter. *Virtue and the Making of Modern Liberalism*. Princeton: Princeton University Press, 1999.

Brinkley, Alan. *The End to Reform: New Deal Liberalism in Recession and War*.

Nova York: Vintage, 1995.

───. *Liberalism and Its Discontents*. Cambridge, MA: Harvard University Press, 2000.

Burgin, Angus. *The Great Persuasion: Reinventing Free Markets since the Depression*. Cambridge, MA: Harvard University Press, 2015.

Canto-Sperber, Monique. *Le libéralisme et la gauche*. Paris: Pluriel, 2008.

———. "Pourquoi les démocrates ne veulent-ils pas être libéraux?" *Le Débat* 131 (2004): 109–26.

Chappel, James. "The Catholic Origins of Totalitarianism Theory in Interwar Europe". *Modern Intellectual History* 8, no. 3 (2011): 561–90.

Christofferson, Michael Scott. "An Antitotalitarian History of the French Revolution: François Furet's Penser la Révolution française in the Intellectual Politics of the Late 1970s". *French Historical Studies* 22, no. 4 (1999): 557–611.

———. "François Furet between History and Journalism, 1958–1965". *French History* 15, no. 4 (2001): 421–47.

Diggins, John Patrick. *The Lost Soul of American Politics: Virtue, SelfInterest, and the Foundations of Liberalism*. Chicago: University of Chicago Press, 1984.

Eley, Geoff. "James Sheehan and the German Liberals: A Critical Appreciation".

Central European History 14, no. 3 (1981): 273–88.

Galston, William. "The Growing Threat of Illiberal Democracy". *Wall Street Journal*, 3 de janeiro de 2017.

———. *Liberal Purposes*. Nova York: Cambridge University Press, 1991. Gauchet, Marchel. *L'Avènement de la démocratie II: La crise du libéralisme*. Paris:

Gallimard, 2007.

Gerstle, Gary. "The Protean Character of American Liberalism". *American Historical Review* 99, no. 4 (1994): 1043–73.

Glendon, Mary Ann. *Rights Talk: The Impoverishment of Political Discourse*. Nova York: Free Press, 1993.

Hartz, Louis. *The Liberal Tradition in America: An Interpretation of American Political Thought since the Revolution*. Nova York: Harcourt Brace, 1955.

Hulliung, Mark, ed. *The American Liberal Tradition Reconsidered: The Contested Legacy of Louis Hartz*. Lawrence: University Press of Kansas, 2010.

Jarausch, Konrad. "Illiberalism and Beyond: German History in Search of a Paradigm". *Journal of Modern History* 55, no. 2 (1983): 268–84.

Jarausch, Konrad e Larry Eugene Jones, eds. *Em Search of a Liberal Germany: Studies in the History of German Liberalism from 1789 to the Present*. Oxford: Berg, 1990.

Jaume, Lucien. *L'individu effacé ou le paradoxe du libéralisme français*. Paris: Fayard, 1997.

Jones, Gareth Stedman. *Masters of the Universe: Hayek, Friedman, and the Birth of Neoliberal Politics*. Princeton: Princeton University Press, 2012.

Jones, Larry Eugene. *German Liberalism and the Dissolution of the Weimar Party System, 1918–1933*. Chapel Hill: University of North Carolina Press, 1988.

Krieger, Leonard. *The German Idea of Freedom: History of a Political Tradition*.

Chicago: University of Chicago Press, 1957.

Langewiesche, Dieter. *Liberalism in Germany*. Traduzido por Christiane Bannerji.

Princeton: Princeton University Press, 2000.

Laski, Harold. *The Rise of European Liberalism*. Londres: Unwin Books, 1962.

Macpherson, C. B. *The Political Theory of Possessive Individualism: From Hobbes to Locke*. Oxford: Oxford University Press, 1962.

Mosse, George L. *The Crisis of German Ideology: Intellectual Origins of the Third Reich*. Nova York: Schocken, 1981.

Moyn, Samuel. "The Politics of Individual Rights: Marcel Gauchet and Claude Lefort". *French Liberalism from Montesquieu to the Present Day*, editado por Raf Geenens and Helena Rosenblatt, 291–310. Cambridge: Cambridge University Press, 2012.

Neill, Thomas P. *The Rise and Decline of Liberalism*. Milwaukee: Bruce, 1953. Nemo, Philippe e Jean Petitot, eds. *Histoire du libéralisme en Europe*. Paris: PUF, 2006.

Rosanvallon, Pierre. "Fondement et problèmes de l'illibéralisme français". Em *La France du nouveau siècle*, editado por Thierry de Montbrial, 85–95. Paris: PUF, 2000.

Rosenblum, Nancy L. *Another Liberalism: Romanticism and the Reconstruction of Liberal Thought*. Cambridge, MA: Harvard University Press, 1987.

———, ed. *Liberalism and the Moral Life*. Cambridge: Harvard University Press, 1987.

Ruggiero, Guido de. *The History of European Liberalism*. Traduzido por G. Collingwood. Boston: Beacon, 1927.

Sawyer, Stephen e Iain Stewart, eds. *In Search of the Liberal Moment: Democracy, Antitotalitarianism, and Intellectual Politics in France since 1950*. Nova York: Palgrave Macmillan, 2016.

Sell, Friedrich C. *Die Tragödie des deutschen Liberalismus*. Stuttgart: Deustche Verlags-Anstalt, 1953.

Sheehan, James J. *German Liberalism in the Nineteenth Century*. Nova York: Humanity Books, 1995.

Shklar, Judith. "The Liberalism of Fear". Em *Political Thought and Political Thinkers*, 3–20. Chicago: University of Chicago Press, 1998.

Siedentop, Larry. *Emventing the Individual: The Origins of Western Liberalism*.

Cambridge, MA: Harvard University Press, 2014.

Stern, Fritz. *The Politics of Cultural Despair: A Study in the Rise of Germanic Ideology.* Berkeley: University of California Press, 1961.

Strauss, Leo. *Liberalism: Ancient and Modern.* Chicago: University of Chicago Press, 1968.

Zakaria, Fareed. *The Future of Freedom: Illiberal Democracy at Home and Abroad.* Nova York: Norton, 2007.

———. "The Rise of Illiberal Democracy". *Foreign Affairs* (novembro-dezembro 1997): 22–43.

Índice

Símbolos
18 de Brumário, 55–58

A
Abraham Lincoln, 171–174
   abolicionismo, 172–175
Absolutismo, 120–123
Adam Smith, 34–37, 57–60
   plano liberal, 34–36
   sociedades smithianas, 107–110
Agentes alfandegários, 80–83
Alexis de Tocqueville, 92–95, 117–120
ALP, 221–222
Americanismo, 218–221
Amigos Protestantes, 125–128
   Amigos da Luz, 125
Amor livre, 213–216
Anarquia, 77–80
Antigo Regime, 52–55, 76–79, 105–108
Antiliberalismo, 78–81
Aquisição de colônias, 116–119
Aristocracia hereditária, 95–98
Aristocracia industrial, 110–113
Artes liberais, 13–16
Árvores da liberdade, 136–139

Ato Adicional às Constituições do Império, 64–67
   Benjamine, 64
Autocracia, 140–143
Autogoverno, 206–209, 257–260

B
Bandeira moderada, 100–103
Batalha de Waterloo, 66–69
Benito Mussolini, 263–266
Benjamin Constant, 50–55, 161–164
Bildung, 155–158
   Bildung moral, 156–158
Bonapartismo, 57–60, 140–143
Brockhaus Encyclopedia, 143–146
Burguesia, 109–112

C
Capital excedente, 118–121
Caridade legal, 150–153
Cartas liberais, 33–36
Cartismo, 127–130, 133–135
Catecismo Imperial, 59–62
Católicos alemães, 126–129
Cem Dias, 66–69
Cesarismo, 162–165, 188–191, 254–257

Charles de Villers, 59–62
Cícero, 21–24
Ciência racial, 239–242, 258–261
Civilização Ocidental, 264–268
Classe média, 95–98, 117–120
Classe privilegiada, 93–96
Código Penal de Napoleão, 102–105
Colonialismo, 116–119
 colônias de povoamento, 118–121, 256–259
 colonização da Argélia, 117–120
Comuna de Paris, 198–201, 230–233
Concordata, 120–123
Concordata de 1801, 56–59
Conselho dos Quinhentos, 54–57
Constituição Civil do Clero, 46–49, 54–57
Constituições liberais, 63–66
Contrarrevolução, 119–122
Crise do liberalismo, 263–266
Cristianismo liberal, 30–33, 274–277
 cristãos liberais, 123–126
 Unitário, 31–33

D
Declaração de Sentimentos, 152–155
Decretos draconianos, 99–102
Democracia, 94–97
Democracia liberal, 7–8, 51–54, 159–162
Democratas, 94–97
Depressão industrial e agrícola, 132–135
Despotismo, 68–71, 159–162
Dias de Junho, 134–137
Direito ao voto, 75–78, 242–245
 sufrágio feminino, 243–245
Direitos de propriedade, 115–118
Direitos iguais, 95–98
Direitos políticos, 52–55

E
Edmund Burke, 69–72
Engajamento cívico, 33–36
Escravidão, 57–60, 173–176
 abolição da escravidão, 174–177
 escravidão nas colônias, 133–136
Estado de direito, 10–13
Estado policial, 136–139
Estatismo, 113–116
Estratégia neomercantilista, 118–121
Eugenia, 239–243
 Francis Galton, 239–241
 seleção artificial, 240–242
Evangelho do individualismo, 6–8

F
Fardo do Homem Branco, 256–259
Filosofia política, 263–266
Forty-Eighters, 139–142
François Ferrier, 58–61, 79–82
François Guizot, 90–93, 132-135
Frédéric Bastiat, 107–110, 148–151
Friedrich Engels, 105–108, 143–146

G
Garantias sociais, 120–123
Giuseppe Garibaldi, 134–137
Giuseppe Mazzini, 97–100
Governança liberal, 7–8
Governo constitucional, 57–60
Governo das massas, 99–102
Grande Depressão, 264–267
Grande Greve de 1877, 230–233
Gregório XVI, 121–124
Greves, 103–106
Guerra Civil Americana, 174–177

Guerra Franco-Prussiana, 201–204, 223–226
Guerra santa, 142–145
Guerras de Libertação, 126–129
Guildas, 102–105
Gustav von Struve, 126–129

H
Habsburgos, 138–141
Haiti, 80–83
Harmonia social, 115–118
Hegemonia mundial americana, 7–8
Henri Grégoire, 54
Herbert Spencer, 231–234
    Homem versus Estado, 232–234
Heresia, 62–65
Hermann Wagener, 186–189
Horace Say, 108–111
Humanitas, 12–15
    estudo humanístico, 25–28

I
Igreja Católica, 53–56, 86–88, 124–127
Igualdade civil, 63–66, 94–97
Igualdade perante a lei, 94–97
Iliberais, 44–47
Iluminismo, 67–70
Imperialismo, 254–257
Industrialização, 110–113
Infalibilidade papal, 190–193, 201–204
Inquisição Espanhola, 62–65
Instituições representativas, 95–98
Institut de France, 59–62
Insurreição, 99–102
Interesse público, 112–115
Internacionalismo liberal, 97–100

Intervenção governamental, 115–118, 229–232

J
Jacobinismo, 75–78
Jansenismo, 21–24, 62–65
Jean-Baptiste Say, 57–60
Jean Jacques Rousseau, 32–35
Jesuítas, 202–205
John Locke, 20–23
John Prince Smith, 114–117
    Smithianismo, 114–117
John Stuart Mill, 89–92
Judaísmo, 126–129, 211–214
    emancipação judaica, 127–129
    judaísmo reformista, 127–129
    voto judeu, 127–129
Jules Ferry, 202–205
    Leis de Ferry, 202–204
Junkers, 185–188
Juste milieu, 91–94

K
Karl Heinrich Rau, 114–117
Karl Marx, 101–104, 160–163
    Luta de Classes na França, 132–134
    Manifesto Comunista, 106–109
    marxismo, 104–107
Karl Rotteck, 115–118
Kulturkampf, 190–193

L
Laissez-faire, 81–84, 106–109, 146–149, 224–227
    apogeu do laissez-faire, 82–85
Lei do divórcio, 56–59
Leis Comstock, 215–218

Leis do Milho, 106–109
  Liga da Lei Anti-Milho Britânica, 107–110
Liberais de movimento, 93–96
Liberalidade, 10–14, 75–78
  liberalitas, 10–12
Liberalismo Continental, 92–95
Liberalismo econômico, 82–85
Liberalismo pragmático, 111–114
Liberalismo religioso, 78–81. *Consulte também* Martinho Lutero
Liberalismo universal, 74–77
Liberdade de comércio, 108–111
Liberdade individual, 63–66
Liberdades liberais essenciais, 65–68
  liberdade de imprensa, 63–66
  liberdade de pensamento, 65–68
  liberdade de religião, 62–65
Liga da Lei Anti-Milho, 114–117
Livre-cambistas, 106–109
Livre concorrência, 113–116
Livre mercado, 228–231
Livretos, 102–105
Lorenz von Stein, 101–104

M
Maçonaria, 156–158
  maçons, 73–76
    carbonários, 73–76
Madame de Staël, 50–55
Manchesterismo, 114–117, 226–229
Marquês de Lafayette, 42–45, 55–58, 76–79
  sistema liberal, 43–45
Martinho Lutero, 78–81
Mary Wollstonecraft, 83–86
  direitos políticos das mulheres, 83–86
Max Weber, 183–186
  A Política como Vocação, 184–186
Mirari Vos, 122–125
Missão civilizadora, 117–120
Mito anglo-saxão, 257–260
  anglo-norte-americano, 261–264
  herança cultural, 258–260
  hereditariedade biológica, 258–260
  raça anglo-saxônica, 257–259
  raça teutônica, 257–259
Mobilidade social, 94–97
Monarquia constitucional, 75–78
Monarquia de Julho, 95–98
Moral pública, 125–128
Movimento democrático, 117–120
Movimento feminista, 198–201
Movimento social, 102–105

N
Nacionalização da indústria privada, 234–237
Napoleão Bonaparte, 55–58
Napoleão III, 140–142
  cesarismo, 162–165
  Luís Napoleão Bonaparte, 135–138
  Operação Rubicão, 162–164
Nazismo, 263–266
  Adolf Hitler, 263–265
Neo-ortodoxos, 124–127
Neue Preussische Zeitung, 143–146
New Deal, 267–268, 272–275
Nobreza hereditária, 45–48
Nova República, 251–254
Nove Exigências do Liberalismo, 210–213
Novo liberalismo, 229–232

O

Odilon Barrot, 90–93
Oficinas nacionais, 134–137
Ordem moral, 200–203
Ordenações de Julho, 87–88
Orestes Brownson, 169–172
Ortodoxia católica, 123–126
Otto von Bismarck, 138–141, 184–187
   leis antissocialistas, 195–196
   socialismo de estado, 224–227

P

Partido da Ordem, 136–139
   Leis de Falloux, 137–139
Partido Liberal Britânico, 145–148
Pauperismo, 106–109, 140–143, 227–230
Plutocracia, 265–268, 270–273
Política comercial liberal, 58–61
Poor Laws, 110–113
Princípio da soberania popular, 65–68
Princípios democráticos, 95
Privilégio hereditário, 42–45
Problema do caráter, 145–148
Proletariado, 149–152
Propaganda napoleônica, 56–59
Propriedade privada, 81–84
Protestantismo, 60–63
   protestantismo liberal, 60–63, 127–129
   protestantismo ortodoxo, 77–80
Pseudossistema de liberdade, 114–117

Q

Qualificações de propriedade, 93–96
Quanta Cura, 169–172
Quarenta Eighters, 139–142.
   Consulte Forty-Eighters

Queima de livros, 122–125
Questão social, 101–104, 114–117, 137–140

R

Rainha Vitória, 183–186
Ralliement, 219–221
Reforma moral, 5–8
Reforma Protestante, 17–20, 59–62
Regimes constitucionais, 97–100
Reinado de Terror, 49–52, 83–86
   Maximilien Robespierre, 49–51
Religião da Humanidade, 154–157
Religião de Jesus Cristo, 170–173
Renascimento católico, 60–63
República, 75–78, 132–134
Restauração Francesa, 120–123
Revolução de Fevereiro, 136–139
Revolução Francesa, 61–64, 186–189, 280–283
Revolução social, 117–120
Revoluções de 1848, 138–141
Revoluções liberais, 72–75
Robert Owen, 104–107

S

Santa Aliança, 67–70, 78–81
Segunda República, 201–204, 227–230
Semana Sangrenta, 199–202
Sentimentos liberais, 29–32
Separação Igreja e Estado, 96–99, 198–201
Sermões Hellfire, 67–70
Sílabo dos Erros, 169–172
Sistema colonial, 57–60
Sistema educacional liberal, 198–201
Sistema eleitoral, 94–97
Social-democracia, 194–196
Socialismo, 90–93, 119–122, 131–134

revolução socialista, 138–140
socialismo liberal, 264–267
tratados socialistas, 104–107
Sociedade de Economia Política, 107–110
Solidarismo, 234–237
socialismo liberal, 234–236
SPD, 195–196
Staats-Lexikon, 114–117
Sufrágio universal, 83–86, 91–94
sufrágio universal masculino, 132–134
Superpopulação, 118–121
Superprodução, 118–121

T
Tecelões de seda, 104–107
Teocracia, 120–123, 202–205
Teologia liberal, 30–33, 69–72, 123–126
Johann Salomo Semler, 60–63
Terceira República, 202–205, 216–219
Thomas Hobbes, 20–23
Thomas Jefferson, 55–58
Tolerância religiosa, 28–31
Tomada comunista, 198–201
Tory, 146–149
Tories, 94–97
Totalitarismo, 267–268, 272–275
Trabalhadores pobres, 104–107
Transcendentalismo, 169–172
Três Dias Gloriosos, 102–105
Três Graças, 11–14
Tribos saxônicas, 101–104
Tribunato de Napoleão, 55–58

U
Ultraliberalismo, 79–82
Ultramonarquistas, 79–82, 117–120

Ulysses Grant, 178–181
União Europeia, 174–177
União Liberal, 135–138, 163–166
Unitarismo, 155–158, 211–214
Theodore Parker, 170–173
William Ellery Channing, 155–157
Universalismo, 169–172
Universidade Imperial, 57–60
Urbanização, 110–113

V
Vaticano, 175–178, 190–192, 205–208
Velho Mundo, 175–178
Verdadeiro liberalismo, 128–130, 224–227
Victor Hugo, 160–163
Vida moral, 237–240
Violência popular, 97–100
Voix des femmes, 152–155
Voltaire, 120–123
Voto feminino, 153–156

W
Westminster Review, 116–119
Whigs, 43–46, 70–73, 78–81
Wilhelm Traugott Krug, 77–80
William Gladstone, 98–101, 146–149, 180–183. *Consulte também* Partido Liberal Britânico
William Leggett, 113–116
Winston Churchill, 234–237

Z
Zeitgeist, 122–125

Projetos corporativos e edições personalizadas
dentro da sua estratégia de negócio. Já pensou nisso?

Coordenação de Eventos
Viviane Paiva
viviane@altabooks.com.br

Assistente Comercial
Fillipe Amorim
vendas.corporativas@altabooks.com.br

A Alta Books tem criado experiências incríveis no meio corporativo. Com a crescente implementação da educação corporativa nas empresas, o livro entra como uma importante fonte de conhecimento. Com atendimento personalizado, conseguimos identificar as principais necessidades, e criar uma seleção de livros que podem ser utilizados de diversas maneiras, como por exemplo, para fortalecer relacionamento com suas equipes/ seus clientes. Você já utilizou o livro para alguma ação estratégica na sua empresa?

Entre em contato com nosso time para entender melhor as possibilidades de personalização e incentivo ao desenvolvimento pessoal e profissional.

PUBLIQUE SEU LIVRO

Publique seu livro com a Alta Books.
Para mais informações envie um e-mail para: autoria@altabooks.com.br

 /altabooks   /alta-books   /altabooks    /altabooks

CONHEÇA OUTROS LIVROS DA **ALTA BOOKS**

Todas as imagens são meramente ilustrativas.